基于国家治理视角的
"审计清单"与审计整改效果研究

Research on "Audit Checklist" and the Effect of Audit Rectification under
the Perspective of National Governance

冯均科 魏明 等著

中国财经出版传媒集团

经济科学出版社
Economic Science Press

图书在版编目（CIP）数据

基于国家治理视角的"审计清单"与审计整改效果研
究/冯均科等著 . —北京：经济科学出版社，2021. 11
ISBN 978 - 7 - 5218 - 3286 - 0

Ⅰ . ①基… Ⅱ . ①冯… Ⅲ . ①审计 – 工作 – 研究 – 中
国 Ⅳ . ①F239. 22

中国版本图书馆 CIP 数据核字（2021）第 253999 号

责任编辑：李 宝
责任校对：刘 昕
责任印制：王世伟

基于国家治理视角的"审计清单"与审计整改效果研究
冯均科 魏 明 等著
经济科学出版社出版、发行 新华书店经销
社址：北京市海淀区阜成路甲 28 号 邮编：100142
总编部电话：010 – 88191217 发行部电话：010 – 88191522
网址：www. esp. com. cn
电子邮箱：esp@ esp. com. cn
天猫网店：经济科学出版社旗舰店
网址：http：//jjkxcbs. tmall. com
北京季蜂印刷有限公司印装
710 ×1000 16 开 15. 5 印张 290000 字
2021 年 12 月第 1 版 2021 年 12 月第 1 次印刷
ISBN 978 - 7 - 5218 - 3286 - 0 定价：69. 00 元
（图书出现印装问题，本社负责调换。电话：010 – 88191510）
（版权所有 侵权必究 打击盗版 举报热线：010 – 88191661
QQ：2242791300 营销中心电话：010 – 88191537
电子邮箱：dbts@ esp. com. cn）

本 书 作 者

冯均科　西北大学教授，博士生导师（主笔）

魏　明　西安邮电大学教授，博士

许　瑜　西安外国语大学教授，博士

贾　茜　西安外国语大学教授，博士

王　艺　西北大学博士研究生

高丽阳　西北大学硕士研究生

王　苗　西北大学硕士研究生

李　悦　西北大学硕士研究生

　　近几年，我国国家审计的发展日新月异。党对审计工作的领导进一步提升了审计机关的组织地位和独立性，使审计工作面临新的机遇与挑战。在未来审计制度改革过程中，借助审计清单的优化，促进审计整改，进一步强化审计治理，可能是快速发展审计事业的一条前景广阔的路径，因此，基于国家治理研究审计清单与审计整改效果的关系，具有重要的现实意义。而在国家审计理论研究方面，对审计清单的研究仍然不够，它的巨大潜能并没有被挖掘出来，因此，基于国家治理热点问题研究审计清单与审计整改效果，试图将审计清单从现象描述转变为有指导意义的理论，对于丰富审计理论，指导审计工作，都具有重要的科学价值。

　　本书从我国国家审计工作的实际出发，在大量调查研究的基础上，采用规范研究与实证研究相结合的方法进行了分析。一方面，探讨了一些基础性理论问题，如审计清单的历史、现实和未来，审计清单的结构、理论类型与基本功能，审计清单的设计原理，审计清单的机制运行和审计清单隐含的博弈关系等；另一方面，基于国家治理需要，探讨了审计清单与审计整改效果的一些应用性问题，主要涉及在审计清单的发布、传播和利用过程中，为实现审计整改预期效果，由政府、人大、党委、媒体、公众和审计机关等方面所组成的一个复杂有机体的运行规律。本书研究的基本思路是从理论研究到实务分析，从基础概念分析到原理探讨，再到应用研究，提出改革建议，按照循序渐进的原则和科学研究的一般逻辑要求展开整个研究工作。

　　本书主要提出了以下观点：

　　（1）审计清单是一种现象，但它蕴藏着丰富的内涵，应当研究它的学理和运行机制；它引发 "审计风暴"① 的潜能能够再次变为审计扩大影响力的基础；审计清单提交人大受到高度关注并且在媒体广泛推动下，形成了巨大的舆论力量，促成了有效的审计整改，对国家治理发挥了重要作用。

（2）审计委托人是多级次的，审计清单不能仅仅看到直接委托人（可能是多个）的需求，更要看到终极审计委托人的需求；审计机关必须设计满足不同审计委托人需要的审计清单。审计清单应当体现公众意识和公众需求。

（3）审计清单的形成有复杂的博弈过程，最终审计清单的形成不过是博弈所形成的最终结果，而且这个结果还在不断调整的过程之中。参与博弈的包括所有审计关系人，即多个层面的审计委托人、审计机关和审计人员，还有被审计单位；他们的背后都存在组织利益以及个人利益的矛盾或者冲突。三者在不同的环境和事务中处于不同的优势，可能产生不同的结果，但审计委托人的强势地位不可动摇。一般而言，审计机关在项目选择、证据获取、结论形成和处理决定方面有一定的优势。

（4）审计清单应当尽可能借助媒体的力量，远离媒体的审计无法扩大审计清单的影响，无法形成媒体监督、公众监督等多层面组合的舆论监督的社会共治的力量，审计的功效将可能大幅度下降。新媒体和自媒体是审计清单传播的一个发展前途很广阔的领域，亟待开拓。

（5）建立以审计清单为核心内容的分析平台，利用大数据资源（包括供应链信息、舆情信息和行业共享信息等）以及审计清单的累积性资料，对审计发现的问题进行回顾性分析，为未来审计项目的立项、现场审计和审计报告确定重点、疑点和突破口提供导航。

（6）审计清单的信息披露有一定的经验可循。可以看到，在审计信息披露中，点名式审计清单比匿名式审计清单产生的效果更好；有关重大项目、民生热点和公共机构的审计清单比一般问题的审计清单效果更好；改革开放程度高的地区的审计清单比欠发达地区的审计清单信息更加透明；涉猎问责的审计清单比单纯罗列问题的审计清单更能够引起关注；与公共机构有关的审计清单比与企业有关的审计清单

---

① 公开的审计信息往往会引起社会舆论广泛关注，所产生的轰动效应被形象地称为 "审计风暴"。

更受关注，等等。

（7）基于审计清单的审计整改效果明显。从国家治理角度看，审计清单的质量决定了审计整改产生社会效果的大小；审计整改是国家治理在社会共治条件下的一种体现，绝非审计机关一家能够完成。它集审计机关、政府、人大、媒体、公众以及被审计单位等方面于一体，产生了重大的社会影响。我国审计整改效果整体上不错，但是应当看到，审计意见中的整改要求并不是很高，在未来应当加大深层次的审计整改意见。审计整改质量与媒体传播有比较大的关系，成为"公共事件"的审计项目的审计整改一般都比较彻底。

（8）借助审计清单上违法违规复发率评价审计整改和审计治理效果具有可行性。大部分比较初级的审计整改是纠正发现的违法违规，而高端的审计整改是从根本上铲除违法违规的生存土壤，根绝其基础。审计整改的最优效果是不会出现下次同类整改。

（9）审计清单有助于在国家法治化、民主化和公平化等方面产生良好的治理效果。

本书还提出了许多建设性的建议，希望能够为我国国家审计的发展提供参考资料，以促进审计治理的深入实施。

目 录

第 1 章

导　　论

本书的第 1 章将对与本书选题有关的一些基本理论问题做出简要说明。

1.1　问题提出与研究背景

1.1.1　问题提出

在经历了 2004 年和 2005 年轰轰烈烈的"审计风暴"后，审计清单"一举成名"。审计①的社会影响越来越大，从默默无闻变得名噪一时，审计职业受到了全社会的广泛关注。"审计风暴"向审计界释放了一个重要的信号，即审计在国家治理中之所以能够发挥作用，不是审计机关一个部门的事情，需要全社会的有机协调以形成合力，才能产生更好的效果。同时，也表明了一个审计原理：审计在国家治理方面的重大发展和进步，都与审计机关和政府、人民代表大会（以下简称"人大"）、媒体等多方面的共同努力、协同治理有关，任何一个方面的缺席，都无法产生巨大的社会影响。那么，究竟构建怎么样的一个机制可以使这些参与审计治理的各个方面协调运转、提高审计治理的成效，就是一个需要进一步研究的重大问题。本书正是基于这样的出发点进行研究的。

我国的"审计风暴"，对审计工作发挥了突破性的推动作用，这是毋庸置疑的。但是，不能忽略的一个基本事实是：审计清单才是引发审计风暴的"导火索"。在审计人员和审计署的努力下，在国务院的支持下，审计署发布足以造成轰动效应的审计清单，才引起全国人大常委会的高度关注，进而引起媒体的广泛传播，激起强大的社会舆论，促使被审计单位进行比较彻底的审计整改。这个过程表明，审计机关与有关机构在国家治理过程中关联互动的机制发生了重要作

---

① 需要说明的是，本书所做的研究是以国家审计作为研究对象，如果没有特别说明，则书中提到的"审计"一般是指国家审计；另外，在我国，国家审计也使用另一种表述"政府审计"；在本书的研究中将这两个概念等同，不做区别，统一使用"国家审计"一词。

用。显然，在提及"审计风暴"时，也不能忽略审计清单这种特殊力量对审计整改所产生的影响。

可以看到，在人大的督促下，在媒体的监督和传播下，在社会舆论的推动下，审计的功能被迅速放大，促成了有效的审计整改，审计的治理效果显著提升。然而，反思"后审计风暴"时期我国审计取得的成果，可能会发现，过去没有解决的许多问题，现在仍然没有很好地解决。令人困惑的是，为什么审计"年年查，年年有问题"？为什么经济责任审计不断深化，但是政府官员的贪污腐败屡禁不止？为什么我国国家审计在国家治理方面没有发挥应有作用？这进一步带来了一系列疑问：是审计清单中的问题整改不彻底？或者名义上整改到位了，但由于整改建议的偏差①导致整改仅仅是纠正错误而没有从预防角度进行制度建设，使审计治理的效果不佳？因此，需要进一步研究怎样才能使审计整改真正到位，在很大程度上根绝在经济领域的一些低级的违法违规行为。

国家审计发展到今天，从 1983 年到 2020 年，经历了 37 年时间，这不是一个短的时间周期，已经到了应当总结审计发展得失的时候。在国家治理理念已经深入审计机关各项工作的环境下，需要进一步解决下述问题："审计风暴"留下了历史的痕迹，对社会产生了巨大的震撼，有什么经验可取？"审计风暴"作为现象难道不可复制吗？在上一次"审计风暴"之后，有没有可能再出现一次又一次的"审计风暴"？审计清单作为发起"审计风暴"的原因，能否通过对其改革引发新的"审计风暴"？审计清单究竟与审计整改是什么关系？什么样的审计清单是提高审计整改效果的制胜"法宝"？在国家治理越来越受到重视的条件下，怎样才能基于国家治理的需求优化审计清单并且助力于审计整改？在改革审计制度的基础上，怎样才能通过社会共治来强化审计整改？在审计整改中媒体有什么特殊的作用？这些都是需要认真研究的主要现实问题。

1.1.2 研究背景

我国审计工作得到长足发展，实属不易。打开每一年审计机关关于政府预算执行情况和其他财政收支的审计工作报告，翻阅审计机关绩效报告，笔者对审计机关所取得的成就感到由衷敬佩。下面是一些数据（见表 1-1），可以了解审计署的部分业绩。

---

① 从审计署网站查到的《审计署绩效报告》比较少。2010 年度的报告在第 28 页中提到"向被审计单位或有关单位提出审计建议 1717 条，其中已被采纳 1029 条，占 60%。"不知道采纳率不高的主要原因何在。该报告第 27 页提到"审计发现的问题有 92% 已经整改，约为 597.54 亿元"，说明了整改完成率并不是 100%。

表 1-1　　　　　审计署在中央预算执行情况审计方面的主要工作成果分析

年份	追回资金（亿元）	上缴财政（亿元）	调整账项（亿元）	移送案件（起）	追责人数（人）
2001	105	106	960	195	397
2004	7.03	233.58	77.54	222	762
2007	267.73	（与左合并）	—	116	117
2010	143.94	（与左合并）	997.09	139	699
2014	—	—	—	895	5598
2018	—	—	—	—	—

资料来源：审计署网站上公布的 2001 年以来的"审计工作报告"（全称"国务院关于 20××年度中央预算执行和其他财政收支的审计工作报告"，下同）或者"审计查出问题的整改结果"（全称"国务院关于 20××年度中央预算执行和其他财政收支审计查出问题整改情况的报告"）中的数据。考虑到将近 20 年的数据全部罗列没有太大意义，笔者仅选取了几个年份进行分析。值得注意的是，各个年份公开披露的审计整改概括情况的分类以及内容存在比较大的差异；除了表中的五项内容以外，有些年份还有"整改促进增收节支""根据审计建议修改、制定或者完善单位的规章制度""整改问题金额""违纪资金"等内容。近几年，报告中一些概括性的统计信息越来越少，说明在公共信息披露方面，审计工作报告还没有形成相对稳定的表述格式。

　　在表 1-1 中，有些栏目空白，是因为每一年公开披露的信息种类不同。早期披露的信息，偏重于对违法违规资金与违规人员等方面的信息披露，而后期的信息披露则主要侧重于提供建议被采纳情况、完善规章制度数量、审计建议采纳带来经济效益情况等方面，其中大部分是不能用金额表示的指标。例如，2019 年 12 月 25 日《关于 2018 年度中央预算执行和其他财政收支审计查出问题整改情况的报告》中，提到了"整改问题金额 3099.81 亿元；制定完善相关规章制度 1538 项。"而整改问题资金被认为主要是指上缴国库、补征或退还税款、统筹使用结转结余资金和调整投资计划及账目等方式。这种披露方式，比过去简化了许多，将一些具体的信息细化到了具体的审计项目整改的内容中，但对于读者了解一些总体性信息有一定局限性。

　　坦率地说，隶属于政府的审计机关要依法对政府及所属部门进行审计，向政府和人大常委会提交审计工作报告，在审计独立性方面必然存在比较大的缺陷。这种需要政府"自黑"并且通过人大来监督政府整改的体制，在政府内部监督的所谓"免疫系统"制度设计层面上没有问题，但从现代国家治理需要监督政府的意义上看，问题重重。近十年，审计界发生了日新月异的巨大变化。这些变化主要集中在审计领导体制的调整、审计重点的转变和审计职能的延伸等方面；已有的很多变化，无论是审计同仁还是社会公众，均有目共睹。其中，强调党对审计工作的领导，在很大程度上提高了审计的组织地位，强化了审计的独立性，也对审计工作提出了更高的要求。审计机关作为政府的职能部门，既要监督政府（存在独立性欠缺问题），又要监督党的组织（存在权威性问题），其难度是非常大的。在此情况下，审计机关应当不负众望，知难而进，勇挑重担，通过深化改革增强审计在党和国家监督体系中的作用。按照习近平总书记在中央审计委员会成立大会上的讲话精神，应当"努力构建集中统一、全面覆盖、权威高效的审计监督体系，更好发挥审计在党和国家监督体系中的重要作用。"① 2018 年 5 月 23 日，中央审计委员会成立以后，审计机关与相关机构的协同治理显得越来越重要。中央审计委员会主任习近平②要求"各地区各部门特别是各级领导干部要积极主动支持配合审计工作，依法自觉接受审计监督，认真整改审计查出的问题"③，在确立了党对审计工作的集中统一领导的新体制以后，如何使审计在党和国家监督体系中充分发挥作用，就成为一个新问题。在党的领导下，审计监督的层次明显提升，在很大程度上解决了过去人们认为审计的独立性不高的问题，有助于审计的发展。这意味着审计发展的新契机已经来临。

那么，如何在"新时代"大背景下为审计发展寻找新的突破口呢？从 2004 年前后的"审计风暴"可以得出启示：改革审计报告制度，从审计清单入手，依赖审计风暴的路径，可以进一步扩大审计的影响力和社会治理作用。审计清单不是一个审计专业术语，既不是审计报告或者审计公告，也不是审计结论或者审计意见等，但内涵上具有一定的交叉。审计清单是一种特殊的审计现象，狭义的"审计清单"是指国家审计机关通过一定渠道（如人大会议、新闻媒体或者其他渠道）定期发布的针对特定事项（如预算执行、专项审计等）对被审计单位通过点名的方式、列举审计问题的名单。审计清单可以通过社会舆论（尤其是媒体和互联网）推动审计整改的深入和行政问责的强化。总体上看，国内外对审计清单的研究比较少，尤其是国外，在审计信息全面公开、严重违法违纪事件越来越少的情况下，审计清单一般并不会引起重大的社会反响，对其研究也比较少。在我国，审计清单是一个热点话题。截至 2020 年 4 月 12 日，用百度搜索"审计清单"一词，得到了 3260 万条结果（有一部分并不是本书意义上的"审计清单"），说明这个词备受关注。在现实中，审计清单引起了"审计风暴"，到目前虽然已经过去了十多年时间，但仍然具有很大的影响力，这表明了审计清单的确是一个需要深入研究的课题。将审计清单与审计整改相结合，以国家治理作为基

———————

　　①③　参见：中国政府网"习近平主持召开中央审计委员会第一次会议"（新华社 2018 年 5 月 2 日报道）。

　　②　中共中央审计委员会主任由习近平总书记担任，副主任由国务院总理李克强和中纪委书记赵乐际担任，表明审计委员会的行政规格很高；中央审计委员会办公室设在审计署，由审计署审计长担任办公室主任，加强了党对隶属于政府的国家审计机关的直接领导。

础，对指导审计工作意义重大，非常有研究价值。

1.2　研究目的与研究内容

1.2.1　研究目的

本书的研究，主要有如下目的：

（1）通过对近十年国家审计机关公开信息的研究，分析审计发现问题的分布规律，以及审计机关在审计整改方面的成效，对我国审计信息的披露制度提出建设性建议。

（2）通过优化审计清单促进审计模式的转型，使国家审计从"问题导向"（对事）向"问责导向"（对人）转变，将经济责任审计嵌入财政审计、财务审计和绩效审计，实现多种审计功能的互动与升华。

（3）以审计清单为突破口，借助互联网、媒体等途径，通过社会舆论、高层关注等外部压力形成服务国家治理的新的审计治理机制，推动审计整改的深化，彻底解决"屡查屡犯"的顽疾。

1.2.2　研究内容

基于本书选题的限定，主要研究内容如下。

1.2.2.1　主要研究对象

本书的主要研究对象是以国家治理导入问题，探讨审计清单运行的规律，以及审计整改如何实现国家治理的效应。具体的研究对象为：

（1）审计清单与国家治理的关系。主要研究："审计风暴"与审计清单现象的分析；新时期国家审计实现国家治理的定位与内涵；公共选择监督与公共政策执行审计中的审计清单的应用；国家审计与公共机构（党务系统、立法系统、行政系统和司法系统）的博弈关系与模型分析；基于"社会契约论"对国家审计所形成的特殊审计关系中各种契约关系的分析以及审计清单在消除审计关系人（审计委托人、被审计人和审计人）信息不对称中的作用；国家审计利用审计清单提高"国家治理指数"的路径等。

（2）审计清单的设计、实施与发布的规律。主要研究：基于委托代理理论与契约理论导入审计清单的类型，探讨在现行审计体制下的审计清单设计的情境特色；基于不同委托人（政府、人大和党的组织部门等）的审计清单需求；基于不同被审计单位的审计清单设计；点名式审计清单与匿名式审计清单（采用"某某单位"或者"某某行业"等形式列举数据的清单）的效果差异；我国审计机关提交的"预算执行和其他财政收支审计查出问题整改情况的报告"的现状分析与问题的分布特点、违纪重复率的情况；近十年我国财政审计违规分布图和统计学特征；审计清单列举的持续不能解决问题的症结；大数据技术下审计清单的社会关注度（时间、频次、地域、人群层次和舆论反应等特征）分析等。

（3）审计清单的传播。主要研究：审计清单传播的法律限定；审计清单的传播现状与限制；审计清单传播的审批流程；审计清单传播形成媒体压力的机制；审计清单的主动传播与被动传播的效应分析；审计清单与舆论监督的相关性；审计清单引发媒体压力的类型与特征、意义；公众对审计清单的注意力集中度与时间分布规律；审计清单在新闻报道式传播、会议传播和定向传播等方面效应差异的研究；基于审计清单的媒体监督与审计监督的协同；基于审计清单的自媒体的引导与利用。尤其是对我国在 2015 年底由中共中央办公厅与国务院办公厅发布了关于审计体制重大调整的文件后，对省级以下审计机关在审计信息公开方面可能出现的新问题进行研究。

（4）基于审计清单的审计整改效果评价。主要研究：在审计清单中审计整改的主要类型；在审计清单传播后不同传播情境下对审计整改的约束力；基于审计清单传播的审计整改监控制度设计；审计整改采纳率情况及民众与媒体的相关知情权；不同被审计单位审计整改采纳率在行业、地域、级别和业务等方面的差异；被审计单位整改不到位的原因与纠正措施等。其中，主要研究为什么不同审计清单发挥了不同的整改作用，对被审计单位及其负责人可能面临的政治生态、经济状况、文化氛围和特殊需求等复杂环境进行分析，提高审计整改效果。

（5）审计清单促进国家治理的效应。主要研究：审计清单对审计整改的影响分析；审计整改对国家治理的影响因素；审计整改与财政收支规范性的关系；审计整改与财政预算公开与刚性约束；审计整改与财政问责制度建设；审计整改与政策执行效果评价；审计整改效果与公民监督的相关性；审计清单推动廉政建设的社会效应评价；审计清单在法制建设尤其是立法方面的效应（主要考察立法建议等）；审计清单通过媒体发布引起的震撼对违法违规的吓阻引起的社会治理等。

（6）审计清单引发的审计制度创新。主要研究：审计清单应当从问题罗列向责任罗列转变；从注重单位问题的揭发到个人责任的确认；从主要陈述审计发现问题到包括处理处罚结果的全程信息披露；基于审计清单建立被审计单位违纪数据库；绘制基于行业特征的审计问题分布图；"问题导向"的传统审计向面向未来的"制度导向"的现代审计的嬗变等。

1.2.2.2 研究重点难点

（1）研究重点。一是不同审计委托人环境下审计清单的设计。在整个研究中，审计清单是关键性因素；而审计清单的设计思想与主要内容必须考虑多样性审计委托人的特定要求，并且在一定程度上需要借力于社会舆论推动审计整改，这导致必须将审计清单的设计问题作为研究重点。二是审计整改不彻底及"屡查屡犯"的症结与对策。我国审计机关所查出的许多问题是重复出现的，在行业、地域、产权和业务等方面均具有一定特征，如何将审计发现问题与被审计单位的制度建设、治理体系改革结合起来进行审计整改，是一项重大的课题。三是审计清单在国家治理中如何发挥制衡的功能。目前，基于国家治理研究国家审计，已经成为审计界的一个热门话题。但是，如何将审计清单作为一种治理手段，借助媒体、网络等力量形成审计与社会多层次的互动，推动国家审计服务国家治理，则是一项重要的研究内容。

（2）研究难点。研究工作的主要难点是审计清单的搜集与分析工作。由于我国各级审计机关相当一部分审计报告并没有公开，尤其是审计处理处罚决定很少见到；而向人大常委会提交的政府预算执行和其他财政收支审计查出问题整改情况的报告也不够完整，在一定程度上增加了研究工作的难度。

1.2.2.3　本书总体框架

本书所采用的总体框架如图 1 - 1 所示：

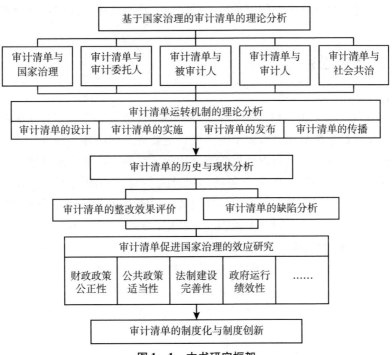

图 1 - 1　本书研究框架

1.3 研究思路与研究方法

1.3.1 研究思路

本书的基本研究思路是：

第一，从国家审计参与国家治理入手，导入审计清单对于国家治理的作用，并且对审计清单进行重新定位；

第二，基于委托代理关系，研究审计清单的设计、实施与发布的规律，为优化审计清单提供思路；

第三，研究我国审计清单的历史、现实与未来，对审计清单披露的形式、内容和路径等进行分析，归纳我国国家审计发现问题的类型、地域和特征的变化规律以及存在的问题；

第四，研究审计清单的传播，通过审计清单的传播路径，分析审计清单传播路径对审计整改的影响以及运行机制；

第五，研究近十年我国审计清单披露问题的整改状况，对审计整改不彻底原因进行分析，尤其是寻找"屡查屡犯"的原因及对策；

第六，评价审计清单在国家治理中的绩效，提出改进审计清单以及审计制度的建议。

1.3.2 研究方法

研究方法主要有：

（1）现场调查。根据研究的要求，现场调查主要是对四级审计机关的审计信息披露情况进行系统访谈。可以根据需要，主要对一些领导干部进行访谈，在适当的条件下可以选择部分对审计报告制度比较了解的一线审计人员进行访谈。基于过去现场调查的经验，作为公务员的审计人员对一些问题可能具有一定敏感性，访谈工作的组织以单个人为主。现场调查的资料并不取代通过官方途径获得的资料，只是为了在一定程度上矫正或者补充官方资料的不足。这种现场调查的方法，可以为研究收集第一手的信息。

（2）数据分析。本书分别从四级审计机关（对于地方审计机关将分省级、市级和县级三个组选择一部分数据进行分析），收集审计机关近十年来的审计报告方面的公开信息（这些信息主要是审计结果公告和审计机关向同级人大提交的审计工作报告），应用统计分析方法研究审计发现问题以及审计整改效果在业务、地域、层级和数额等方面的规律性。

（3）系统分析。主要是从社会系统论的角度，研究审计清单所引发的一系列社会问题（审计清单多元受众与审计关系人之间的复杂关系、按照审计清单进行审计整改的利益格局以及关系的调整、审计清单对社会治理的政治、经济、科技和文化等多元维度的影响）的关联性、动态性、平衡性、层次性、多样性和复杂性等方面。

（4）其他方法。例如，应用实证研究的方法，在审计清单的社会影响等方面，提出一些假设进行验证。又如，采用辩证逻辑的方法，进行相关审计现象和内涵的分析，提出一些创新性的观点。

1.4　基本观点与概念限定

1.4.1　基本观点

本书提出的主要观点（包括但不限于①）如下：

（1）审计清单是一种现象，但它蕴藏着丰富的内涵，应当研究它的学理和运行机制；它引发"审计风暴"的潜能能够再次转变为审计扩大影响力的基础；审计清单提交人大、受到高度关注并且在媒体广泛推动下，形成巨大的舆论力量，促成了有效的审计整改，对国家治理发挥了重要作用。

（2）审计委托人是多级次的，审计清单不能仅仅看到直接委托人（可能是多个）的需求，更要看到终极审计委托人的需求；审计机关必须设计满足不同审计委托人需要的审计清单。审计清单应当体现"公民意识"和"公民需求"。

（3）审计清单的形成有复杂的博弈过程，最终审计清单的形成不过是博弈所形成的最终结果，而且这个结果还在不断调整过程之中。参与博弈的包括所有审计关系人，即多个层面的审计委托人、审计机关和审计人员，还有被审计单位；他们的背后都存在着盘根错节的组织利益和个人利益的矛盾或者冲突。三者在不同的环境和事务中处于不同的优势，可能产生不同的结果，但审计委托人的强势地位不可动摇。一般而言，审计机关在审计项目选择、审计证据收集、审计结论形成和审计处理决定等方面有一定的优势。

（4）审计清单应当尽可能借力于媒体的力量；远离媒体的审计无法扩大审计清单的影响，无法形成媒体监督、公民监督等多层面组合的舆论监督的社会共治的力量，审计的功效将可能大幅度下降。新媒体和自媒体是审计清单传播的有很

---

① 需要说明的是，除了本书之外，笔者还发表了一系列相关论文，有相当一部分论文中提出的观点在此处不再重述。另外，本书所包括的几个相关部分，内容上虽然相对独立，但也存在一定的交叉，因此，此处的主要观点所排列的次序与研究报告中的相关部分的次序并不一定完全一致。

大发展前途的广阔领域，亟待开拓。

（5）建立以审计清单为核心内容的分析平台；利用大数据资源（包括供应链信息、舆情信息和行业共享信息等）以及审计清单的累积性资料，对审计发现问题进行回顾性分析，为未来审计项目的立项、现场审计和审计报告确定重点、疑点和突破口提供导航。

（6）审计清单的信息披露有一定的经验可循。可以看到，在审计信息披露中，点名式审计清单比匿名式审计清单产生的效果更好；有关重大项目、民生热点和公共机构的审计清单比一般问题的审计清单效果更好；改革开放程度高的地区的审计清单比欠发达地区的审计清单信息更加透明；重点涉猎问责的审计清单比单纯罗列问题的审计清单更加引起关注；与公共机构有关的审计清单比与企业有关的审计清单更受关注等。

（7）基于审计清单的审计整改效果是明显的。从国家治理角度看，审计清单的质量决定了审计整改产生社会效果的大小；审计整改是国家治理在社会共治条件下的一种体现，绝非审计机关一家能够完成。它集审计机关、政府、人大、媒体、公众以及被审计单位等方面于一体，产生了重大的社会影响。我国审计整改效果整体上不错，但是应当看到，一些审计意见的整改要求并不是很高，在未来应当加大深层次的审计整改意见。审计整改质量与媒体传播有比较大的关系；成为"公共事件"的审计项目的审计整改一般都比较彻底。

（8）借助审计清单上违法违规复发率评价审计整改和审计治理效果具有可行性。大部分比较初级的审计整改是纠正已经发现的违法违规问题，而高端的审计整改是从根本上铲除违法违规的生存土壤，根绝其基础。审计整改的最优效果是不会出现下次同类整改。审计整改一般是提出达到基本要求的及格标准，而不是更高的优秀标准，因此，审计整改水平的提高有很大的潜力可以挖掘。

（9）审计清单有助于在国家法治化、民主化和公平化等方面产生良好的治理效果。

1.4.2 概念限定

为了研究的需要，对下述主要概念进行限定，以避免读者在阅读中产生误会：

1.4.2.1 关于"审计"的特别限定

"审计"一词已为大众所熟知。但是，严格意义上讲，审计按照行为主体的不同，在现实中表现为三种形式，即国家审计、民间审计和内部审计。虽然三种审计形式表面上都是属于审计学科的范畴，但实际上其内涵相差甚远。因此，在学术界的绝大多数研究中，一般可能主要研究其中的一种形式，而不去考虑其他两种形式。因此，本书所提到的"审计"一词，如果没有特别说明，是指"国家审计"的概念。

1.4.2.2 关于"审计清单"的特别限定

在国家审计领域，审计的名词概念比较多，但随着《国家审计准则》（2010）的颁布和实施，审计的工作语言已经逐步规范化。审计报告、专项审计调查报告、审计结果报告、审计公告、审计综合报告、整改情况的报告、审理意见书、审计决定书和审计移送处理书等[①]审计工作中经常使用的一些词语，与审计清单都存在着一定的关系。但是，除了"审计报告"是审计的学术用语，上面的其他用语实际上都是工作语言[②]。不是说工作语言没有研究价值，而是试图说明学术语言可以组成一个学术范畴，它具有稳定的丰富的内涵，而对于工作语言不可以严格要求严谨性和科学性，只考虑满足实际工作的需要而已。因为，许多工作语言只是在部分业务或者在部分区域使用，甚至是临时使用，不受学术界过多关注。那么，如果"审计清单"不是学术语言，还有研究价值吗？应当是有的，因为从它在审计风暴及以后的表现来看，意义重大，不排除成为学术语言的可能性。

根据前面对"审计清单"的定义，本书中的审计清单是狭义的，有以下特征：（1）特指在审计报告中披露的相关内容，或者以审计（工作）报告为载体；（2）披露被审计单位或者责任者的有关信息；（3）对违法违规事件的陈述；（4）有审计机关定性的审计结论等。一个审计清单中可能罗列多个审计项目的审计结果，也可能是只罗列一个被审计单位的多个违法违规事件的审计结果。本书主要研究前者，即由审计机关代表政府提交给人大的政府财政预算执行和其他财政收支的审计工作报告，对涉及特定审计项目的审计公告中的审计清单，也进行适当的讨论。

虽然审计清单的形式多样化，但其基本要素大致相同。从审计实务看，审计清单表述的差异还是比较大的，这就给本书的研究提供了更大的空间，也表明在审计清单实务管理方面有广阔的改革前景。

1.4.2.3 关于"审计整改"的特别限定

在本书中，对"审计整改"一词的使用也是比较多的；在国家审计的实务中，这个词语的使用次数比较频繁。在一些审计规范中，并没有关于"审计整

---

① 这些文书都是2011年1月1日开始实施的《中华人民共和国国家审计准则》中列举的规范性审计文书。实际上，现实中还有"审计工作报告"和"审计意见书"等提法。

② 在学术界探讨理论问题时经常使用的一些审计概念，可以列入审计学术用语的范畴。而在特定业务中专门使用的一些与实务管理相关的词语，应当列入工作语言的范畴，当然，这两者并没有严格的区别。随着环境的变化，有可能使一些工作语言演变为学术语言。但是，遗憾的是，审计学术界几乎没有人关心或者找出它们之间的差异。

改"的定义。《中华人民共和国国家审计准则》第一百六十三条规定:"审计机关应当建立审计整改检查机制,督促被审计单位和其他有关单位根据审计结果进行整改。"审计整改实际上就是依据审计意见书、审计决定书和审计建议书等要求,由被审计单位停止并且纠正违法违规行为或者错误,并且愿意承担相应后果的一项补救性工作。审计整改可以严肃财经纪律、整顿社会秩序,完善法规制度,发挥审计参与国家治理的作用。

1.4.2.4 关于"国家治理"的特别限定

国家审计与国家治理之间关系的研究,是近十年审计界的一个热门话题。关于"国家治理"并没有一个权威性定义,人云亦云的引用很多,都在一定程度上抒发了个性化的主张。在本书的研究中,将有可能促进和影响社会发展与进步的、能够上升到国家层面的所有活动,都列入了国家治理的范畴。

1.5 文献综述与总体评价

1.5.1 关于审计清单的相关研究

学术界对审计清单的研究总体上比较少,截至 2020 年 4 月 16 日,在"中国知网"的期刊数据库,按照篇名中包含"审计清单"作为条件进行检索,仅仅查出了 12 篇文章。这些文章的题目和发表时间如下:

《浅析高校科研经费内部审计清单制》(杨怀伟、陈琛,2016);

《审计清单计价模式下的招标控制价和投标报价之我见》(金正春,2009);

《微山县审计局探索经济责任审计"清单 + 账单"新模式等 5 则》(《审计月刊》编辑,2016);

《令纳税人心寒的审计清单》(郗建荣,2005);

《"审计清单"莫让人"雾里看花"》(朱建中,2005);

《一份触目惊心的审计"清单"》(《领导信息决策》编辑,2004);

《"审计清单"的反思》(黄体云,2004);

《审计署开出审计清单》(《金融信息参考》,2004);

《从"审计清单"看中央反腐决心》(张栋,2004);

《落实"审计清单",人大应有积极作为》(王北京,2004);

《清除审计清单之"黑"》(楚东,2004);

《"审计清单"为何越来越"黑"》(马善记,2004)。

从严格意义上分析,如果剔除非本书"审计清单"意义上的 3 篇文章(即最前面的三项①），其余均为对审计清单内容进行简单评价的文章。实际上，真正对"审计清单"进行系统研究的学术论文少之又少。

从以上罗列的文章题目可以看出：（1）大部分文章主要是针对媒体关注审计风暴中出现的审计清单现象进行探讨，而真正从理论上研究审计清单的很少。如果考察当时的具体情况，就会了解到审计清单最先是由媒体提出的，因为审计报告中罗列了一些单位存在违法乱纪的问题，审计机关披露了其名称、违法事实和违纪金额等信息，引起了社会的普遍关注。显然，对于何为"审计清单"在当时并没有一个明晰的定义。这样，就使得相关的文章主要分析审计清单现象，而不去探讨其本质性问题，即为什么会产生审计清单？审计清单会不会成为一种学术范畴？这种现象会不会持续？它与审计报告的相关性以及如何规范，等等。（2）如果扣除前三篇文章，其余的 9 篇文章全部是在"审计风暴"发生期间写成并且发表的；一般认为，"审计风暴"起于 2003 年，截至 2005 年。"审计风暴"开辟了一个新的审计信息披露形式，即公开点名批评被审计单位（主要是政府及其所属部门、国有企业等），倡导一种新的风气。在过去比较长的时间，公开披露的审计报告②很少涉及对被审计单位"指名道姓"式的批评，而"审计风暴"改变了传统的做法，产生了巨大的社会影响。

以期刊论文为例，黄体云（2004）、郗建荣（2005）等主要是对审计清单现象表示强烈关注；马善记（2004）和朱建中（2004）等主要是反思审计清单引起的社会问题；而张栋（2004）、王北京（2004）、楚东（2004）等主要是建议加大对审计清单揭发问题的整改。

国外并没有所谓"审计清单"概念，也没有相关的研究成果。虽然对审计报告的研究成果比较多，但是，主要集中在"民间审计"领域，例如，拉姆·卡兰（Ram Karan，2003）认为审计公告应当将公众对审计信息的需求和相关部门主体职责的履行情况作为披露的重点；慕尼亚因（Muniain，2005）通过对 18 个国家审计公告的调查，发现互联网已经成为审计信息广泛传播的有效工具，特别是在英美和北欧

---

① 这三篇文章中，《浅析高校科研经费内部审计清单制》主要探讨清单管理在高等学校科研经费内部审计方面的应用，与本书探讨的与审计报告有关的审计清单含义不同；《审计清单计价模式下的招标控制价和投标报价之我见》主要是探讨工程预算领域的计价模式问题，也不是本书意义上的审计清单；《微山县审计局探索经济责任审计"清单＋账单"新模式等 5 则》是通讯报道类文章，题材上不属于论文，其内容也与本书的审计清单相左。

② 据审计署法制司有关负责人在接受《第一财经日报》记者采访时介绍，2001 年以前，我国的审计结果公告制度还没有真正建立起来；2004 年开始尝试，2005 年审计公告的发布开始规范化，而且数量明显多了起来；而依据《审计署 2006 至 2010 年审计工作发展规划》，到了 2010 年以后，除涉及国家秘密、商业秘密及其他不宜对外披露的事项外，所有审计和专项审计调查项目的结果都向社会公告。参见浙江在线新闻网站：http：//china．zjol．com．cn/05china/system/2007/07/13/008603864．shtml。

国家，能够更好地满足有关机构的问责要求；克里希南、安蒂、杨杰（Krishnan Jayanthi and Joon S. Yang，2009）研究了审计报告和盈余公告滞后的趋势；裴昌贤（Chang – Hyun Bae，2015）依据韩国公司的实际情况，在研究后认为审计报告与分析师预测错误成正相关关系；米哈伊拉·阿琳娜·罗布亚和伊万·博格丹·罗布亚（Mihaela Alina Robua and Ioan Bogdan Robua，2015）基于审计报告对股权收购或出售金融市场中投资者的影响进行了分析；图德·奥普里索拉（Tudor Oprisora，2015）研究了审计综合报告能否解决高水平鉴证的难题；裴昌贤和吴永生（Chang – Hyun Bae and Yong – Sang Woo，2015）研究了审计报告滞后（ARL）及酌情报告滞后（DRL）之间的关系以及分析师对韩国企业预测的误差；克洛伊（Chloe，2016）研究认为审计委员会独立性和存在金融专长审计师的审计委员会对于审计报告质量起到决定性影响；丹妮尔·莫林和穆娜·哈兹吉（Danielle Morin and Mouna Hazgui，2016）发现英国国家审计署承担了监督行政当局和改善公共事务管理的双重职能，认为审计公告应当对公共资金使用效率问题进行重点披露。由于国外一般并没有类似中国审计机关向人大常委会定期汇报的制度，主要是单项审计信息公开发布或者在国会作证、质询政府部门或者官员，所以，审计清单现象在国外比较少见。

而以"审计清单"为题名在中国知网的报纸数据库中检索，则仅检索到48篇文章。当然，如果检索篇名包含"审计风暴"一词以及文章同时包含"审计清单"一词的文章，则数量更多。可以看出，平面媒体（主要是报纸等）相比学术期刊更加关注审计清单现象。但这些文章并不是学术论文，主要是一些时政报道或者短评方面的文章，对考察民意或者舆论，有一定的参考价值，但是，如果从学术性方面来看，就存在比较大的距离了。实际上，我们不能忽略一个事实，即在报纸上发表的文章通过网络传播特别迅速而且范围特别广泛，报纸与报纸之间的转载比较多、各个有重大影响的门户网站甚至有些小网站也对报纸文章进行转载，通过互联网各种平台，更是加速了信息的传播；而自媒体则通过微博、微信、抖音和快手等不同的平台进行传播，在一些粉丝量多达几百万或者几千万的自媒体平台，一项对审计的评价可能影响数以百万、千万计的受众，其影响力远远超过目前的学术期刊的影响力。因此，在审计信息传播方面，不能忽略自媒体的力量。

审计清单作为一个审计概念使用，是近二十年的事情。不过，在审计学的经典著作①中，并没有关于"审计清单"的用语，因此，从一定意义上讲，它并不

---

① 主要是检索了近30年来国内外的一些著名的审计专著和教材。在其他个别的著作中，也有部分内容涉及审计清单。例如，经济科学出版社2009年6月出版的冯均科教授的《审计问责：理论研究与制度设计》，在第330~336页多处提到了审计清单，并且认为："李金华现象"的产生，是责任政府的产物。没有中央政府的支持，就没有审计清单，也没有"审计风暴"。

属于一个规范的学术语言。在个别的审计专业词典①中，也收录了"审计清单"一词，不论其科学性和可靠性如何，至少能够表明这一词语受到了媒体与学者的关注。

问题是，"审计风暴"已经成为历史，那么，是不是"审计风暴"属于昙花一现？是不是审计清单也退出了"历史舞台"？作为"审计风暴"的"副产品"，审计清单会不会失去价值？这些问题都需要进一步研究。

1.5.2　关于审计整改的相关研究

在我国，有关审计整改的研究成果颇多，从截至 2020 年 4 月 16 日在中国知网上以"审计整改"作为篇名检索的结果看，获得了 381 篇文章信息。而在 2017 年年初时，大约有 220 篇论文在篇名中包含"审计整改"，经过三年半的时间，论文数量增加了 161 篇，不能不说增长迅速。对于审计整改的研究，起于 1993 年，当时叶鹏臻、黎达勋在《军事经济管理》期刊上发表了《基层财务亟待加强——1992 年经费决算审计整改工作追踪调查》，这可能是最早在题目中使用"审计整改"一词的论文。此后十几年的时间里，研究审计整改的人寥寥无几；2004 年之前，也仅仅能够找到 2 篇相关论文。到 2010 年时，当年研究审计整改的论文已经达到了 14 篇，是在此之前论文数量最多的一年；而从"审计风暴"开始，2005 年以后基本上每年 4 篇以上，这表明"审计风暴"引发了人们对审计整改问题的关注。从 2010 年到 2019 年这十年，每一年的论文数量均超过了 10 篇，而 2019 年发表的论文中，题目中包含"审计整改"一词的论文达到峰值 69 篇，说明学术界对审计整改问题给予了高度的关注，并且关注的程度越来越高。在已有的论文中，题目中同时包含"审计整改"和"审计清单"的论文为 0 篇；题目中同时包含"审计整改"和"审计报告"的论文为 0 篇；题目中同时包含"审计整改"和"审计工作报告"的论文为 0 篇；题目中同时包含"审计整改"和"审计公告"的论文为 1 篇；题目中同时包含"审计整改"和"审计结果"或者"审计结果公告"的论文为 2 篇。那么，研究"审计整改"的论文主要涉及哪些内容呢？下面做进一步分析。

从收集到的论文资料看，这些论文的研究内容主要集中在以下方面：

（1）研究审计整改自身的一些问题。有代表性的论文有研究审计整改的问题、原因和对策（文富恒，2013；杨秀琴，2018），研究审计整改机制（杨贺、

① 据查阅，崇文书局 2013 年 1 月出版的吴俊深编著的《现代审计大辞典》第 27 页介绍了"审计清单"概念："审计清单即审计机关将在审计中发现的违规、违纪、违法问题逐一立项编造清单向有关部门报告和社会公告。"显然，这个解释与本书讨论的审计清单在意义上比较接近。

郭帅，2014；宋夏云、闫帅，2019；苏红，2019；刘娜，2017），研究双罚制视阈下国家审计整改效果（靳思昌，2019），研究影响审计整改的因素分析和对策建议（李顺国、向顺鹏，2011），研究闭环整改体系建立（周律俊、周剑虹等，2019），研究如何测度审计整改满意度（刘青霞，2017；田必耀，2017；李小健，2017），研究审计整改报告为什么未通过（杨仁广，2017），等等。

（2）基于一定视角研究审计整改的论文。代表性的论文有基于国家治理视角进行研究的（俞金华、高梦霞、陈洁，2014），基于监督效果进行研究的（苏超，2019），基于审计质量进行研究的（黄溶冰，2018），基于人大监督进行研究的（黄忠，2017；魏慧慧，2018），等等。

（3）介绍政府安排或者人大督查审计整改工作的文章。全国人大专题询问审计整改（彭波、张洋，2016），江西省政府安排审计整改工作（江丹，2019），江西省人大督查审计整改工作（喻功伟，2019），开封市委批示审计整改（刘江航，2019），漯河市多项措施并举深化审计整改（李富宗、钮军伟，2018），湖北人大听取审计整改报告（胡新桥、刘志月、何正鑫，2016），等等。

（4）研究内部审计的整改问题。这方面的论文比较多，如研究事业单位内部审计整改的（黎昊旻，2019），研究内部审计整改"关口前移"控制体系的（羊剑、陈乔红，2018），研究信用社内部审计整改的（黄玉彬，2012），研究高等学校内部审计整改的（苗亚玲，2011），等等。

国外发表的文献很少有直接相关的研究成果，而间接相关的研究主要集中在审计信息披露等方面。菲利普·劳（Philip Law，2011）以中国香港上市公司为研究对象，建议引入风险监管机制的审计报告来实施适当的整改措施；刘金（Jin Liu，2012）通过实证研究认为，政府审计能有效抑制公司腐败，事后审计整改工作与腐败水平负相关；刘金和林斌（Jin Liu and Bin Lin，2012）以中国省级面板数据为样本进行研究，结果表明，审计机关发现的违规金额与该省的腐败程度正相关，审计整改的力度与腐败程度负相关，这意味着审计后的整改措施可以增强政府审计的有效性；娜塔莉（Nathalie，2015）以瑞典公司相关调查为依据，指出根据管理审计结果提供有效的公司整改措施能够帮助公司提升其治理水平和促进其实现公司价值。周哈洛和苏哈扎·伊斯梅尔等（Chew Har Loke，Suhaiza Ismail et al.，2016）发现审计人员提出的建议在某种程度上会被公共部门认真对待，最终会提高政府的行政效率。

考虑到世界上大部分国家采用立法型的审计体制（审计机关通常没有行政处理处罚权利），审计的问责功能与综合治理机制比较突出，而审计整改并未受到广泛关注，因此，审计整改这一问题具有鲜明的"中国特色"。

1.5.3 基于国家治理对审计清单与审计整改相关性的研究

基于国家治理对审计清单与审计整改相关性的研究，与本书真正直接相关。遗憾的是，难以找到完全相关的研究成果。

1.5.3.1 研究审计清单与审计整改的文献分析

在中国知网的期刊数据库搜索，没有发现在篇名中同时包括"审计清单"与"审计整改"的论文。虽然这是一个不完全的统计，但可以说明这方面的研究基本上是空白的。

其他检索情况如下：

篇名中同时包括"审计公告"与"审计整改"的论文有 1 篇，主要是研究如何通过加大审计公告力度以便强化审计整改（吴岳，2012）。

篇名中同时包括"审计结果公告"与"审计整改"的论文有 1 篇，主要是通过研究审计结果公告来探讨如何提高审计整改的效果，发挥审计治理效能（刘国常、宋曼丽，2019）。

没有发现在篇名中同时包含"审计工作报告"与"审计整改"的论文；没有发现在篇名中同时包含"审计报告"与"审计整改"的论文；也没有发现在篇名中同时包含"审计意见"与"审计整改"的论文。

1.5.3.2 基于国家治理研究审计清单与审计整改的相关性

在中国知网期刊数据库搜索，没有发现在论文篇名中同时包括"审计清单"与"审计整改"以及"国家治理"的论文。仅有的是一篇题目有些接近的论文，即《审计结果公告与审计治理效能研究——基于审计整改视角》，其中包含的"审计结果公告"与"审计清单"有些接近，"审计治理"与国家审计参与"国家治理"有些接近；而"审计整改"则是同一个词。

篇名中同时包括"审计清单"与"国家治理"的论文有 0 篇。

篇名中同时包括"审计整改"与"国家治理"的论文有 5 篇[①]，分别是《国家治理视角下加强审计整改的思考》（俞金华、高梦霞、陈洁，2014）、《浅谈如何在国家治理视角下加强审计整改》（徐锴，2015）、《基于国家治理视域的审计整改策略探讨》（王媛媛，2015）、《论国家治理中审计整改问责机制的建立》（季冰清，2017）。这些论文注意到了审计整改工作难度大和层次比较低的问题，有针对性地提出了相应的建设性意见。这些论文表明了基于国家治理探讨审计整

[①] 实际上应当是 4 篇。因为两篇论文的题目、作者署名、发表时间均相同；内容是重复的，只是发表的期刊不同，一篇是《中国内部审计》2014 年第 2 期，另一篇是《审计月刊》2014 年第 2 期；在统计数据时应当予以剔除。

改已经开始受到了审计界的关注。

目前我们并没有找到基于国家治理研究审计清单与审计整改相关性的外文论文。的确，研究审计在国家治理中发挥作用的论文有一定的数量。例如，理查德·贝克和德怀特·莫森（Richard Baker and Dwight Mowsen，2012）认为在增加所有利益相关者和社会共同的利益而增强对公司的控制时，应该让审计发挥更大的作用。刘贵良和陈灿等（Guiliang Liu，Chan Chen et al.，2013）认为对审计信息披露水平的管理可以提高信息披露的质量，进而实现国家共同治理。帕伊和阿格尼丝·卡塔林（Pályi and Ágnes Katalin，2015）基于文档分析方法考察了匈牙利国家审计机关对良好治理所做的贡献，构造了良好治理的一般原则，为实施问责和提高透明度形成了可控性的基础。埃里克·艾维斯和克劳迪奥·费拉兹等（Eric Avis，Claudio Ferraz et al.，2018）发现相对于未被审计过的城市，经历了审计的城市腐败水平减少8%；审计的作用在市际之间存在溢出效应，当地媒体能够促进邻近城市审计信息的传播，使得其他城市受到威慑进而降低腐败水平。

1.5.4 总体评价

从笔者收集到的相关参考文献的总体情况看，研究审计清单的文献并不是很多；而研究审计整改的文献已经比较多了；如果我们去找基于国家治理研究国家审计的论文则研究成果极其丰富①；如果将国家治理作为一条主线，贯穿于审计清单与审计整改的过程进行研究，则少之又少。国内外相关研究成果主要是对审计清单或者审计整改进行孤立的研究，而结合国家治理这个重大主题进行的研究还比较少。特别是基于国家治理探讨审计清单的制度运行以及其对审计整改的治理效果评价的研究还难以找到。值得深思的是，"审计清单"一词在2004年"审计风暴"时期最盛，而在此后，慢慢平息。"点名式"的审计清单较少出现以后，审计的社会影响力在显著下降。"后审计风暴"时期，我们应当总结中国式审计清单的成功经验，使国家审计发挥持续性的治理国家作用。重新建造审计清单制度，并且将其科学化、规范化和法制化，重启"审计风暴"长效机制，是我国近期审计制度改革面临的重大选择。

考虑到中国特色审计制度的优越性在近几年得到了充分体现，审计清单与审计整改在审计发展中拥有特殊地位，因此，基于国家治理探讨审计清单与审计整改效果的关系，无疑具有重要的现实意义和理论价值。

---

① 截至2020年4月16日，在中国知网期刊数据库中，查找篇名中包含"审计"的文章总计133804篇，其中篇名中同时包含"国家治理"的文章总计515篇，说明基于国家治理研究审计问题是审计界近期的一个研究热点。

第 2 章

审计清单的起源与审计清单的类型

至少到目前为止，审计清单并不是一个规范的学术用语，它是一种管理制度或者工作方法。就目前国内外的审计工作而言，如果审计机关要求审计人员编制审计清单，则审计清单就形成了一种管理制度；而如果审计机关没有明确要求，而是在所披露的审计信息中列出了审计工作的某些方面的事项列表（如审计项目名单、查出问题的被审计单位名单、被审计单位存在问题的清单等），则审计清单就是一种审计作业的现象。随着清单管理作为一种基础性管理方法的流行，审计机关也将在审计工作中大量应用清单管理方法，以提高审计效率。这样，审计工作中可能会出现不同类型的审计清单。

2.1 清单管理与审计清单

2.1.1 清单管理与现代公共管理的契合

清单管理作为管理工作的一部分，得到了比较多的应用。尽管在复杂的工程领域，对清单使用的需求比较多，清单管理也相对更流行一些。但在公共管理领域，清单管理也越来越多，因为现代公共管理对责任的厘清，往往需要清单管理方法的支撑。

公共管理实际上是管理学原理在公共机构业务管理工作中的应用，其本身是政治过程的一种反映。自 20 世纪 80 年代以后，新公共管理运动在西方多个国家此起彼伏，推动了公共管理模式的变革；实际上，这种影响已经波及世界各国。传统的官僚体系被企业化的管理体系所改造，致使公共管理活动在绩效方面需要改进，清单管理的应用便顺理成章。戴维·奥斯本（David Osborne）和特德·盖布勒（Ted Gaebler）在他们受到美国前总统比尔·克林顿推荐的管理类畅销书

《改革政府》① 中，针对美国的官僚主义公共机构提出了优化政府的十条措施，其中就包括了用企业家精神改革政府、用业绩进行管理、按照实效进行拨款、实施全面质量管理等内容。而据我国学者考察，自 20 世纪 90 年代中后期以来，美国、英国、澳大利亚和新西兰等国家先后启动了所谓的"后新公共管理"改革，其在价值取向、机构设置、权力调适、信息技术和行政文化五个方面对新公共管理运动的理论进行了完善（曾保根，2010）。然而，也有学者认为"后新公共管理时代"许多国家公共机构的改革呈现诸多摇摆不定的现象：从部门碎化到整体协作，从强调分权到主张集权，从放松管制到强化管制，从私营化、外包化到重新国有化、自营化，从注重效率到追求公共价值等（孙珠峰、胡伟，2013）。从传统的公共管理，到新公共管理运动，再到"后新公共管理时代"，随着改革的不断调整，可以看到公共管理机构的一系列发展和变化。但是，无论如何，新公共管理运动所形成的一系列理念，对清单管理方法的应用仍然产生了重要的影响。

新公共管理理论出现后，整个公共管理的模式发生了翻天覆地的变化。由于引入了"企业化管理"的理念，对于缺乏效率约束的公共管理机构而言，影响很大。从清单管理角度看，主要是因为：（1）绩效管理的需要。在公共管理从过去的"规则驱动"转向"任务驱动"的情况下，不再仅仅考虑管理是否触及规则的底线，而是更多地关注通过管理所完成任务的好坏；过程的控制固然重要，但是，如果与结果进行比较，则差许多。一旦需要控制结果，需要对管理的绩效进行考核，清单（任务清单）就成为一个重要的管理手段。（2）精细化管理的需要。新公共管理理论的一项重要内容是"流程再造"，在优化行政业务流程的过程中，必须考虑细化各项重要的工作内容或者数据门类，而清单具有重要的列示功能，对于重要的细微事项能够确认，对于具体的业务操作过程必然起到约束作用。（3）满足公众获取信息的需要。依据新公共管理理论，公共管理机构在提供社会服务的过程中，必须坚持"顾客至上"，体现公众的"需求导向"，扮演"服务者"角色，为公众提供相关的公共服务。在这种环境要求下，清单可以明晰服务的项目、服务的标准、服务的时间、服务的对象和服务的要求等，在公共机构与公众之间架起桥梁，增强双方的沟通，保证服务的质量和效果。

上述分析表明，清单管理在当今公共管理中之所以能够得以广泛应用，在一定程度上反映了其与公共管理环境的变化存在较多的契合。"服务型"政府理念的树立，为清单管理方法的应用提供了重要的工作基础。如果政府没有转型，没有服务意识，清单管理的广泛应用可能就没有意义。

---

① 戴维·奥斯本和特德·盖布勒著. 改革政府 [M]. 周敦仁，译. 上海译文出版社，2006.

2.1.2　清单管理在审计中的应用

清单管理在一般的管理工作中已经十分流行。根据领英（LinkedIn）所做的调查显示，大约有 63% 的专业人士将待办事项列出清单。可以看出，现代专业人士普遍使用清单管理方法进行时间和业务的管理。实际上，在普通的管理工作中，清单管理的应用极为广泛。这是我们许多人依靠常识或者经验能够体会到的结果。截至 2018 年 12 月 31 日，通过百度在网上检索"清单管理"，发现有 3270 万条信息；而如果检索"清单"，则发现大约有 1 亿条信息。可以看出，无论是"清单"还是"清单管理"，都是比较流行的词语。考虑到"清单管理"词语的使用频率极高，在这里不再一一罗列相关的信息。

在审计专业领域，直接探讨"清单管理"的文献比较少见（仅仅发现前述的 1 篇），但是，结合"清单"进行研究的论文还是不少。截至 2020 年 3 月 27 日，在中国知网的期刊数据库进行检索发现，在篇名中同时包括"审计"和"清单"两个词的论文有 148 篇。这些论文主要是"工程量清单"（大约 60% 以上）审计方面，其余的还涉及"清单计价模式（大约 10% 以上）""审计清单""权力清单""审计整改清单""问题清单""权责清单""负面清单""清单制"等方面。这些文献，主要集中在工程领域，其他领域所占比例比较低。根据笔者对审计实务的了解以及相关的调研，发现无论是国家审计、民间审计或者内部审计的实务，都不同程度使用了一些清单管理的方法和技巧，不过，由于相对比较简单，在现实中并没有多少理论探讨的成果发表。那么，究竟有哪些审计清单呢？实际上，一般提到的"审计清单"主要是指在审计报告中罗列多个被审计单位存在问题的一种信息披露形式；而泛指的"审计清单"可能遍及审计整个过程的各个主要环节，如审计项目清单、审计人员清单、审计工作底稿清单、审计发现问题清单、审计证据清单和审计档案清单等。在本书的研究中，由于主题的限定，主要探讨前者，而不是后者。

2.2　审计清单的起源与发展

审计清单是审计工作实施清单管理的产物。实际上，审计清单有广义和狭义之分。即便是在审计实务中，一般意义上所理解的审计清单基本上也都是广义的审计清单。从某种意义上讲，后来在社会上产生广泛影响的具有特殊含义的狭义的审计清单，更多是来源于审计行业外部，是媒体或者其他人士的称谓。在审计界，部分审计人员也接受了对狭义审计清单的理解。

2.2.1 审计清单的起源

在审计实务中，采用清单对相关事项进行罗列的方法由来已久，甚至是一种工作的常态，所以，非要确认一个审计清单的准确产生时间，是没有意义和必要性的。那么，是什么促成了审计的清单式罗列呢？

审计清单产生和发展，一直有一种力量推动，这种力量就是动因。而其核心是通过审计清单的特殊作用满足了审计人员的工作需求。审计清单的具体作用主要表现为：（1）增强记忆。同类事项比较多，需要以清单形式提示相关内容，避免发生遗忘，如审计工作底稿清单等。（2）强化提示。主要是为了增强同类事项的罗列所产生的巨大的视觉冲击力，以达到吸引读者注意力的效果，如审计报告中的违法违纪事项罗列等。（3）体现条理。将同一类型事项进行梳理后予以列示，有助于内容表达的明晰性；有时，审计清单本身也存在一定的统计效果，如审计项目清单就能够表明特定审计机关在一定时期内有多少个项目需要审计、正在审计或者已经实施了审计等。

实际上，在审计工作中已经大量应用了清单管理的技术，不过，由于一般主要局限在"经验"层面上，很少有人对其进行理论探讨。而真正引起公众和审计界关注审计清单问题，是由于审计报告中对违法违纪单位和事项的公开披露所引发的媒体关注和社会影响，形成了"审计风暴"的巨大舆论浪潮。

2.2.2 审计清单的发展

准确地说，对审计清单的一般性理解，并不限于人们通过媒体所广泛关注的狭义的审计清单概念。它应当包括两种形式。

2.2.2.1 广义的审计清单

审计清单的主要特点是进行同类单个事项的归类与罗列，具有一定的强化整体效果的作用。在以往的审计工作中，各种清单实际上都在大量使用。在2004年"审计风暴"之前，没有多少人知道审计清单的存在，很少见到人们使用"审计清单"这个词。但是，实际上审计清单本身也是客观存在的。因此，从严格意义上讲，并不能以2004年学术界开始使用"审计清单"一词，就认为审计清单是2004年产生的。学术界和媒体后来关注的审计清单，仅仅是审计工作中各种各样清单中的一种，只是狭义上的审计清单（针对审计报告），而不是广义的审计清单（针对审计全部过程各个环节）。

广义的审计清单是审计人员根据工作需要应用清单管理方法所形成的清单。它遍及审计工作的各个环节，满足审计人员工作上的某种需要，主要包括：

（1）审计项目清单。可以按照是否实施审计，分为审计项目立项清单和审计项目完成清单。前者是分别年度按照被审计单位列示的计划审计的项目的名称；由于可以分别审计目的或者内容编制，因此，也可以产生多种形式的审计项目清单。后者则是分别年度按照被审计单位列示的已经完成相关全部审计程序的项目的名称；同样，也可以产生多种类型的审计项目清单。这种审计清单的意义主要是展示审计项目的构成情况，为实现或者检查审计全覆盖提供分析依据，为统计审计工作量提供基础数据，为查询相关资料提供索引等。在实施审计项目进度控制的情况下，也可以根据需要，编制正在审计项目的清单等。

（2）审计证据清单。在证明某一事实或者结论时，当多个证据形成证据链而作为一个整体时，需要一个展示审计证据名称等信息的清单，它与相关证据形成关联，在整体上便于分析证据的构成、逻辑关系与证明力等方面。

（3）审计工作底稿清单。为了控制审计工作底稿的数量，并且在整体上对工作底稿的完整性和功能、构成等情况进行展示，可以分别审计内容、业务类型等编制审计工作底稿清单。此清单有助于现场审计人员汇总列示与统揽全局，有助于复核人员验证测试方法应用的完整性和适当性。

（4）审计发现问题清单。主要是对现场审计发现的违法乱纪等问题的逐项罗列和陈述；既有对查实事实的描述，又有对审计结论的表达。目前我们看到的关于审计清单的许多研究论文或者媒体报道等，主要是针对这种清单。在现实中，审计机关和审计人员很少将审计报告中的这些内容称为"审计清单"，然而媒体与读者更喜欢称其为"审计清单"。

（5）处理意见清单。主要是针对审计发现的问题，依据国家有关法规，对被审计单位进行行政处理、处罚和要求其进行整改的清单。由于对同一个被审计单位的多种问题或者某一种问题可能有多种不同的处理意见，也可以采用清单形式进行逐项反映（可能并不一定称为清单，但具有清单的属性）。

（6）审计建议清单。为了进一步改善被审计单位的管理，从根本上建立纠错机制，审计机关往往结合审计过程发现的问题，有针对性地提出一些改进工作的建议，这些建议也可以分多个条目列示，类似清单。虽然这些建议一般没有行政约束力，但往往会得到相对比较满意的采纳。

实际上，广义的审计清单还有许多，在审计工作中根据工作需要自行编制，别具一格，也是正常情况。审计准则或者有关的审计法规中并无这一方面的规定，而教科书上也很少讨论类似问题，因此，此处不再赘述。

2.2.2.2　狭义的审计清单

狭义的审计清单主要是指审计机关向同级人大提交的"年度预算执行情况审

计报告"中所罗列的存在问题的清单。审计署代表国务院向全国人大常委会每一年提交的审计报告名称为"关于20××年度中央预算执行和其他财政收支的审计工作报告①",省、市和县三级审计机关代表同级地方政府依法向同级人大常委会也提交类似的审计报告。这种审计报告不同于一般意义上的普通的审计报告主要是针对一个特定的审计项目或者被审计单位,而是一级政府的财政收支审计的总体成果的汇总,被审计单位是一级政府以及该级政府所属的相关机构。以往的"审计风暴"所提到的审计清单,应当是指这种审计报告中所"嵌入"的审计清单。问题是,为什么这种审计清单会受到广泛关注呢?原因很简单:在过去比较长的时间里,政府的信息是不公开、不透明的,而审计机关通过审计报告点名政府机构存在大量严重的违法乱纪事项,令老百姓震惊,引起媒体的广泛关注,是很自然的事情。

因此,后者才是严格意义上的学术界和媒体共同关注的审计清单。

2.3 狭义审计清单的动因分析

基于上述分析,考虑到研究目的的需要,本书对审计清单的研究主要限定在审计报告层次上,即狭义的审计清单。广义上的审计清单,不在本书中予以探讨。

2.3.1 审计清单概念的初始使用

笔者在中国知网上检索的情况是:在报纸发表文章的篇名中,有"审计清单"一词的文章有51篇。最早在文章题目中使用"审计清单"一词的是《中国企业报》。该报在2004年6月25日发表了由沈路涛、邹声文和张旭东撰写的题为《审计清单触目惊心 企业违规警钟长鸣》的文章,文中提及:在6月23日第十届全国人大常委会第十次会议上,李金华审计长再次提交了一份让人触目惊心的审计清单。这篇文章发表在时任审计长李金华向人大常委会做出报告后的第三天,表明媒体反应极为迅速。《工人日报》在2004年7月9日发表了沈刚撰写的题为《透明政府 带来阳光——2004:审计清单告诉了我们什么》的文章,文中提及:原本捂得紧紧的"盖子"被审计报告揭开后,舆论一片哗然:曾经披露的问题似乎没有得到根本解决……甚至有越来越严重的倾向。但是,"审计风暴"

① 在审计工作中,审计机关向同级人大常委会提交的审计报告被称为"审计工作报告"是合理的,因为它涉及很多具体审计项目的汇总,不是针对特定被审计单位的单个审计项目,而是针对审计机关的主要审计项目的整体情况进行报告的。但是,从理论上讲,审计工作报告也属于广义审计报告的一部分。因此,在本书所进行的研究中,均将审计工作报告列入审计报告或者当作审计报告来研究。

给人们带来更多的欣慰。最早在文章全文（正文）中使用"审计清单"一词的是《法制日报》2004 年 7 月 2 日发表的崔丽等人撰写的《审计的力量》一文，该文提及：6 月 23 日，李金华再次向人大常委会提交了一份触目惊心的审计"清单"，披露了大量违法违纪的事项；审计清单引起人大常委会委员们的"震惊"，审计的力量一次比一次强大；委员们要求针对问题切实加大整改力度，并督促国务院要在年底汇报整改结果。自此，人大要求政府依据审计意见进行整改被提上了议事日程。2004 年 6 月 26 日《新华每日电讯》上刊登张建高撰写的《审计清单既出，期待司法一追到底》一文，认为审计清单的公开引起强烈反响，各个方面要求追究相关人员的责任，特别是法律责任。媒体对"审计风暴"的推动不仅仅在这些方面，互联网各大门户网站的强力推介，对"审计风暴"影响力的提升也有很大的贡献。

如果从期刊发表论文的情况看，查阅中国知网上的期刊，发现最早的论文是 2004 年 6 月底在首都科学决策研究会主办的《领导决策信息》（周刊）上发表的篇名为《一份触目惊心的审计清单》的论文。该文由期刊编辑部撰写，在"每周观察"栏目刊出，是一篇千字短文。文中对当年时任审计长李金华在人大常委会上所做出的审计工作报告予以高度评价，并且指出：在审计署所提交的触目惊心的审计清单中，中央一些部委赫然在榜；文中还提到百余名全国人大常委会委员为审计机关"叫好"，并且呼吁有关部门应当追究当事人的责任，给老百姓一个交代。

从多种途径检索的具体情况看，"审计清单"这个词最早形成于 2004 年 6 月，即当年时任审计长李金华给人大常委会提交审计工作报告（6 月 23 日）之后的时间，原因是当年的审计工作报告获得了人大常委会的高度评价，进而引起了广泛的媒体关注。[①]

2.3.2　审计清单"现象"与描述

通过前述分析可以判断，审计清单是一种"现象"，其本质是对重大违法违规事项的公开披露，而且，还有一个条件，就是"指名道姓"，公开有关单位的名称和个人的姓名（审计报告中几乎很少涉及个人的姓名[②]），曝光于社会大众。

①　2004 年 6 月 23 日，审计署审计长李金华向全国人大常委会提交了一份触目惊心的审计"清单"。因披露预算管理中存在的主要问题和审计出的一批重大案件，这份"清单"掀起了一场强大的审计"风暴"，吸引了全社会的目光。（新华网北京 12 月 29 日电）
②　过去，笔者调研的情况是：许多审计人员认为，"问责"不是审计机关的事情，审计机关只负责查出问题、披露问题（有许多限制），对有关被审计单位和个人追究责任，是其他机构的事情。另外，在现实中，划分、界定个人应当承担的责任比较困难，审计机关通常更希望陈列事实而不愿意过多地考虑如何区分个人责任问题。

另外，如果没有"审计风暴"①的大环境，审计清单作为一种现象，可能不会被许多人关注。可以断定，审计清单引发"审计风暴"，而"审计风暴"又通过媒体的广泛传播，促成了巨大的舆论压力，最终提高了审计整改的效果，进一步放大了审计本身的功效。这是审计机关希望看到的，但不是仅凭审计机关能够做到的。

"审计风暴"也是一种审计现象，这种现象是注意力经济环境下新闻媒体制造的一个新闻事件，②当一个审计现象演变为新闻事件以后，其影响力将大大提升。这表明，审计机关应当考虑这种特殊的效应，并且能够在政府和法规限定的范围内借助媒体的力量增强审计的社会治理功能。可以看到，有了媒体的呼吁和广大群众的要求，审计整改以及相关的报告制度建立了。2004年12月29日，国务院办公厅给第十届全国人大常委会第十三次会议的常委提交了共26页关于审计查出问题纠正情况的报告，汇报了各有关部门的整改结果。报告显示：据统计，截至2004年10月底，已上缴财政各项资金208.72亿元，滞留、闲置的财政资金已按规定下拨239.27亿元，向司法机关和纪检、监察部门移送各类案件线索222起，已有754人（次）受到党纪政纪处分或被移送司法机关处理。

"审计风暴"前后审计清单涉及内容的变化情况的对比分析如表2-1所示。

表2-1 审计清单在"审计风暴"前后的变化情况

比较项目	2002年清单	2003年清单	2004年清单	2005年清单	2006年清单
内容设置	3个部分：上次整改、上年问题与建议（意见）	2个部分：问题与建议（意见）	2个部分：问题与建议（意见）	2个部分：问题与建议（意见）	3个部分：成绩、问题与建议（意见）

---

① 关于"审计风暴"一词，笔者在中国知网上的"报纸"栏目中检索的结果是，截至2020年3月31日，共有261条信息。而最早的一篇文章是由贺梓刚和王云峰撰写的《审计风暴震动金融界》，发表在2003年7月1日的《辽宁日报》上。但2003年下半年仅有3篇相关文章；此后，2004~2008年，有比较多的相关文章问世；而2009年仅有2篇相关文章，以后的年份，文章数量整体上不多，只有2013年和2014年超过了10篇。在期刊论文方面，在中国知网上进行检索篇名中包含"审计风暴"的有论文151篇，其中最早的是2003年8月发表在《中国会计电算化》上的《走进审计风暴策源地——李金华细说2002年审计报告的背后》。

② 郭鲲在2005年3月6日的《京华时报》上发表文章《审计署副审计长感谢媒体在审计风暴中所作贡献》，文中提到审计署副审计长令狐安表达了他个人以及审计署对新闻媒体的谢意；他认为"审计风暴"之所以能够在全国产生影响，新闻媒体做出了积极的贡献。这表明，审计机关已经认识到了媒体在扩大审计成果社会影响方面的特殊作用。

续表

比较项目	2002 年清单	2003 年清单	2004 年清单	2005 年清单	2006 年清单
问题数量	8 类问题	8 类问题	8 类问题	5 类问题	4 类问题
建议数量	5 大建议（意见）	4 大建议（意见）	4 大建议（意见）	4 大建议（意见）	3 大建议（意见）
点名情况	举例中有单位名称和 1 人姓名	举例中有单位名称和个人匿名的职位	举例中有单位名称和个人匿名的职位	举例中有单位名称和个人匿名的职位	举例很少，个人匿名的职位仅 1 个
点名涉及部委数量	4 个	5 个	5 个	6 个	2 个

　　资料来源：笔者根据审计署网站上公开发布的有关年度的中央预算执行和其他财政收支的审计工作报告分析和统计的结果。

　　之所以选择这五年的审计工作报告，是因为这几年比较有代表性。2003 年到 2005 年，一般被认为是"审计风暴"持续的时间，本书选择的研究对象基本上涵盖了这一段时间，并且还向前和向后进行了延伸，比较有合理性。通过考察从 2002 年到 2006 年这五年的审计工作报告，本书有以下几个方面的发现：（1）审计报告在结构上进行了适当的调整。在"审计风暴"之前，2002 年报告含上一次审计整改结果的汇报部分，而从 2003 年以后删除了这一项内容，主要是因为已将审计整改的结果提前到当年 12 月的人大常委会上单独报告，这样有助于让人大常委会及时获得（大致提前半年时间）审计整改的结果，而没有必要等到一年以后（一般是次年的 6 月底）；当然，如果审计机关专门给人大常委会汇报审计整改情况，也说明了人大常委会对审计整改情况的重视，同时能够对政府有关部门增加审计整改的压力。① 另外，2006 年增加了对被审计单位成绩的肯定。过去一味指出问题的报告模式，令部分人难以接受，容易造成被审计单位一无是处的印象；而有了充分肯定成绩的内容，在评价内容上更加全面，也使被审计单位容易接受。但是，审计报告没有了以往的犀利和直接，那种委婉的批评在一定程度上降低了审计威慑的固有穿透力。（2）审计报告的问题种类逐渐减少。这个部分应当是一般意义上的审计清单涉及的内容。报告中的问题类型从 8 个到 5 个、4 个，除了归类上的一些变化外，审计信息披露的重点更加突出（一直保持对中央预算执行情况和中央部门预算执行情况等重点内容的审计），这并不意

---

　　① 时任审计长李金华在 2005 年 6 月 28 日给第十届全国人大常委会第十六次会议提交的《关于 2004 年度中央预算执行和其他财政收支的审计工作报告》中，提到：除×××局动用×××资金尚未落实整改外……，可见这种例外并不常见。

味着审计的工作量减少或者查出的问题更少。(3)审计报告的建议(意见)逐渐减少。主要是因为"审计风暴"对被审计单位造成的舆论压力比较大,人大常委会对审计整改的持续关注,以及查出的问题相对在逐年减少等原因,造成审计建议的数量也相应减少。(4)审计报告中的点名情况。这项内容一般包含在前面的审计发现问题的罗列中,由于对不同类型问题又进一步细化归类进行说明,在二级项目细目下,有一些代表性的事项、被审计单位和个人被点名。一般情况下,点名主要涉及单位,极少涉及个人,而在分布特点方面可以看到,点名被审计单位主要集中在企业和建设项目方面,中央政府各部门在"审计风暴"期间被点名也比较多,而很少对个人点名(其中仅仅看到一个涉及个人的实名),其他大部分是匿名形式(点到单位名称和个人职务)。2006 年的审计报告点名比较少,发生了比较大的变化,曾经引起媒体的质疑。① 是不是"不点名"应当是常态化? 是不是"不点名"效果最好? 笔者觉得有待商榷。笔者了解到,由于存在"问责机制",许多被审计单位的违法违规人员,都恐惧审计报告的"指名道姓"。"不点名"的原因是定性过分复杂难以分清责任还是其他不得而知。笔者的实际访谈也得出了不同的说法;现实的复杂性导致难以得出准确的分析和判断。

下面再看看近期的审计报告。2019 年 6 月 26 日,时任审计署审计长胡泽君在全国人大常委会代表国务院所做的《国务院关于 2018 年度中央预算执行和其他财政收支的审计工作报告》与 2006 年的审计报告格式相近,基本上没有太大的变化。这份报告首先介绍了政府在有关方面所取得的众多丰硕成果,其次介绍了中央财政管理审计情况等六大问题,再其次介绍了审计移送的违纪违法问题线索情况,最后提出了四项审计建议。其中,审计移送的违纪违法问题线索情况是新增加的,先从总体上对移送线索的整体情况进行了说明,接着,又从五个方面分析了这些线索的问题类型及主要表现,基本上没有涉及具体的单位和个人的信息。② 此外,将过去大标题中的"审计意见"一词更改为"审计建议",这是比较合理的,符合审计报告中相关内容的属性。

到目前为止,"审计清单"这个词还被断断续续使用,但是,已经无法像过去那样令人震撼和引人深思。那么,审计报告制度有没有进一步改革的必要,是

---

① 2006 年 6 月 29 日《光明日报》发表了一篇文章,题目是《审计报告为何不点名?》认为 2006 年的审计报告与往年最大的不同就是不"指名道姓",而社会各界和新闻媒体对此多有议论。同时认为,审计报告的"温柔变脸",是审计从"风暴"到"常态"的转变。

② 最近几年发布的《审计署移送违纪违法问题线索查处情况》公告,采取了公开点名的形式。例如,2019 年 5 月 26 日发布的公告,就对 19 项审计移送违纪违法问题线索中所涉及的有关人员查处情况全部采用公开点名的形式。但是,这些内容并没有包括在审计工作报告之中。

我们需要探讨的重大现实问题。

2.4　审计清单的改造与构想

审计清单是一个被媒体和热心的社会人士密切关注的信息载体，但审计界并未给予足够的重视，这是比较尴尬的事情。自"审计风暴"以来，"审计清单"一词几乎不绝于耳，而审计界很少进行深入的探讨，这就引出一个很原始的问题：审计报告是提供给谁的？答案很明显：给社会公众的，给代表公众的人大常委会的。那么，是不是应当考虑审计信息需求者的呼声，优化审计报告呢？审计机关对此问题应当做出解答。

2.4.1　审计清单应当告知什么？

目前，我国的审计机关仅仅对少数例外的审计项目没有公开发布审计公告，①其余的审计项目一律将其审计报告的内容以公告的形式向社会公众披露。换句话说，公众希望获得的审计信息大多数都能够比较方便地从网络或者其他途径获得，这意味着我国的审计公开制度已经达到了比较高的程度。那么问题是，究竟有多少公众关心审计报告呢？没有一个确定的答案。如果社会公众并不关心审计报告，也不去看审计清单，是不是审计本身就没有意义了呢？显然不是。审计代表社会公众进行审计，是一种制度安排，并不以是不是受到公众的广泛关注来决定审计制度本身的存亡。

包含审计清单的审计报告应当披露什么信息呢？这是一个复杂的问题。关键是要明确审计为谁服务，受谁委托实施审计的问题。

审计为谁服务，似乎是一个简单的问题。值得注意的是，审计机关的主管机构很容易让许多人误以为它就是审计服务的对象。因为行政管辖所表现的是最为直观的隶属关系和主从关系，在现实中，无论是审计人员还是社会人士均可能认为审计的社会功能是满足上级主管机构的要求，并且因为这种要求的存在而获得审计职业存在的理由。显然，这是错误的。如果单纯从委托代理关系角度看，这种理解表面上没有什么问题，但是，如果从深层次角度看，则发现审计是一条很长的委托代理链的中间一环。对与审计有关的委托代理关系的观察，不能"只见

---

① 从审计署网站查到的《审计署绩效报告》（2018）中了解到，在第 34 页的脚注中对审计公告披露情况进行了说明：当年公布了 35 项审计公告，与年初审计任务比较，还有 17 项审计项目没有公布审计公告，大约占 32.69%。主要原因是：涉及国家秘密或者企业商业秘密，或者已在审计工作报告中公告，或者属于联合国审计项目不宜公告等。

树木，不见森林"。实际上，放眼一个国家的治理体系，可以清晰地看到：现代国家的国家审计是维护公众权益的工具，这才是审计的本质。审计应当服务于公众利益，而不限于审计的直接委托人的利益，是因为在审计的直接委托人的后面，可能还存在多级委托代理关系，直到终极的审计委托人——全体人民。在我国，人民是国家的主人，《中华人民共和国宪法》（以下简称《宪法》）中明确规定："人民掌握了国家的权力，成为国家的主人。""中华人民共和国的一切权力属于人民。"世界审计组织在 1953 年 11 月 2 日~9 日在古巴首都哈瓦那召开的第一届会议上，所讨论的第 11 个议题就是审计机关代表人民的利益和要求对行政部门行使控制职权，表明了在世界范围内对审计"为人民服务"定位的肯定。

以上分析告诉我们，审计人员应当有更高更远的眼光，应当立足人民群众需求，走好群众路线，而不应仅仅将审计工作定位在服务主管机构的层次上。历史证明，得人民者得天下，得天下者得长久。因此，审计应当建立公众意识，考虑公众需求。如果联系审计报告或者审计清单，则应当想公众之所想，做公众之想做。当然，审计机关并不排斥主管机构的任务安排，只是在条件允许的情况下应当最大程度地体现公众的呼声。

以公众利益主导的审计报告，需要在审计立项、审计取证、审计意见和审计信息披露等一系列活动中均体现出公众的诉求，这是审计发展的一个根本方向。从历年获得"全国优秀审计项目"荣誉的地方审计机关的审计项目的选题情况看，凡是关注民生问题、与老百姓利益直接相关的审计项目，社会反响好，政府满意度高。因此，审计的最终影响力不是仅仅靠写出一个什么样的审计报告，核心是审计立项的选题以及审计本身的成果。那么，什么样的审计项目选题最好呢？公众的需求、公众的关注点、公众的舆论焦点等是审计机关立项的最佳归宿；而从民间征集审计项目选题可能是获得优秀题材的最佳路径。在审计过程中，必须坚持走群众路线，通过广泛收集审计线索，取得大量第一手资料，在很大程度上提高了审计证据的可靠性，保证了审计质量。在审计意见的形成过程中，应当体现审计独立性的要求；尤其是在给人大常委会提交的审计工作报告中，应当对重大审计事项采用"点名"的制度（公开有关单位名称和有关负责人姓名、当事人姓名等），建立审计"黑名单"，实行"持续性监控"，同时借助媒体的力量，[①] 加大审计成果的宣传力度，使审计促成党委、政府、人大、媒体与公众等方面的治理功能融为一体，产生社会共治的综合效应。

---

① 实践证明，1999 年与 2003 年到 2005 年审计署代表国务院向全国人大常委会所做的审计工作报告之所以引起重大反响，就是因为有"黑名单"，有人大的好评和媒体参与社会治理的良好格局。社会共治比审计机关"单打独斗"的效果要好得多。社会共治是目前许多国家实施国家治理的大方向。

2.4.2　审计清单制度化的构想

审计清单制度化主要应当从以下四个方面考虑。

2.4.2.1　采用结构化的个性化报告制度

审计清单是审计报告的亮点，如何使亮点更亮，主要是看审计报告使用者的评价。但是，考虑到审计报告的使用者众多，可以考虑采用"结构化"的个性化方案来解决这个问题。

（1）对财政预算执行情况审计报告，应当充分考虑人大常委会委员阅读的特殊需要，重点评价预算执行的整体效果，并且对预算执行中的重大违规和不恰当事项进行披露。考虑到目前政府预算管理的局限性，① 以及人大对预算审核本身的机制存在不足，尚无法准确评价预算执行中的超预算或者预算没有完成等问题，对维护预算的刚性和严肃性需要创造更多的条件。目前能够做到的是突出绩效评价内容，并且重点对公共资金使用绩效进行指标评价和分析，同时仍然适当保留财政收支合法性审计的基础性内容。目前，在审计工作报告的整体结构上，应当做出适当调整。第一，尽可能简化正面评价，可以采用注册会计师审计报告中无保留意见的意见段的形式进行规范化表述的改革，或者主要对相关目标的实现情况进行概括性定性评价。第二，细化审计建议的内容，增加在面上能够推广和落实的具有可操作性的措施；尤其是将眼光放在重大事项、前瞻性预警和重大法规的完善方面，而不求面面俱到。第三，增加能够补充基本报告内容的附件，比较详细地披露审计过程中发现的重大事项，以满足有兴趣了解更多情况的人进一步扩展阅读。

（2）经济责任审计报告。相当一部分经济责任审计项目是由党的组织部门安排的，其审计报告也提交该部门使用，目前能够在网络上公开看到的审计报告比较少。尽管审计机关对经济责任审计工作的总体情况通过给人大常委会的审计工作报告进行了概括性说明，但是，这种说明存在无法准确判断审计成果质量的问题。因此，在审计工作报告中，应当补充下述信息：各种被移送其他有关部门处理的被审计领导干部的级别；新的违法违纪手段；审计成果没有被组织部门采纳的主要原因等。从社会舆论角度看，一些审计机关给予好评而老百姓有意见的领导干部，后来通过其他途径"反腐"查出了重大贪腐问题，导致人们质疑经济责任审计的可靠性。不少审计人员认为，其主要原因是审计手段有比较大的限制，比如，没有纪检、司法和监察等机构的强制手段以及广泛的调查和便捷的协调机

---

① 主要是被社会各界一直诟病的预算公开、预算细化和预算刚性等问题。

制。但是，社会公众比较关注经济责任审计制度的有效性，并且希望强化审计监督的约束。

（3）大型建设项目审计报告。大型建设项目领域是重大贪腐案件比较集中的领域，由于审计难度大，业务复杂，是审计的重点领域。审计机关针对该领域审计项目一般都发布了审计公告，对具体审计事项进行了详尽说明。提交给人大常委会的审计工作报告，一般比较概括，主要是针对工程管理存在普遍性问题的常规性评判。这方面，未来的审计工作报告应当将预算超支作为审计重点，并且争取在重大案件审计方面取得突破，以引起人大的充分关注，并且满足公众与媒体的普遍需求。

以上审计报告也只是审计工作报告涉及的主要内容，其他的部分暂不具体分析。另外，必须注意，在审计信息披露方面，应当理顺审计报告、审计公告和审计工作报告等之间的关系。对没有发布审计公告的审计项目，应当在审计工作报告中突出一些重大案件的信息披露，以增加关注度；对发布了相关审计公告的审计项目，应当突出整体性审计评价，在此基础上加大制度建设、机制改善和绩效提升方面建议的分量。审计报告是审计对外信息的基础，审计公告和审计工作报告应当与其保持高度一致。

2.4.2.2 增加点名批评的力度

审计清单是审计报告的亮点，如何使亮点更亮，主要是看审计报告使用者的评价；不考虑此评价的报告将可能丧失报告的改良机会，弱化审计消除信息不对称的功能。从以往的经验看，公众特别欢迎公开点名批评式的审计工作报告；而被审计单位和有关当事人，最担忧的是被点名批评。大量媒体信息和实地调查的信息亦表明，一旦审计报告公开点名批评，人大可能要求问责，媒体可能广泛传播，造成比较大的社会舆论和社会影响，进而倒逼相关部门对被审计单位和个人问责。融合人大监督、媒体监督、舆论监督和公众监督的审计监督，应当是一种最优的社会共治模式，效果很好。

在审计工作报告中增加点名批评的覆盖面是容易做到的，但如何增加点名批评的力度，即改不点名为点名，变匿名为实名，是一项特别有难度的工作，其中最大的难度莫过于批评带来的风险、压力和可能引起的行政复议、法律诉讼等。目前，在审计工作报告中罗列被审计单位重大问题的审计清单中，对严重违法事件当事人在移送司法机关时予以匿名（个别情况是实名）披露，这可能主要考虑法院定案存在不确定性，基于"疑罪从无"的"无罪推定"原则考虑，有一定的可行性，但是从审计机关仅仅是移送处理的角度看，实名也不为过。有时，审计机关的审计评价与司法机关的司法评价存在差异，也希望公众参与评判，以明辨是非曲直，给公共机构施加压力。如果司法机关对审计机关移送的案件已经做出了处理，完全可以采用公开点名的方式。而对于一些违法事件，如果涉及行政处罚的层次，也完全可以采用公开点名的方式。政府部门（如证监会等）行政处罚的公告一般都能够查询到个人的受罚信息，因此，审计机关不应当存在什么顾虑。

2.4.2.3　建立审计"黑名单"制度

社会舆论认为，被列入审计清单公开点名的被审计单位和个人，是进入了审计"黑名单"。一旦进入，身败名裂，而且在后期的审计中还会作为审计关注的重点。这种理解有一定道理。实际上，审计机关并没有一个严格的"黑名单"管理制度。如果有一个这样的制度，将可能比舆论所宣传的"黑名单"本身对违法违规行为更有震慑力。这种制度应当包括：（1）建立违法违规行为数据库。分别被审计单位和主要负责人个人，建立违法违规档案，提供名称、地址、审计时间、违法违规类型、主要事实简况、违纪金额、责任确认、审计次数、同类违规累积次数以及其他关联违法行为等记录。（2）实施持续审计监控。对列入黑名单的被审计单位和个人，应当考虑进行三次以上的持续审计，一直到该行为不再发生。对于再次发现的违法违规行为，补充记入有关的数据库，并且对问责情况进行记录。（3）共享其他机构数据信息。应当考虑利用大数据技术，广泛收集与被审计单位和有关负责人相关的负面信息，与审计过程收集的证据进行比对，通过综合分析，获得更广泛的审计线索。（4）对违法违纪责任人实施定期的集体培训制度。对列入"黑名单"的被审计单位负责人和有关当事人，应当组织审计整改的业务培训，树立正确的荣辱观念，强化守法意识。（5）提高名单的利用效果。可以将"黑名单"提交被审计单位上一级的干部管理部门和对相关人员有干部考核权力的党的组织部门，作为干部评价的重要依据。（6）将审计"黑名单"列入制度管理的范围，有针对性地制定相关规范，保证有关制度实施的常态化和稳定性。

2.4.2.4　征集审计报告反馈信息

审计报告的受众广泛，试图推动审计报告的改革，必须征求有关使用审计报告机构的意见，并广泛听取公众的呼声，这样效果可能更好。审计机关一味按照自己的专业要求来设计审计报告，无法与受众的要求契合，将导致审计成果的影响力和整改力度减弱，降低审计的社会治理功能。审计机关一直致力于依据党和国家工作重点实施审计立项的做法，是值得肯定的，是必须坚持的，但来自社会底层的审计要求也必须关注。我国有些地方审计机关通过网络、传统媒体和自媒体等渠道征集审计立项选题的做法，值得借鉴。审计机关在大量的自选项目确定方面，拥有很大的自主权，因此，考虑社会公众需求是国家审计获得重大突破的关键。在审计报告受众信息收集方面，可以采取主动发送公函、开座谈会或者个人访谈等形式，也可以通过网舆统计分析等形式来实现；在获得并整理相关信息后，用于改进审计报告内容、形式、传播路径以及审计项目的选取等，从整体上提升审计报告的质量。

审计报告的整体改革，可能首先在审计清单上产生突破，并形成巨大的社会影响力。审计界应当对国家审计报告的改革多加关注，以促使审计信息化建设走上更高层次。

2.4.3　审计清单制度化的实施

基于以上的分析，使审计清单制度化必须解决好下述问题。

2.4.3.1　增强审计机关改革的动力

审计机关应当坚持长期的审计清单改革理念。一成不变的审计清单的罗列方式，基本上没有改革成本，审计机关与报告受众都不需要调整既定思维，只要按照原有的模板套用即可，虽然简便易行，但缺乏生机和活力，容易"审美疲劳"，导致报告的影响力下降。因此，审计机关应当不断谋划包括审计清单在内的各项改革，促进审计信息披露制度的发展。地方审计机关也没有必要完全"上行下效"披露审计清单，可以根据当地的实际情况进行一些适应性探索，以获得最优的效果。

2.4.3.2　克服审计人员畏难惧险情绪

审计清单公开违法违规事实，点名批评被审计单位和个人，是一种负责任的态度和正常的职业精神，审计机关与审计人员绝不能懈怠。点名可能"引火烧身"，但对于震慑违法违纪、严肃审计执法意义重大。点名可能引起审计机关与被审计单位关系的不协调，可能损坏介入该事件的各种社会关系，可能带来行政复议、法律诉讼等，甚至可能造成对审计人员的打击报复，因此，审计机关领导和参与审计项目的人员，都必须承受比较大的压力。审计人员必须道德品质上过硬，才能出具社会公众信服的审计清单，真正压倒各种歪风邪气。比起普通审计人员，审计机关的领导干部才是能否顶住压力的关键，敢不敢冒风险，最重要的是审计机关领导的决策和胆识。从上述分析可以看出，审计机关负责人在审计清单披露方面十分重要，应当选拔具有足够能力胜任的适当人员担任审计机关的领导，以保证审计清单发挥突出的审计治理效果。

2.4.3.3　保证审计质量的可靠性

审计清单会不会引起重大分歧，会不会引起法律诉讼等行为发生，主要还是取决于审计自身的公正性和审计质量的可靠性。从以往的经验可以看出，审计人员自身（外在与内在）欠缺独立性可能引起社会公众对审计质量的质疑，在一定程度上降低了审计清单的感染力。另外，审计过程的一些技术性缺陷，如审计证据适当性、全面性和充分性不足，审计程序不齐全，审计方法不科学，审计工作底稿不完整等问题，可能影响审计结论的准确性，进而引起与被审计单位的重大分歧，发生某些审计风险。[①] 因此，要保证审计清单能够让社会信服，必须先保证审计现场检查质量能够让公众信服。

审计清单给审计带来广泛的良好的声誉，审计机关应当进一步优化审计清单，让审计报告为审计工作带来更大的影响力。

---

　　① 从调查了解的情况和有关资料可知，审计机关的行政复议的比例很低，有许多地方审计机关基本上没有发生过行政复议的情况。全国发生的诉讼审计机关的案件也比较少，例如，据《审计署 2017 年度法治政府建设情况报告》披露，当年审计署共办理行政复议案件 79 件，有 7 件被撤销。而在 2016 年，审计署共办理行政复议案件 74 件，有 26 件被撤销或者部分撤销。这表明审计机关的行政风险还是比较低的。

第3章

基于国家治理理论基础的
审计清单制度分析

从古至今，随着历史的发展和社会形态的变迁，我国的国家治理理念经历了从"家天下"到"政府治理"，再到"社会共治"和"协同治理"的发展演变。改革开放以来，我国对于国家治理的建设工作逐渐加强，2017 年 9 月，党的十八届三中全会提出：全面深化改革要推进国家治理体系与治理能力现代化，将国家治理的重要性提到了新的高度。

国家审计作为对政府和公共部门工作的监督机制，其本质也是国家的管理和控制活动，是国家治理的重要组成部分，因而有必要把我们所研究的审计清单制度放在国家治理理论下讨论，本章从公共管理理论、社会契约理论、委托代理理论这三个视角出发进行分析。其中公共管理理论阐释了国家治理过程中不同主体的作用和相互关系，体现了国家治理的运行方式；社会契约理论阐释了国家的起源、国家与人民的关系，体现了国家治理的本质；委托代理理论阐释了国家治理中不同主体的相互关系和信息传递问题，体现了国家治理的内在机制。

3.1 公共管理理论视角下审计清单实现国家治理的机理分析

早期的公共管理理论发轫于西方工业化及城市现代化的过程中，20 世纪 70 年代以来，西方管理理论的发展和政府改革进程促进了公共管理理论的进一步发展和成熟。与传统理论相比，新公共管理理论①在方法上借鉴结果导向型的量化绩效考核方法，强调"3Es"原则（economy，efficiency and effectiveness），即提高资金使用效率、公共部门工作效率及提升公共服务质量和社会效益（刘蔚，2008）；从体制上改变公共部门的结构，以多层次、多种类的方式将竞争机制引

---

① 新公共管理理论产生于 20 世纪 70 年代末到 80 年代初西方的"新公共管理运动"，旨在提升公共管理部门的能力和效率，重塑市场、政府和社会之间的关系。

入公共服务领域；在管理意识方面强调"顾客导向型"原则，要求政府增强公共服务意识，从领导型政府转变为服务型政府。总之，公共管理理论的核心思想是对公共服务绩效和政府责任的关注。

3.1.1　公共管理理论与国家审计的治理功能设计

尽管我国国家审计发展历程相对较短，但改革开放以来国家审计在完善国家治理体系、提升国家治理能力等方面取得了快速的发展。已有文献将国家审计促进国家治理的方式总结为"管好权、管好钱和管好事"（杨亚军，2013），从公共管理理论的视角来看，即采用公正廉洁的体制机制，合理合法使用公权力，为纳税人提供公共服务；遵守财务制度，保障财政资金投资收益，实现公共资源的有效配置；提高公共服务意识，提升公共服务质量和公众满意度。具体而言，国家治理的客体涵盖了经济、政治、社会、环境等国家发展的各个方面，国家审计在这些领域都发挥了很好的治理功能。图 3 - 1 展示了根据我国审计署公布的2014 ~ 2018 年审计公告内容，划分的不同领域审计公告所占的比重。

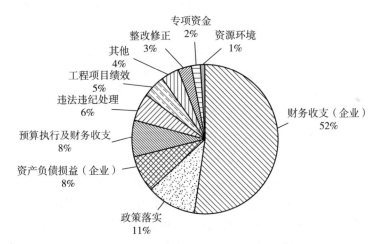

图 3 - 1　审计署审计公告在不同领域的分布

资料来源：沈亚娟. 政府审计信息披露优化策略初探——基于 2014 ~ 2018 年审计公告数据 ［J］. 沿海企业与科技，2019（03）.

其一，在经济治理方面，国家审计履行了一系列系统性、综合性的审计职能，其中的财务收支审计、预算执行审计和政府部门绩效审计着重体现了国家审计的经济监督职能，能够促进公共财政体系安全、高效地运行，加强人大对财政及预算的监督作用，提高财政资金的使用效率，优化公共资源配置。对国有企业的审计，有效地推动了国有企业实现良好的公司治理，有利于国有企业改革，理顺政府与市场间的关系。

其二，在政治治理方面，通过对党政部门及国有企业领导干部的经济责任审计和离任审计，在实现经济监督职能的同时，促进各级党员和领导干部的履职责任感，有效防范贪污腐败问题的发生，为领导干部的人事管理提供重要依据。同时，开展预算执行审计和重大政策措施贯彻落实跟踪审计，能够有效促使各级党组织和地方政府围绕中央精神，贯彻落实党中央、国务院的政策和部署。尤其在新的国际形势下，审计还能够对保障国家信息安全起到一定的作用。

其三，在社会治理方面，对于扶贫、社会保障、教育、医疗等关乎民生和社会和谐的问题，相关领域资金和政策的专项审计工作及其审计结果的公告，能够通过保护人民群众的知情权、增强社会舆论监督，起到促进社会公平、推进民主法治、防止权力滥用的作用，从而维护人民群众的根本利益。

其四，在环境治理方面，自从党的十九大确立政府在我国环境治理体系中的主导地位以来，环境审计也成为国家审计体系的重要组成部分。通过实施环保资金审计、环境资源政策审计及自然资源资产离任审计等专项审计，能够有力地促进生态文明建设、节约资源和能源消耗，加强政府的环境责任，体现党的十九大建设美丽中国的精神。

在以上各个方面，国家审计的治理功能，可以归结为三大功能，即预防功能、监督功能和评价功能。

其中预防功能是指国家审计通过维护财政制度和经济秩序，促进财政资金、国有资产、公共资源及其收益管理制度的健全和完善，促进被审计单位完善其财务制度、内部控制制度、预算决算制度，消除管理死角，形成良好的管理机制和制约机制。预防功能的作用在于对公共部门运行中存在的风险和隐患的降低和消除，在实践中体现为经济问题未发生时的预警作用和抵御作用，一个行之有效的国家审计体系能够对领导干部的权力运用、基层公务人员的合规办事，起到心理上的震慑作用。随着公共管理理念和责任政府理念的深入，国家审计也逐渐从传统的经济责任审计向绩效审计方面延伸（许瑜，2018），对政府公共管理的成本、效益及效果失控的问题，也发挥预警作用。

国家审计的监督功能是其基本立足点，即审计机关依法开展审计项目，检查出被审计单位不合法、不合规或低效率的问题，进而提出审计意见或移送处理。审计实践的情况往往纷繁复杂，监督功能发挥作用的关键在于其针对性和及时性，对于审计项目发现的每项具体问题的表现、成因、形成、问题漏洞、责任归属及相关意见，都需要逐一厘清，达到有效揭露问题并改善公共管理的效果。审计项目具有明确的时间期限，在实践中应当区分轻重缓急，及时准确地发现并揭露问题，避免负面影响和管理风险的扩大。

国家审计的评价功能是指审计机关通过开展审计项目并提出审计意见，对于政府及公共部门运行的合法、合规状况及绩效成果，向其所负责的机构报告。我国目前实行的是行政型的国家审计管理体制，各级审计机关依据《宪法》及《中华人民共和国审计法》（以下简称《审计法》）行使职权，在双重领导体制下同时向同级政府和上级审计机关报告工作，并依法向本级人大常委会和社会公众发布审计公告。我国的国家审计管理制度既体现了国家权力属于人民，同时也突出了国家审计的评价功能在权力运行中的重要作用。

国家审计的预防、监督及评价功能是相辅相成、相互支撑的，预防功能是屏障，监督功能是核心，评价功能是最终落脚点。没有监督功能，就不能及时有效地发现问题，无法在事前对相关人员起到震慑作用，同时也无法准确地对审计事项做出评价和判断，从而向有关部门负责。没有预防功能，就会造成公共部门的内部控制和约束机制缺失，风险隐患大量存在，为监督功能和评价功能实施带来很大的难度。没有评价功能，就无法体现预防功能和监督功能的工作成果，形成完善的国家审计管理制度（见图 3 –2）。

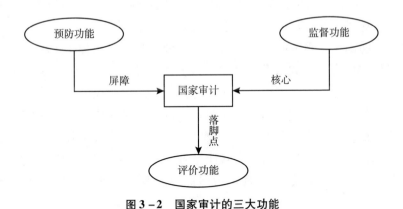

图 3 –2　国家审计的三大功能

3.1.2　审计清单在国家审计参与国家治理中的路径分析

自从审计结果公开制度推行以来，各级审计机关在受政府委托向人大常委会提交审计报告之后，采取审计清单的形式将审计项目中发现的违法、违规及违纪问题向有关部门和社会公众报告。最早的"审计风暴"发生在 1999 年，仅审计署对国务院所属部门及单位的审计中，就发现 43 个部门的财政资金使用问题，涉及金额高达 3124 亿元，此外各级审计机关所揭露的问题之多、社会影响之重大令人震惊。随后几乎每年都会发生一场程度不等的"审计风暴",大量高级别、涉及大额公共财产和资源的部门被反复揭露出问题（罗家清，2015）。"审计风暴"的强度体现了国家审计经济监督职能的力量，足以在相关问题上引起党和国家的重视。

审计清单，即国家审计机关将审计过程中发现的违法、违规和违纪等问题，以清单的形式立项编造，面向有关部门报告和向社会公告。尽管当前的审计公告制度有待完善，审计清单所反映的问题在一定程度上存在"避实就虚""高高举起、轻轻放下"等问题，但国家审计信息公开机制的建立仍是一项巨大的进步。这既体现了国家审计经济监督的本质职能，同时也体现了国家审计的治理功能，具体而言，审计清单发挥作用的路径主要体现在以下四个方面：

其一，强化政府监督体系，抵御防范重大风险。国家审计的本质职能是经济监督，是国家治理体系中重要的"免疫系统"，"审计风暴"和审计清单制度即是这一本质的体现。信息公开在政府监督工作中意义非凡，体现了政府向人民负责的服务型政府理念，引导政府及公共部门的管理实现合法合规、提质升效。一旦产生问题被暴露在公共视野中，对问题部门和相关责任人来说都是重大失误，因此信息公开制度的存在本身就具有巨大的震慑力量，不仅能够积极主动地强化监督、发现问题，同时也具有增强控制、消除风险的功能，从而强化政府和公共部门的绩效管理，有效抑制违法、违规、违纪问题的发生。

其二，明确存在重大问题，为后续的问责和整改工作提供依据。审计清单在披露问题方面意义很大，但这并非审计工作的终点，"审计风暴"发现问题的目的是处理问题。审计清单的公布，能够促使问题和风险点定位明晰、责任落实，避免整改浮于形式、问责失于脱责。审计工作的成果应当落实于进一步的行政问责或移送处理，并在问题整改过后，由全国人大及各级人大常委会根据审计清单的内容来审批相应的审计整改报告，从而使"审计风暴"变为"问责风暴"及"整改风暴"，真正为促进政府及公共部门职能完善起到良性循环的作用。

其三，提升政府公信力和透明度，促进政府职能转型。提高政府透明度是国家治理"良治"的关键（刘国常，2019），实行审计公告制度、向有关部门和社会公众发布审计清单，也是政府重要信息的公开，这符合推进政务公开、打造阳光政府的趋势。与一般政府信息不同的是，审计清单公布的是关于监督政府的信息，这更能够将政府置于接受人民监督，将领导干部置于接受群众检验的位置，促进了由管理型政府向服务型政府的职能转变，倒逼政府信息公开制度的全面推行及政府预算管理的透明和完善。

其四，尊重社会公众知情权，提高公民意识，促进民主法治建设。知情权是一项重要的公民权利，在这里体现为公民对国家审计信息的可获得性，扩展这种信息渠道能够减少政府和公众之间的信息不对称，体现了责任政府理念。实行审计清单制度，建立合理的信息反馈机制，有利于群众意见的表达，尤其是在关乎民生问题的项目上，更有利于政府考虑民意合理决策，从而推进民生改善、促进民主建设。同时，也有利于释放社会转型期不同社会群体对社会问题的不满情绪，从而缓解社会矛盾，降低社会风险。

3.1.3　社会共治新趋势下审计清单的作用形式分析

社会共治①，即以政府主体为主导，市场、社会组织和社会公众等多元主体共同参与国家治理的模式。与传统政府为单一主体的国家管理模式相比，社会共治加入了市场、社会组织和社会公众等主体，管理方式更加灵活和多样化，管理空间更具有弹性，其多元主体的构成如图 3-3 所示。

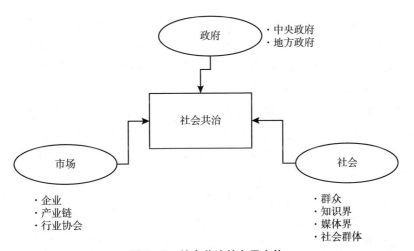

图 3-3　社会共治的多元主体

其中，市场主体反映了我国社会以市场经济体制为基础的改革方向，有利于优化资源配置和控制政府失灵；社会组织具有多样化的专业技能、信息优势，代表一定范围群众的利益和诉求，有利于决策的科学化和管理的民主化。在国家审计领域也体现为采取多样化的运行模式，将民间审计引入国家审计体系中（许

---

① 社会共治理念来自西方治理理论，共治（co-governance）这一理念最早源自库曼（Kooiman，2003）对治理形态的划分。在我国，2014 年《政府工作报告》中提出将实现多元主体共同治理作为政府工作要点。

瑜，2017）。在社会共治趋势下，不同主体参与社会共治必将需要具备特定的治理能力，除了专业技能、舆论能力和群众力量外，拥有完善的信息也是一项必不可少的社会治理能力，这就要求国家审计信息面向各主体公开，因此，审计清单制度可以从以下三个方面来推动社会共治的实现。

其一，增强国家审计的独立性。随着"社会共治"管理理念的发展和经济社会转型期给传统政府管理模式带来的诸多问题，越来越多的学者呼吁将民间审计同国家审计进行协同整合，纳入国家治理体系中。前文论述，由于我国实行的是行政型的国家审计管理体制，各级审计机关接受本级人民政府和上一级审计机关的双重管理，在其管理流程、人员安排和经费划拨等方面都会影响审计机关的独立性（许瑜，2017），而民间审计不属于政府行政管理体系，其引入主要是与国家审计机关合作，这样能够在一定程度上缓解审计独立性缺乏的问题。另外，审计清单的公开，有助于形成公共舆论，将审计机关与接受审计的政府或公共部门之间的监督与被监督的关系放在阳光之下，也能缓解其行政隶属关系带来的独立性缺乏问题。

其二，实现监督主体多元化。传统的行政型审计管理体制决定了国家审计体系内嵌于国家行政系统中，并非独立的监督力量，而是政府的"内部监督"。在社会共治理念下，市场、社会组织和社会公众同样是重要的管理主体，在利益主体多元化的背景下，更应当实现监督主体的多元化，但长期以来，信息的匮乏造成了监督渠道不畅。审计清单制度的建立，通过规范化地公布国家审计信息和增强审计透明度，推动多种社会主体参与到对政府和公共部门，特别是对国家审计体系的监督中，从而实现内部监督和外部监督共同作用，促进国家治理体系的完善。

其三，缓解委托代理矛盾，团结不同社会主体。现代公共管理理论提倡增强政府的公共服务意识，而我国的国体也决定了人民是国家的主人，政府受人民的委托管理国家（张文婧，2011）。国家审计的存在，本质上也是为这个委托代理关系提供监督和鉴证服务，我国现行的审计管理体制以向人大报告的形式体现了人民的权力，实质上这是一种间接监督。而审计清单的运用，使更广泛的社会群体能够参与审计监督，监督方式更加直接，能够推进政府、市场、社会组织和社会公众在国家运行和社会生活不同领域有序地分层治理，达到公众利益的最大化，最终实现"善治"。

3.1.4 借助媒体力量的审计清单实现国家治理的机制再造

2011年审计署在修订审计准则时明确：审计人员可以通过公众与媒体的反

映和报道，判断可能存在的重大违法行为，此后大量国内学者开始研究国家审计与媒体监督之间的关系。陈娇艳（2019）将其总结为既互相协调又彼此冲突的关系，一方面，媒体监督为国家审计提供线索和信息，促进审计结果的整改落实；另一方面，媒体自由与审计独立性存在天然的互相排斥。

媒体是现代社会中不可或缺的信息传播主体，其信息传播手段具有传播范围广、速度快、形式灵活多样、互动性强、影响力巨大等特点。审计清单制度要实现国家审计信息向社会公众的公开，其传播途径应当包括审计报告、媒体报道及社会舆论传播，尤其是近年来互联网媒体的崛起更加强了媒体传播的效应。媒体天然具有信息传播功能，同时也是社会监督体系的重要组成部分（杨永森，2017），本部分借鉴彭桃英（2014）在研究媒体监督对上市公司审计质量影响机制中的思路，从审计主体、审计客体和社会公众三个视角来探讨审计清单借助媒体力量实现国家治理的机制。

首先，对于审计主体，即国家审计机关，媒体力量的参与能够增强其审计质量。媒体独立于国家行政体系之外，能够反映人民群众的理念和情感，有媒体力量参与的审计清单制度更能体现国家审计的独立性和透明度，赢得公众的认可。审计机关应当主动把握媒体传播的规律和特点，掌握与公众沟通的策略和技巧，提升审计公众形象，从而获得公众的支持和理解。媒体力量与审计机关间的信息传递是双向的，尤其在审计计划阶段，媒体能够发动人民群众的力量、广泛收集信息，为审计机关查找问题提供线索，能够精准定位问题，在极大程度上降低审计风险。基于此，审计机关应当建立完善的线索管理和信息举报保护制度，通过媒体这一沟通渠道将群众的作用发挥到最大。

其次，对于审计客体，即被审计的政府和公共部门，媒体力量的参与能够影响审计监督的后续行为，促进问题的整改落实。问责和整改是审计的目的和最终落脚点，通过媒体的传播和解读，使审计结果引起公众的关注，将问题单位和部门置于更广泛的群众监督中，能够更有效地促使其整改，并在较长一段时间内遏制问题的再度发生。

最后，对于社会公众，媒体力量的参与实质上是人民群众通过舆论信息对政府和公共部门的监督（王慧敏，2014）。与政府的审计报告相比，媒体所披露的审计信息是面向普通群众的，在表达上更便于理解，良好的媒体报道能够引导公众了解我国国家审计体制、正确理解审计信息、客观评价审计结果，对群众具有很好的教育意义。国家审计机关应当与媒体力量形成良性互动，促进媒体客观、公允地进行新闻报道和解读。

此外，需要注意的是，国家审计信息当中有涉及国家机密、国家安全及商业机密的信息，不适宜通过媒体公开。审计机关应当注意信息安全问题，针对审计清单建立相应的信息审核制度。

3.2 社会契约理论视角下审计清单实现国家治理的机理分析

社会契约理论起源于古希腊哲学，发展于 17 世纪的西方政治学，用于阐释国家的起源及合法的国家权威是如何构建的问题。正如西方政治学家本尼迪克特·安德森（Benedict Anderson, 1893）所说：国家既是一个政治实体，同时也是一种精神状态，卢梭的《社会契约论》和洛克的《政府论》也为社会契约论的发展奠定了基础。现代社会契约理论认为，国家的权力来自委托，政府受委托对社会公共事务行使管理职能，使人民生活安定、社会运行有序，达到公共利益的最大化。我国作为人民民主专政的社会主义国家，国家的权力来源于人民，政府受人民的委托行使公共权力、使用公共资源，实现国家发展、社会进步、人民生活水平提高等目标。

根据社会契约理论，我国人民和政府之间存在委托代理关系，由于人的有限理性、道德风险及信息不对称等因素，导致契约的不完备性，即政府及其工作人员在权力运用的过程中，基于其部门利益或个人利益，可能做出损害人民利益的行为。而审计清单制度，能够通过降低道德风险和信息不对称等方式，增强人民和政府间的契约关系，从而实现"善治"。

3.2.1 契约精神与现代治国理念

契约精神这一概念源自西方政治学，其实质是契约自由的精神理念（庞渤，2018），其主要思想内涵是自由、平等、守信。契约精神强调契约各方基于自由意志和地位平等之上的守信互助，其中自由是契约形成的基础，平等是实现契约各方权利与责任让渡的前提条件，守信是实现契约的重要保障。"以人为本"的价值观内嵌于契约精神之中，契约精神的实现要求唤醒现代国家的公民理念，要求人们具有理性意识、规则意识、责任担当、诚信精神、独立自主、平等互助、贡献社会等内在品质。

契约精神既为货币流通和商品交易奠定了良好的秩序，促进了资本主义经济的高速发展，同时也推动了社会公共秩序的形成、人权理念的产生和发展。契约精神的内涵深度契合了构建和谐社会的价值理念（陈咸瑜，2012）。2014 年 10 月 23 日，党的十八届四中全会通过《中共中央关于全面推进依法治国若干重大问题的决定》，其中提到强化规则意识，倡导契约精神。

　　纵观当今世界各国，现代化国家的治国理念普遍由"国家管理"转变为"国家治理"（罗哲，2014）。"管理"与"治理"这两种理念尽管差之一字，其内涵失之千里。在"国家管理"理念下，政府或者国家机器，是权威也是唯一的国家管理者，在管理上处于积极主动的位置，在政治上具有绝对权威的地位；人民尽管具有不同程度的参政议政权利，但在具体事务上需要服从政府的管理，处于被管理和支配的地位。而"国家治理"理念强调的是对国家的治理，其客体是现代国家，政府和多种社会主体共同作为治理国家的主体，即"社会共治"，其最终目的是实现国家的"善治"，达到公众利益的最大化。党的十七大报告中就已提出建立健全党委领导、政府负责、社会协同、公众参与的社会管理格局，就是在确立党和政府核心地位的前提下，确立了多种社会主体参与国家治理的格局。国家管理与国家治理的差异可以归纳为表 3 – 1。

表 3 –1　　　　　　　　　　　　　国家管理与国家治理的区别

区别	国家管理	国家治理
主体不同	国家管理的主体，即管理者是政府	国家治理的主体具有多元化特征，除政府外，还包括社会组织和个人
权力来源不同	政府的权力来自人民，由国家权力机关全国人大间接授予	社会治理权力中的一部分通过自治、共治等方式，由人民直接行使
运作机制不同	国家管理的运作机制是刚性的、单向度的、自上而下的，由政府权威和法律法规保障运行	国家治理的运作机制是多向复合的、柔性的、灵活的，由社会多元主体的协调发展保障运行

　　实现"国家治理"及"社会共治"的现代治国理念，首先需要政府放手转型，下大力气转变理念，不仅要守好政府与市场的边界，还要守好政府与社会的边界。在经济领域发挥市场的决定性作用，政府调节手段作为"有形的手"来弥补市场的缺陷和不足。在社会领域，尤其在民生问题上，应当充分发动各个社会群体参与和协商，发挥其在处理社会事务中的资源和力量。然而，这个过程不能"群龙无首"，只有依靠政府统一而强大的行政能力来统筹、协调及引导，才能更好地实现"社会共治"。

　　其次，还需要在党的领导及政府的管理下培养和正确引导各类社会组织，促进多层次的社会治理体系健康有序成长。各类社会组织是沟通政府和群众的桥梁和纽带，通过合法有序的手段向政府传达民意，上能协助政府进行科学民主决策，下能帮助群众解决民生问题、缓解社会矛盾和压力，是一种游离于国家行政体系之外的柔性社会管理主体。尤其是残障人士、就业困难人士及老年人等弱势社会群体，往往缺乏参与社会管理的能力和渠道，又是社会矛盾和问题多发的群体，更需纳入相应的社会组织中。

3.2.2 《利马宣言——审计规则指南》设定的审计参与国家治理的思想分析

1977 年，世界审计组织①在秘鲁首都利马召开第九届世界审计大会，围绕最高审计组织这一议题，为促进各成员国有效使用公共资金、建立健全财务管理、有序开展政府活动及客观公布审计信息展开讨论，会议形成并发布了总结性文件《利马宣言——审计规则指南》（以下简称《利马宣言》）。《利马宣言》对现代政府审计的发展具有重要的指导意义，被称为"政府审计大宪章"（周维培，2017），曾被写入联合国大会决议。

《利马宣言》包含七章二十五节，在其序言中即明确提出每个国家都应当设置一个独立性受其法律保障的最高审计机构；第二章"独立性"中也详细提出了要保障最高审计机构职能上和组织上的独立性，并对其成员与官员的独立性、财政的独立性都提出了明确的建议；第三章"与议会、政府和行政机构的关系"中明确了最高审计机构即使作为国家最高权力机构，应当具有高度的主动权和自主权。以上内容都通过保障最高审计机构的独立性来维护国家审计的监督职能，只有当最高审计机构不受来自国家权力机关和行政体系的管理和制约时，才能发挥切实有效的监督作用；只有当政府和公共机构受到监督约束时，才能保证社会契约的有效。

在保障最高审计机构独立性的具体手段上，《利马宣言》明确提出最高审计组织的独立性应在宪法中加以规定，其细节可另外立法予以补充。特别是应由最高法院提供充分的法律保护，以保证最高审计组织的独立性和权威性不受损害。法律是由国家机器保障其强制执行、一国公认的权威性的行为准则，是国家与人民之间最重要的一种社会契约，而宪法又是一国的根本大法。由宪法和法律对最高审计组织的独立性进行保障，体现了现代国家治理理念中的契约精神，与我国依法治国的基本方略具有内在契合。

《利马宣言》总则的第四节"传统审计与绩效审计"中提到，除了审计财务管理与会计账目、会计工作是否符合法律和规章制度的传统工作任务之外，一国

---

① 世界审计组织（the International Organization of Supreme Audit Institutions）是一个由联合国成员国及其最高审计机关组成的专业性非政府组织，旨在为各国最高审计机关提供信息交流、技术合作、培训研讨的国际平台，每三年召开一次世界审计大会，是当今世界上审计领域最权威、最具影响力的国际组织。

的最高审计组织还要对公共部门的绩效、效果、经济性和效率进行审计，即绩效审计。因此，最高审计组织的审计目标中财务管理的合法性、合规性与效率、效果和经济性具有同等重要的地位。以上内容突出了国家审计领域在绩效审计方面的发展，体现了效率型政府、服务型政府的现代治国理念。

此外，《利马宣言》第六章"报告"中对审计成果的报告流程和方法提出了建议，其中第十六节"向议会和公众报告"中提到宪法应授权和要求最高审计组织每年独立地将其审计结论向议会和其他公共机构报告，报告应予公布，并保证资料的广泛传播和深入开展讨论。这里不仅要求最高审计组织向国家权力机关报告，也要求审计成果在公众渠道传播，体现了权力机关和社会公众获取国家审计成果的信息途径，保障了公众的知情权，体现了民主和"社会共治"的现代治国理念。

3.2.3 现代契约关系下我国审计参与国家治理的政策设计

国家审计的本质是一种制度安排，是形成现代国家的一系列契约的组成部分，是实现国家治理的必然要求，其目的是通过对政府及公共部门财务、绩效等信息的鉴证工作，来监督和防止其违法违规、效率低下等行为，从而减少社会公众的损失，保证政府与人民之间契约的有效性。

国家审计既是社会契约的产物，同时也是一种特殊的契约。冯均科（1998）从产权关系的角度出发，认为审计关系是由审计人、被审计人和审计委托人三者建立的一系列关系。审计委托人将其拥有产权的财产委托给被审计人管理，被审计人就财产经营状况接受审计人的审计监督。在我国，人民即审计委托人，将国家权力交给政府进行管理；政府即被审计人，接受人民的委托运行其公共权力；国家审计机关与人民形成审计契约，对政府行为进行审计监督，这构成了我国政府审计的基本审计契约关系。在现实中，审计机关与人民的审计契约关系体现为审计机关向各级人民代表大会报告其工作成果。根据审计关系理论，审计人与被审计人之间不应单独形成契约，两者之间的关系是审计人与审计委托人契约的延伸（谢霓泓，2009）。然而，我国现行的行政型审计管理体制决定了审计机关不仅要向同级人民代表大会负责，同时也接受同级政府领导、向其报告审计成果。这在一定程度上导致了审计关系的异位，为审计监督职能的实现带来了问题，因此，需要通过一定的政策设计来保障审计参与国家治理的有效性。可以将国家审计形成的审计契约关系用图 3-4 表示。

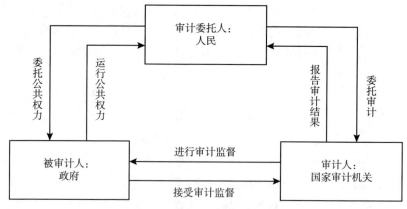

图3-4 国家审计中的契约关系

基于审计契约关系，在国家审计参与国家治理时，应当在政策上有如下设计。

(1) 提高国家审计的独立性，改善审计人与被审计人之间行政管理关系导致的审计关系异位状况。目前我国审计机关独立性的缺失主要体现在其与同级政府之间的关系上，审计部门隶属于国家行政系统，其经费列入政府财政预算，人员任免受到同级政府影响，这为审计机关带来了处理好同级政府间的关系与实现审计监督职能之间的矛盾，影响审计机关职能的发挥。要提高审计机关的独立性，可以适当借鉴立法型审计管理体制，最大程度地保障审计机关的独立地位，不受国家行政机关影响和制约，符合我国国家审计管理制度改革的需求。我国2006年在对《审计法》的修订中明确了审计机关的双重领导体制，即在业务上以上级审计机关领导为主，就是一项制度进步。今后应当进一步增强审计的独立性，在人员任免、机构设置和经费安排等方面逐渐加强审计系统的垂直领导。目前，党对审计工作的领导，在一定程度上提高了审计机关的独立性。

(2) 加强审计信息的公开传播与反馈，向社会公众树立透明、公正的正面形象，增强审计人与委托人之间审计契约的良性运行。一方面，目前我国已建立审计公告制度，在一定程度上实现了审计信息的公开，但现实中仍存在审计公告范围较窄、内容不明确、时滞性强等问题。尽管每年的审计公告引起公众关注，但后续的整改报告不足、整改信息匮乏。另一方面，审计信息主要传播渠道是单向的，缺乏公众对审计信息的反馈，这是因为审计信息公开力度不够、宣传不广、缺乏面向公众审计知识的普及工作，同时也反映了审计机关信息反馈机制的欠缺。

要解决审计信息公开和反馈的问题，应当加强两方面的政策设计。一方面，加强审计清单制度建设，推进审计信息公开的力度，每年定期就国家治理的各个领域发布问题清单,对于重大问题的查处整改情况进行信息公开,将问题的发生、发现、查处和整改的每个环节的信息详细、及时、完整地向公众公开;另一方面,建立健全公众意见反馈制度,如听证制度、官方媒体意见收集制度,将公众意见的征集纳入合法的渠道和制度化的程序中。

3.2.4　基于社会契约理论对审计清单在审计参与国家治理中的政策设计

由以上分析可知,审计清单制度可以通过增强审计信息对社会公众的公开、透明,增强审计人与审计委托人的契约约束。为了最大程度地实现审计清单优化、参与国家治理,应当做好以下三个方面的政策设计。

(1) 在制度建设方面,应当建立和完善相关法律法规,赋予国家审计更高的权威和独立性,保障审计清单治理功能的实现。国家审计的独立性是审计清单发挥治理作用的前提条件,因此,审计清单的相关制度应当体现我国审计管理体制改革的趋势,增强国家审计的权威性和独立性,增强国家审计组织体系的垂直管理,减少政府对审计机关的干预。在制定审计清单制度的过程中,也应当注意独立性的问题,合理设置审计信息公开审核机制,增强审计机关在审计信息公开的内容和程序上的话语权,降低政府对被审计单位的影响力。将审计清单制度的建设和审计整改的落实结合起来,以审计信息的公开促进问题查处和风险监控。

(2) 在内容设计方面,应当针对审计清单的信息质量建立相关标准和控制制度,保证审计清单的完整性、公开性和透明度。信息质量对于审计清单发挥治理功能至关重要,必须由相应的内外部制度给予保障,确保审计清单内容的详细、全面、及时。审计清单内容不仅要接受国家审计机关内部的质量控制,还应当建立外部监督与评价机制,适当采纳社会公众的反馈意见。审计清单内容应包含问题罗列、责任认定、单位名称、个人姓名,重点应当由问题罗列转变为责任追究。

(3) 在信息公开方面,应当建立规范的发布程序和渠道,将审计清单提升到同政府政务信息公开同等重要的地位。审计清单制度势在必行,而目前我国没有法律法规和相关政策对审计清单的管理方式、审核流程、发布程序和发布渠道做出明确规定,仅仅是在《审计法》中规定审计机关可以向政府有关部门通报或者向社会公布审计结果,内容不够详实,缺乏执行力度。

3.3　委托代理理论视角下审计清单实现国家治理的机理分析

随着第三次工业革命引起生产力的大爆发和管理学理论的迅速发展,20 世纪 60 年代，西方学者提出了委托代理理论，将对企业作为经济组织的研究延伸到企业内部结构问题上。委托代理问题产生于私营企业规模的扩大和股份制公司制度的普及，企业成为一个众多成员分工协作完成目标的社会组织。企业所有者不再拥有全部的信息，管理者及中层人员实际拥有信息和一定决策权，这促使管理学家们开始研究在信息不对称条件下的契约问题和激励问题。

委托代理理论的研究思路同样适用于国家治理问题，我国《宪法》明确规定中华人民共和国的一切权力属于人民。人民行使国家权力的机关是全国人民代表大会和地方各级人民代表大会。这里体现的委托代理关系即是人民作为委托方，通过国家权力机关，委托国家行政机构，即代理方，对国家事务、社会公共事务进行管理。而伴随这个委托代理关系而产生的代理成本，即行政效率低下、贪污腐败等问题，也需要通过国家治理手段来解决。国家审计的经济监督职能和绩效评价职能，能够减少代理成本，在一定程度上缓解委托代理问题，其中审计清单制度尤其可以防范和治理信息不对称问题对公众利益的损害。

3.3.1 我国审计委托人的诉求与审计清单的满足程度

由前文分析可知，审计是完善人民与政府之间委托代理关系的一种制度安排，而国家审计本身也是基于一种委托代理关系产生。国家审计的被审计人是政府及公共部门，而要分析国家审计的委托代理关系，还需要明确审计委托人到底是谁，以确保审计目标的实现。我国《审计法》总则第四条规定，国务院和县级以上地方人民政府应当每年向本级人民代表大会常务委员会提出审计机关对预算执行和其他财政收支的审计工作报告；国务院和县级以上地方人民政府应当将审计工作报告中指出的问题的纠正情况和处理结果向本级人民代表大会常务委员会报告，可以看出，在法律形式上我国国家审计的委托人是各级政府、各级人大及其常委会。而各级人大代表是传达我国各阶层群众意见的代表，由此可见，我国国家审计的真实委托人是广大人民群众。此外，审计在党和国家监督体系中发挥着重要作用（冯均科，2019），尤其是在确保重大政策落实情况、腐败治理和领导干部经济责任审计等方面（朱殿骅，2018），国家审计不仅是对政府的有效监督，也能够对党的执政能力发挥建设作用，因而，各级党组织同样是审计委托人。以上不同的审计委托人主要具有以下三点诉求：首先，经济层面上，经济监督职能是国家审计的本质职能，体现了人民对保全国有资产、保护公共资源、提高资金效率的要求。我国是公有制为主导、国有经济为主体的社会主义国家，国有资产属于全民所有，由一定的管理者接受委托进行经营。因此，所有者为了保护自身权益，要求对受托责任履行状况，即经营活动的结果及效率实施审计。其次，管理层面上，国家审计信息也是政府管理需要的重要信息，同统计数据、财政数据、企业信息等共同构成国家经济信息，体现了人民对增强政府行政能力、宏观调控能力的需求。详细、准确的审计信息能够如实反映政府和公共部门的运行状况，及时发现问题和风险，推进问题整改和消除隐患，提高政府和公共部门的效率，改善社会福利。最后，治理层面上，国家审计是有效的监督手段，能够缓解委托代理关系中的信息不对称问题，体现了人民对政府权力和责任监督的需求。作为委托方的社会公众，具有获取政府和公共部门信息的内在需求，因而，审计信息公开度越强，政府及公共部门工作人员的道德风险就越弱，公众对政府的信任度也就越高，从而推进党和政府的廉政建设。

基于以上诉求，审计清单的实行，能够进一步推动审计信息公开，充分体现人民群众作为最终审计委托人的地位，而当前我国国家审计的现状还不能满足这个需求，公众对审计监督的过高期望与现实国家审计供给状况之间存在一定的审计期望差（丁朝霞，2009）。现实中审计期望差产生的来源主要有以下几点。

第一，被审计单位隐藏信息的动机。出于部门利益或个人利益，增强权威、减少制约及获取寻租机会等动机，接受审计的政府和公共部门的工作人员会产生隐藏信息的动机，不希望审计信息被公开。而我国《审计法》第五章明确规定：审计组的审计报告报送审计机关前，应当征求被审计对象的意见；审计机关按照审计署规定的程序对审计组的审计报告进行审议，并对被审计对象对审计组的审计报告提出的意见一并研究后，提出审计机关的审计报告。由此，法律赋予了被审计对象在形成审计报告过程中一定的话语权，从而加大了其隐藏信息的可能性。

第二，国家审计机关硬约束的缺乏。审计清单制度的推行，不仅加强了公众对被审计单位的监督，同时也将审计机关的工作成果暴露于公众面前，任何不充分、不适当的审计程序、审计证据及错误的审计判断，都有可能被公众发现而引起对审计机关的质询，从而加大了审计失败的风险（张立民，2006）。因而，审计信息的公开，对审计机关本身以及其人员素质、软硬件设施和执业能力，也是很大的挑战。《审计法》第四章第三十六条规定：审计机关可以向政府有关部门通报或者向社会公布审计结果。其中"可以"二字赋予了审计机关在实际工作中较大的灵活度，审计机关可以自主选择在多大程度进行审计信息的公开，而目前还没有专门的法律或制度对审计机关信息公开的具体程序和范围做出明确的规定。

第三，信息保密方面的顾虑。尽管现代国家治理理念提倡提升政府透明度，但并非所有政府及公共部门的信息都适宜公开，出于国家安全考虑，政府部门一些关键战略和重大决策的相关信息需要保密。此外,尽管国有企业属于全民所有,但其企业的性质决定了在同行竞争中必须保守一定的商业机密。由此,《审计法》第四章第三十六条规定:审计机关通报或者公布审计结果,应当依法保守国家秘密和被审计单位的商业秘密,遵守国务院的有关规定。

2001 年国家审计署公布了《审计机关公布审计结果准则》,自此,我国国家审计机关开启了国家审计结果公告的实践,二十年来,审计公告、审计整改和审计清单的实践日趋完善,审计公告数量呈逐渐增长态势,信息公开力度加大,但仍在内容、质量、覆盖面和时效性等方面存在不足。图 3 – 5 为本书的分析提供了依据。

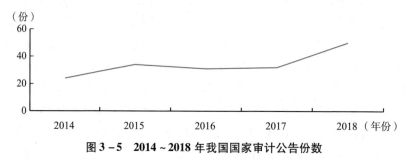

图 3 – 5　2014 ~ 2018 年我国国家审计公告份数

资料来源:国家审计署官网。

3.3.2　审计人对审计清单目标的设计与环境顾虑

不同的审计委托人出于自身的诉求,会表现出对审计制度不同方面的要求和需求,因而在制定审计清单制度时应当既要考虑总体目标,也应针对不同委托人的需求再制定实际执行的具体目标。尽管存在各级政府、人大、党组织、人民群众等不同的审计委托人,但根本出发点都是促进国家的稳定、发展和繁荣,因而,在促进审计信息的公开方面,审计清单制度设计的总体目标应当是改善国家治理,促进国家治理体系和治理能力现代化的建设。为达到这一总体目标,审计清单的设计和实施,还应当满足以下具体目标。

首先,由于审计信息是重要的国家经济信息,审计清单应当满足一定的信息质量要求,即准确、详细、及时。准确,即审计清单所公布的信息应当客观、真实、无误,审计信息的准确性是满足审计清单改善国家治理的根本要求,准确性受到影响,则会对关注审计清单的相关部门和社会公众产生误导;详细,即审计清单所公布的信息应当在范围和内容等方面详细明确,目前我国的审计公告信息存在范围过窄、内容粗略等问题,难以充分体现审计成果,满足信息使用者的需求；及时，即审计清单应当在一定的时间范围内公布审计结果，不要等到"时过境迁""木已成舟"，以免延误审计治理发挥效应。而当前由于制度不明确、审计信息披露流程较复杂，审计结果的公布往往经历较长时间，不利于有关部门和社会公众掌握信息。

其次，为建设责任型政府，促进文明廉政，审计清单应当体现责任意识，将查出的问题和风险责任落实到人。当前，尽管审计机关依法行使职权，在国家治理的各个领域开展审计工作，但往往将审计查出的主要问题归责于所在单位和部门，而非对具体问题负责任的个人。这样一来，即使问题得到披露，责任落实不明确，问题也得不到有效的治理和整改，难以避免今后再犯。因此，查出的问题和风险应当及时落实责任人，包括业务具体执行人、单位和部门负责人、上一级领导部门负责人等。

最后，为建设和谐社会，体现人民权益，审计清单的设计应当保证信息渠道畅通，满足群众的知情权。当前由于体制机制缺乏，没有相应的法规保障审计信息向大众公开的渠道和方式。尽管国家审计署每年向相关单位和公众发布审计公告，但其内容和信息质量没有相应的制度保证。尤其是社会公众，作为审计公告信息的主要接收者，公众对于审计信息通常存在某些反馈意见，但没有提出意见的合法渠道。只有在审计清单的设计中，建立相应法律约束，完善双向的信息渠道，才能保障人民权益，促进民主法治。

推进以上审计清单实现国家治理整体目标及三个具体目标，需要对现行的国家审计管理制度及审计公告制度进行调整和改变，提高审计机关的独立性和权威性，加大国家审计的监督力度，提升政府和公共机构的透明度和责任意识。完成这样的改革，关乎国家行政体系和整个国家审计系统，因此需要克服体制性、制衡性的环境顾虑。

自改革开放以来，我国的国家审计制度也经历了一些改革和调整，但从长期看，为实现良好的国家治理、适应经济形势的变化，今后还需要在现有的行政型审计管理体制的基础上进一步改革。

目前《审计法》对于审计机关公布审计结果的规定仅仅是"可以"，其强制力有待提高。而关于审计信息公开的制度，即审计结果公告制度，是国家审计署的部门制度，其法律层次和权威性有待提高。由此，审计信息公开相关法律法规只体现为赋予审计机关内在的权利。这样一来，一方面，审计机关和审计人员为规避审计风险，可能产生降低审计信息公开带来不确定性的动机，而选择不公开相应信息；另一方面，法律没有对政府以及被审计单位做出相应规定，明确其配合审计信息公开的程序，缺乏为审计机关排除阻力和干扰的权威支持。而解决这个问题，需要完善法律的相关规定，为审计清单制度的实行做好保障。

3.3.3 多重委托人结构下的审计困境与审计清单的功能淡化

在我国，从理论上讲，国家审计关系是以审计机关为审计人、政府及公共部门为被审计人、人民作为最终审计委托人的审计委托关系。实际上，基于《宪法》和《审计法》制定的一系列关于审计管理制度的规定，我国的审计关系中存在多重委托人结构（如图3-6所示）。

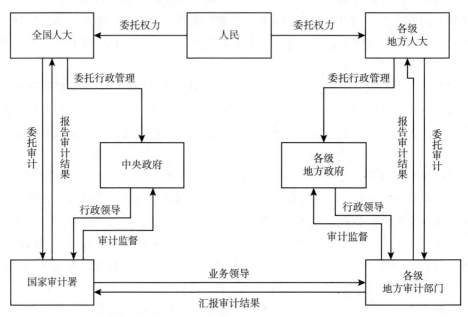

图3-6 多重委托人结构下的国家审计关系

国家的权力属于人民，而人民作为委托人通过选举人大代表以体现自身的利益，各级人大代表有义务维护人民利益。我国的现实情况是，各级人大作为权力机关，代表人民通过法律授权委托审计机关对政府及公共部门的工作进行监督；而各级政府作为国家行政机构，委托同级审计机关行使其职权；同时，上一级审计机关与其下级审计机关之间也存在委托代理关系。由此，同级人大、同级政府和上级审计机关都可以作为委托人，与审计机关存在多重委托人的委托代理关系。人大接受审计机关代表政府的审计报告并做出决议，从而体现人民的权益；审计机关向同级政府和上一级审计机关负责并报告工作，体现了政府对审计机关、上一级审计机关对下一级审计机关的行政管理，但在业务方面以上级审计机关领导为主。

3.3.4 多重委托人结构下的审计出路与审计清单的形式固化

要克服国家审计目前面临的以上困境，为审计清单制度的推行创造良好条件，必须要在体制、机制上进行改变，逐步改革现行的审计管理制度，必须加强机制的建设，保障审计清单制度的实施。针对当前国家审计服务于国家治理的需求，应当从以下三个方面开展审计清单制度的建设。

第一个方面是"问题清单"。审计公告年年有，而很多问题却"整而不改"，说明对于审计公告中揭露的问题，缺乏"后审计"阶段的手段和措施。应当建立明确、具体、有针对性的问题清单，并实行问题整改销号制度，对每一项问题建立档案，严格把控整改质量，提升整改效果，跟进未整改问题；并对揭露的问题进行延伸和追踪，纵向顺着资金或资源的分配方向进行延伸，重点检查资金资源的违规使用和效果效率问题；横向延伸至资金资源的产业上下游，重点检查贪污腐败、效率低下或效果不佳等问题。

第二个、第三个方面是把握"权力清单"以及"责任清单"，关注权力滥用与制衡问题。研究《宪法》、法律和各部门规章制度，摸清被审计对象的"权力家底"。"权"与"责"是对等的，与"权力清单"相伴而生的是"责任清单"，既不能不作为，也不能乱作为；既要防止越权行为，也要防止渎职问题。梳理并厘清被审计单位及领导干部的"领导责任""主管责任"及"直接责任"，明确责任主体，建立与"权力清单"配套的"责任清单"，是审计清单制度固化的长效机制，也是服务于国家治理、降低系统性风险的重要手段。

构建一个独立、公开、有追责、高质量的审计清单制度，保障"三种清单"的建设，必须加强以下四个机制的建设。

（1）独立机制。要发挥审计机关的权威性，加大国家审计的监督力度，必须要增强国家审计的独立性。现有的行政型审计管理体制是适应目前我国国情的制度安排，但随着经济和社会形势的不断变化，审计管理体制的改革势在必行。目前审计机关独立性的欠缺主要是由于经费的保证依托同级政府、人事任免受政府影响、审计成果要向政府报告，今后的管理制度的改革可以从经费、人事和报告流程等方面出发，适当借鉴立法型审计管理体制国家的经验。实际上，党对审计工作的领导，是审计体制改革的一个重要突破口。

（2）公开机制。适当地向社会公众公开国家审计信息，增加政府透明度。归根结底，人民是国家审计的委托人，审计信息的公开，体现了人民的知情权，弥补了当前人民作为审计委托人作用弱化的缺陷，尊重公众意愿，满足公众诉求。

对作为审计人的国家审计机关也形成约束，促使审计机关提高审计工作质量，让审计成果经得起社会公众的检验，降低审计失败风险。对于作为被审计人的政府，审计信息公开，同政府政务信息公开具有相同作用，能够增强政府透明度，改善国家治理。

（3）问责机制。完善相应机制，使审计中发现的违法违规行为得到更好的处理，强化审计治理效应。政府和其他的公共机构作为人民利益的代理人，不仅要接受审计机关的监督，更有责任就审计中发现的问题向公众做出回应，接受公众的质询，接受相关部门的处理。当前的问责机制主要包括：由审计机关就审计报告中发现的问题提出处理意见；审计机关将违法违规案件移送司法或纪检部门处理；责成被审计单位自行处理；对存在程序不规范、缺少法律依据可循的问题，应当提出建立和完善相关法律法规的建议，为审计问责提供条件。

（4）质量控制机制。提高审计机关内部管理水平，保障审计治理功能的有效性。改革开放以来，我国的民间审计在向国际审计准则趋同的过程中形成了较为完善的审计准则、职业规范和行业协会管理制度，而国家审计尚未形成系统、完善的质量控制制度，这将是目前国家审计管理工作应当关注的一项重要内容。继2006年修订《审计法》之后，国家审计准则虽然已经颁布，但是需要对国家审计的概念框架、职业标准、职业道德、语言规范等方面做出明确规定，为国家审计的质量监督与评价提供具有可操作性的依据。此外，还应建立相应机制对审计工作进行长期和持续的监督与评价，形成对国家审计的自我约束，增强审计人员的责任意识和质量意识。

审计信息公开是我国国家审计未来发展的关键一步，然而任何制度的建立都离不开正式的、程序化的规制，只有完善审计清单相关法律法规，形成具有权威性和约束力的规范体系，才能将审计信息公开的形式固化下来，以形成一种长效机制，保障审计信息披露的规范化和高质量。

3.4 国家审计有助于提高国家治理指数

审计清单有助于国家审计参与国家治理，而国家审计对国家治理的推动作用，可以具体表现为提升国家治理指数。

3.4.1 理论分析与研究假设

国家治理的目标是实现国家良治，国家治理能力可以通过国家制度以及制度执行能力集中体现。已有研究证明，国家审计是国家治理的基石和重要保障，是具有预防、揭示和抵御功能的"免疫系统"（刘家义，2012）。国家审计的根本目标是保障和促进公共受托经济责任的全面有效履行（李明，2015）。因此，笔者认同这一观点：国家审计可以促进国家治理能力的改善（蔡春、蔡利，2012）。

首先，国家审计有利于推进"反腐倡廉"建设，在腐败治理中发挥基石作用（宋夏云、陈一祯，2016），是国家审计作为"免疫系统"的必要职能。国家审计是公共受托责任的产物，其实质是依法用审计权力监督制约政府官员权力的滥用行为（宋夏云、陈依晗，2018）。在受托经济责任观的视角下，我国以权力为导向的国家审计模式可以有效地监控经济权力的运行，防止权力异化（蔡春、朱荣、蔡利，2012）。有效提升论认为，国家审计具有独立性、专业性和权威性优势，是国家治理的"免疫系统"，可以有效地预防、揭示和抵御政府官员的腐败行为。腐败是伴随着权力而产生的，其实质是一种权力的滥用行为，是官员特权以及市场扭曲的产物。腐败产生的根源在于体制机制的不完善。政府是社会公共资源的供给者，制度漏洞给政府官员提供了侵占国家财产的机会。政府官员的腐败意味着公共权力的私有化，对国家治理造成了重大威胁，也是阻碍经济和社会发展的重大障碍。抑制腐败的根本途径就是建立一个具有中国特色的"国家廉洁体系"，而国家审计是其中的一根重要"支柱"（阚京华、周友梅，2015）。国家审计可以提高政府官员的法律意识以及自我约束意识（安徽省审计学会课题组等，2012）。另外，国家审计的独立性保证了审计机关独立于被审计单位，能够客观地揭示各种问题（黄溶冰、赵谦，2015）。国家审计通过纠偏的方式对被审计方进行控制，对揭露腐败行为十分必要（李越冬、周蕾、周阳，2018）。国家审计具有经常性的监督优势，可以将发现的问题移交纪检和司法机关，还拥有部分处罚权力，这些特点都增强了国家审计对腐败行为的威慑力，使得国家审计起到了有效的预防、揭示和抵御功能（郭芮佳、池国华、程龙，2018）。

其次，国家审计有利于提高政府的财政透明度。政府透明度是指政府公开披露可靠和及时的信息，是反腐的一个重要利器（黄寿峰、郑国梁，2015），是衡量国家治理水平的重要标志之一（朱荣，2014）。公众具有知情权，财政透明使得政府行为接受公众的监督，公众的参与对于实现国家治理具有很好的推动作用。有学者认为我国政府及相关部门的透明度距离社会公众的期望和要求还有很大差距（朱荣，2014）。国家审计作为一种特殊的控制机制，能够提高政府部门各类财务报表的真实性、完整性和合法性，并及时发现被审计单位违规使用财政资金和浪费公共资金的行为，在提升政府财政透明度方面发挥治理作用。另外，国家审计能够站在相对独立的角度上披露被审计单位各种违规、违纪的问题以及整改措施，可以有效地降低政府与社会公众之间的信息不对称程度，避免财政资金使用过程中的"黑箱行为"。社会公众的监督使得政府的公共权力在阳光下运行（朱荣，2014），最终提升国家治理能力。

最后，国家审计有利于提高政府的行政效率。政府行政效率是指政府在从事公共管理过程中，消耗一定的资源而达到最优产出。社会契约理论认为，政府应该通过一系列经济、政治和社会活动更好地管理公众委托的资源和权力，最终提高经济运行效果和资源配置效率。国家审计可以为政府部门提供针对性建议，发挥审计的建设性功能，降低政府作出不当决策的风险（崔雯雯、郑伟、李宁，2018）。另外，审计意见作为有价值的参考意见，对于完善政府运行机制起到非常重要的作用。可见，国家审计通过审计监督可以有效减少政府财政资金的使用和浪费行为（于珊，2017），有利于提升地方政府的行政管理效率（李明，2015）。

因此，国家审计有促进政府廉洁和效能的作用（Lin and Liu，2012）。国家审计可以从"管好权、管好钱、管好事"三条路径来促进国家治理（杨亚军，2013）。"管好权"即将权力关进制度的笼子，国家审计要促进行政问责、问廉、问效，促使政府合理、透明地使用公共权力，提高财政透明度、防止腐败；"管好钱"即提高政府资金的使用效率，促使政府提升行政效率、合理配置公共资源；"管好事"即在社会转型中促进社会和谐，表现为揭示政府部门涉及民生的决策中存在的潜在风险和问题，并提出建设性意见，最终确保公众利益不被侵占。国家审计的治理能力，受到审计立项数量、审计发现金额、审计建议数量以及审计处罚力度等因素的影响。由此，本书提出如下假设：

H1：审计立项有利于提高国家治理指数。

H2：审计发现有利于提高国家治理指数。

H3：审计建议有利于提高国家治理指数。

H4：审计处罚有利于提高国家治理指数。

3.4.2 研究设计

3.4.2.1 数据来源及样本选择

考虑到数据的可获得性，本书数据来自 2007～2016 年我国 31 个省、自治区和直辖市的面板数据。[①] 其中，国家审计有关数据来自《中国审计年鉴》；职务犯罪立案人数数据来自《中国检察年鉴》；财政透明度数据来自上海财经大学发

---

① 上海财经大学 2018 年发布的财政透明度指数，实际上记录的是 2016 年的数据。因此，本书的样本数据只能更新至 2016 年。

布的财政透明度指数；其他数据来自《中国统计年鉴》。最终，本书得到 31 个省份连续十年的平衡面板数据，并采用 Eviews 和 SPSS 进行面板数据检验。

3.4.2.2　变量定义及模型构建

（1）被解释变量。依据研究假设，本部分被解释变量为国家治理（Gov）指数。本部分从以下几个方面来衡量国家治理指数。

①腐败治理效应（Corrupt）。考虑到不同省份公职人员数量的差异，本书采用职务犯罪立案人数与公职人员数之比来衡量腐败治理效应。该指数越大，表明国家审计查处的职务犯罪立案人数越多，反腐败力度越强。

②财政透明度（Tran）。利用相关机构发布的信息透明度数据具有一定的可靠性和便利性，因此，本书借鉴现有的研究思路，使用上海财经大学发布的财政透明指数。该指标越大，表明政府的财政透明度越高。

③政府资金配置效率（Admin）。本书采用财政总支出与财政总收入之比来衡量政府资金配置效率。该指标越大，表明财政总支出占财政总收入的比例越大，政府的资金配置效率越低。其中，基于在办同样的事时所使用的财政资源更多，可能存在比较多的支出或者浪费，表现为一定的低效率。另外，"寅吃卯粮"的财政赤字是比较突出的低效率现象。

④国家治理指数（Index）。本书将腐败治理效应、财政透明度以及政府资金配置效率三个方面的数据，采用主成分分析方法（PCA）拟合出国家治理指数。该指数越大，表明国家治理效率越高。

主成分分析结果见表 3-2。

表 3-2　　　　　　　　　　KMO 和 Bartlett 球形检验结果

检验方法	指标	检验结果
取样足够度的 Kaiser – Meyer – Olkin 度量	KMO 值	0.540
Barrlett 的球形度检验	近似卡方	38.047
	df	3.000
	Sig	0.000

表 3-2 展示了主成分分析的 KMO 检验和 Bartlett 球形检验结果。Barrlett 球形检验衡量了企业内部控制有效性各指标之间的相关程度，Sig 值为 0.000，小于 0.05，球形检验通过，说明各指标间存在一定的相关关系。KMO 值为 0.540，大于 0.5，表明指标可以运用主成分分析方法进行处理。

从表 3-3 中可以看出，主成分分析结果中，按照"特征值大于 1"的因子提取原则，本书共提取了2个主因子，2个主成分的累计方差贡献率为77.058%。

表3-3 解释的总方差 单位：%

成分	初始特征根			提取平方和载入			旋转平方和载入		
	合计	方差的百分比	累计	合计	方差的百分比	累计	合计	方差的百分比	累计
1	1.385	46.157	46.157	1.385	46.157	46.157	1.304	43.452	43.452
2	0.927	30.901	77.058	0.927	30.901	77.058	1.008	33.606	77.058
3	0.688	22.942	100.000						

表3-4列示了利用SPSS20.0软件计算得出的初始因子载荷矩阵，即表明各主成分对各变量的影响程度，并在此基础上利用各自的主成分载荷向量除以各自主成分特征值的算数平方根，即可得出特征向量矩阵。再将上述特征向量乘以标准化后的数据，便可计算主成分得分函数，据此得出国家治理指数的主成分综合评价得分，为下文的实证研究提供了数据支持，具体过程不再赘述。

表3-4 因子载荷矩阵

国家治理指数	主成分	
	1	2
腐败治理效应	0.7763	-0.1831
财政透明度	0.4842	0.8675
政府资金配置效率	-0.7400	0.3755

（2）解释变量。依据研究假设，本部分解释变量为国家审计（Audit）。政府审计质量应该包含审计人员发现、报告和处理违规问题三个方面（王跃堂、黄溶冰，2008）。因此，本部分从以下几个方面来衡量国家审计质量。

①审计立项（Examine）。国家审计在本省份所出具的审计报告和专项审计调查报告数量越多，在一定程度上表明审计机关的作用力度越大。因此，本书采用审计机关出具的审计报告和专项审计报告数量作为审计立项的替代指标，并加1取自然对数以消除异方差的影响。

②审计发现（Detect）。国家审计查出的主要问题金额越多，在一定程度上表明审计机关的作用力度越大。因此，本书采用审计机关查出的主要问题金额数量作为审计发现的替代指标，并加1取自然对数以消除异方差的影响。

③审计建议（Propose）。国家审计提出建议数量越多，在一定程度上表明审计机关的作用力度越大。因此，本书采用审计机关提出的建议数量作为审计建议的替代指标，并加 1 取自然对数以消除异方差的影响。

④审计处罚（Punish）。国家审计对被审计单位的处理罚款金额越多，在一定程度上表明审计机关的作用力度越大。因此，本书采用审计机关处理罚款金额数量作为审计处罚的替代指标，并加 1 取自然对数以消除异方差的影响。

（3）控制变量。除了国家审计以外，国家治理指数还会受到其他因素的影响。借鉴现有研究的思路，加入人均 GDP 的自然对数来衡量经济发展水平（GDP）；加入市场化指数来衡量市场化程度（Market）；加入各省公务员平均工资取自然对数来衡量官员薪酬（Wage）；加入平均受教育水平来衡量人口素质（Edu）；加入政府人员数量的自然对数来衡量政府规模（Gsize）。

具体变量定义如表 3 -5 所示。

表 3 -5 变量定义

变量性质	变量名称		变量符号	变量定义
被解释变量	国家治理（Gov）	国家治理指数	Index	主成分得出
		腐败治理效应	Corrupt	职务犯罪立案人数与公职人员数之比
		财政透明度	Tran	上海财经大学发布的财政透明度指数
		政府资金配置效率	Admin	财政总支出与财政总收入之比
解释变量	国家审计（Audit）	审计立项	Examine	审计报告和专项审计报告数量加 1 取自然对数
		审计发现	Detect	审计查出主要问题金额加 1 取自然对数
		审计建议	Propose	审计提出建议条数加 1 取自然对数
		审计处罚	Punish	审计处理罚款金额加 1 取自然对数
控制变量	经济发展水平		GDP	人均 GDP 取自然对数
	市场化程度		Market	市场化指数
	官员薪酬		Wage	各省公务员平均工资取自然对数
	人口素质		Edu	平均受教育水平
	政府规模		Gsize	政府人员数量的自然对数

为了检验国家审计与国家治理的关系，本书设置了模型。

$$Index_{i,t} = \alpha + \beta_1 Audit_{i,t} + \beta_2 GDP_{i,t} + \beta_3 Market_{i,t} + \beta_4 Wage_{i,t}$$
$$+ \beta_5 Edu_{i,t} + \beta_6 Gsize_{i,t} + \varepsilon_{i,t} \tag{3.1}$$

3.4.3 实证分析与结果检验

3.4.3.1 描述性统计

变量描述性统计的情况见表 3 – 6。

表 3 – 6 　　　　　　　　　　　　变量描述性统计

变量	最小值	最大值	平均数	标准差	中位数	1/4 分位	3/4 分位
Index	0.430	31.778	16.711	6.321	15.912	13.122	20.978
Corrupt	0.000	69.459	27.292	13.948	28.763	23.035	34.954
Tran	11.520	77.700	34.650	14.930	30.140	22.095	45.133
Admin	0.121	15.624	2.570	2.090	2.205	1.491	2.684
Examine	0.000	9.662	8.150	1.067	8.358	7.701	8.908
Detect	0.000	18.667	15.945	1.485	16.057	15.230	16.832
Propose	0.000	10.287	8.652	1.080	8.870	8.134	9.389
Punish	0.000	16.744	13.966	1.518	13.954	13.166	14.986
GDP	8.841	11.680	10.448	0.553	10.466	10.062	10.833
Market	-0.230	11.710	6.125	2.069	6.120	4.810	7.335
Wage	9.881	11.649	10.693	0.389	10.675	10.387	10.959
Edu	4.229	12.546	8.711	1.193	8.732	8.215	9.243
Gsize	2.001	4.734	3.675	0.698	3.813	3.445	4.099

从表 3 – 6 变量的描述性统计可以看出，国家治理指数（Index）均值为 16.711，最小值为 0.430，最大值为 31.778，表明各个省份的国家治理指数存在显著差异。腐败治理效应（Corrupt）均值为 27.292，最小值为 0.000，最大值为 69.459；财政透明度（Tran）均值为 34.650，最小值为 11.520，最大值为 77.700；政府资金配置效率（Admin）均值为 2.570，最小值为 0.121，最大值为 15.624，也均表现出各个省份存在显著差异。国家审计方面，审计立项（Examine）均值为 8.150，最小值为 0.000，最大值为 9.662；审计发现（Detect）均值为 15.945，最小值为 0.000，最大值为 18.667；审计建议（Propose）平均值为 8.652，最小值为 0.000，最大值为 10.287；审计处罚（Punish）平均值为 13.966，最小值为 0.000，最大值为 16.744。同样，国家审计各方面在各个省份也存在显著差异。其余控制变量的描述性统计结果如表 3 – 6 所示，不再赘述。

主要变量的年度变化趋势见图 3 – 7。

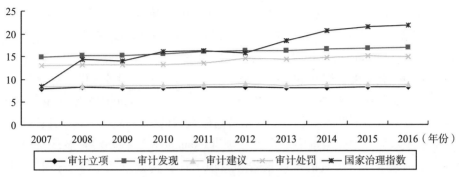

图 3 - 7　主要变量的年度变化趋势

图 3 - 7 展示了各主要变量的年度变化趋势。国家治理指数（Index）呈现出显著的逐年上升的趋势，表明近些年国家治理能力逐渐提升。国家审计的各项指标中，审计立项（Examine）、审计发现（Detect）、审计建议（Propose）和审计处罚（Punish）相对较为平稳，略有上升（这可能由于变量数据取对数造成了数据之间的差异性不是很明显）。

2013 年，党的十八届三中全会通过的《中共中央关于全面深化改革若干重大问题的决定》明确指出，应通过强化权力运行的制约与加强国家审计来遏制政府的腐败行为。因此，本书将样本划分为 2007 ～ 2012 年和 2013 ～ 2016 年两个阶段，并对主要变量的独立样本进行 T 检验和 Mann - Whitney U 检验，结果见表 3 - 7。

表 3 - 7　　　　　　　　　　不同时间阶段的样本均值特征比较

变量	平均数			中位数		
	2007～2012 年	2013～2016 年	T 值	2007～2012 年	2013～2016 年	Z 值
Index	14. 107	20. 618	- 10. 283 ***	14. 345	20. 745	- 9. 081 ***
Corrupt	24. 874	30. 918	- 3. 953 ***	27. 615	30. 467	- 3. 237 ***
Tran	27. 746	45. 005	- 11. 658 ***	23. 615	44. 570	- 10. 223 ***
Admin	2. 654	2. 444	0. 867	2. 259	2. 125	- 1. 005
Examine	8. 124	8. 188	- 0. 515	8. 288	8. 450	- 1. 325
Detect	15. 520	16. 584	- 6. 592 ***	15. 602	16. 825	- 9. 267 ***
Propose	8. 608	8. 718	- 0. 883	8. 793	9. 014	- 1. 852 *
Punish	13. 473	14. 705	- 7. 620 ***	13. 559	14. 986	- 9. 050 ***

注：*** 代表 1% 水平上显著，** 代表 5% 水平上显著，* 代表 10% 水平上显著。

由表 3 – 7 可知，经过均值 T 检验后发现，2013 年以后，国家治理指数（In-dex）显著提升，表明党的十八届三中全会后，各省份的治理效应显著增强；腐败治理效应（Corrupt）显著增加，表明党的十八届三中全会后，各个省份加大了职务犯罪的查处力度；财政透明度（Tran）显著提升，表明各省份的财政收支及预算执行状况的披露更加完善；政府资金配置效率（Admin）并没有显著变化，均值还略有降低，表明各省份财政支出占财政收入的比重较为平稳。国家审计方面，党的十八届三中全会前后，审计立项（Examine）数量并没有显著变化，表明各省份国家审计所出具的审计报告和专项审计报告数量基本持平；审计发现（Detect）显著提升，表明国家审计查出的主要问题金额大幅度提升，审计效果增强；审计建议（Propose）数量并没有显著变化，表明各省份国家审计在审计意见提出数量方面基本平稳；审计处罚（Punish）显著提升，表明各省份国家审计的罚款金额显著增加，审计力度增强。从 Mann – Whitney U 检验上看，审计建议（Propose）的中位数在党的十八届三中全会前后出现显著差异，其他变量的中位数在两组样本中表现的差异与平均值的趋势基本相同。

3.4.3.2　单位根检验

为了避免伪回归的情况，首先对各变量进行单位根检验。表 3 – 8 显示了面板单位根检测结果，从 P 值可以看出，LLC、IPS、ADF 和 PP 检验的结果均高度拒绝原假设，即数据是平稳的，可以直接进行多元回归检验。

表 3 – 8　　　　　　　　　　面板单位根检验结果

方法	Index	Examine	Detect	Propose	Punish
LLC	– 14. 783 (0. 000)	– 10. 927 (0. 000)	– 11. 605 (0. 000)	– 11. 476 (0. 000)	– 12. 551 (0. 000)
IPS	– 8. 397 (0. 000)	– 5. 583 (0. 000)	– 6. 307 (0. 000)	– 6. 208 (0. 000)	– 6. 214 (0. 000)
ADF	187. 899 (0. 000)	138. 059 (0. 000)	152. 964 (0. 000)	149. 814 (0. 000)	150. 528 (0. 000)
PP	243. 043 (0. 000)	166. 216 (0. 000)	170. 493 (0. 000)	183. 140 (0. 000)	181. 474 (0. 000)

注：括号外为统计量，括号内为 p 值。

3.4.3.3　相关性分析

进行相关性分析的结果见表 3 – 9。

表 3 - 9　　　　　　　　　　　　　变量相关系数

变量	Index	Examine	Detect	Propose	Punish	GDP	Market	Wage	Edu	Gsize
Index	1	0.310 ***	0.449 ***	0.296 ***	0.460 ***	0.403 ***	0.208 ***	0.291 ***	0.366 ***	0.257 ***
Examine	0.211 ***	1	0.659 ***	0.964 ***	0.679 ***	-0.094 *	0.234 ***	-0.256 ***	0.136 **	0.764 ***
Detect	0.479 ***	0.494 ***	1	0.715 ***	0.878 ***	0.462 ***	0.521 ***	0.293 ***	0.546 ***	0.586 ***
Propose	0.222 ***	0.929 ***	0.580 ***	1	0.719 ***	-0.057	0.279 ***	-0.191 ***	0.138 **	0.776 ***
Punish	0.515 ***	0.561 ***	0.817 ***	0.601 ***	1	0.294 ***	0.354 ***	0.176 ***	0.323 ***	0.603 ***
GDP	0.410 ***	-0.114 **	0.568 ***	-0.056	0.350 ***	1	0.573 ***	0.712 ***	0.740 ***	0.099 *
Market	0.197 ***	0.094 *	0.497 ***	0.185 ***	0.290 ***	0.604 ***	1	0.341 ***	0.649 ***	0.367 ***
Wage	0.304 ***	-0.177 ***	0.464 ***	-0.098 *	0.265 ***	0.710 ***	0.391 ***	1	0.396 ***	-0.099 *
Edu	0.410 ***	-0.085	0.516 ***	-0.075	0.322 ***	0.704 ***	0.534 ***	0.525 ***	1	0.214 ***
Gsize	0.200 ***	0.766 ***	0.651 ***	0.785 ***	0.629 ***	0.133 **	0.331 ***	-0.023	0.155 ***	1

注：表左下部分为 Spearman 相关系数，右上部分为 Pearson 相关系数；*** 代表 1% 水平上显著，** 代表 5% 水平上显著，* 代表 10% 水平上显著。

　　从表 3 - 9 的相关性分析来看，无论是 Pearson 相关系数，还是 Spearman 相关系数，相关矩阵显示模型自变量、控制变量之间的相关系数最高为 0.964，为审计立项（Examine）和审计建议（Propose）之间的系数，但这两个变量并不会出现在同一个模型中。出现在同一模型中的变量，相关系数均小于 0.8。同时，在回归分析中，本书进行了 VIF 值检验，所有变量的 VIF 值均在 10 以内。可见，各变量间并不存在严重的多重共线性问题。因此，模型构建较为合理。

　　从模型的显著性来看，审计立项（Examine）、审计发现（Detect）、审计建议（Propose）和审计处罚（Punish）均与国家治理指数（Index）呈现正相关的关系，且在 1% 水平上显著。这初步表明国家审计是国家治理指数的正向指标，国家审计力度越强，国家治理指数就越高。变量间的具体关系，需要后续采用多元回归的方法进一步验证。

3.4.3.4　多元回归分析

　　多元回归分析的分析结果见表 3 - 10。

　　从表 3 - 10 的多元回归结果看，审计立项（Examine）与国家治理指数（Index）系数为 2.766，且在 1% 水平上显著，表明审计立项与国家治理指数呈现显著正相关关系，H1 得到验证，即随着国家审计出具的审计报告和专项审计报告数量增多，国家审计力度越强，越有利于国家治理指数的提升。

表 3 - 10 国家审计与国家治理指数的回归结果

变量	(1) 估计系数（T 值）	(2) 估计系数（T 值）	(3) 估计系数（T 值）	(4) 估计系数（T 值）
Constant	-70.327*** (-6.849)	-45.129*** (-4.678)	-63.311*** (-6.241)	-45.250*** (-4.808)
Examine	2.766*** (5.950)			
Detect		1.323*** (4.191)		
Propose			2.378*** (5.080)	
Punish				1.527*** (5.812)
GDP	4.902*** (3.183)	3.644** (2.340)	4.941*** (3.139)	3.309** (2.185)
Market	-0.673*** (-3.278)	-0.716*** (-3.388)	-0.748*** (-3.580)	-0.642*** (-3.121)
Wage	1.388 (0.870)	-0.072 (-0.043)	0.668 (0.411)	0.099 (0.062)
Edu	0.588 (1.244)	0.482 (0.962)	0.747 (1.567)	0.828* (1.769)
Gsize	-0.696 (-0.970)	0.991 (1.633)	-0.338 (-0.459)	0.468 (0.789)
N	310	310	310	310
Adj. R²	0.304	0.265	0.284	0.300
Durbin - Watson	2.039	2.095	2.014	2.066
F	23.478	19.577	21.380	23.123

注：*** 代表 1% 水平上显著，** 代表 5% 水平上显著，* 代表 10% 水平上显著。

审计发现（Detect）与国家治理指数（Index）系数为 1.323，且在 1% 水平上显著，表明审计发现与国家治理指数呈现显著正相关关系，H2 得到验证，即随着国家审计查出的主要问题金额越多，国家审计力度越强，就越有利于国家治理指数的提升。

审计建议（Propose）与国家治理指数（Index）系数为 2.378，且在 1% 水平上显著，表明审计建议与国家治理指数呈现显著正相关关系，H3 得到验证，即随着国家审计提出的审计意见数量增多，国家审计力度越强，就越有利于国家治理指数的提升。

审计处罚（Punish）与国家治理指数（Index）系数为 1.527，且在 1% 水平上显著，表明审计处罚与国家治理指数呈现显著正相关关系，H4 得到验证，即随着国家审计的审计处理罚款金额越多，国家审计力度越强，就越有利于国家治理指数的提升。

3.4.3.5　进一步检验

为了检验党的十八届三中全会审计相关政策的效果，即 2013 年前后国家审计对国家治理影响的作用差异，本书以 2013 年为时间节点，设置虚拟变量 Year，年份为 2008 ~ 2012 年时，Year = 0；年份为 2013 ~ 2017 年时，Year = 1。在模型基础上引入国家审计与 Year 的交乘项（崔雯雯、郑伟、李宁，2018），结果见表 3 - 11。

表 3 - 11　　　　　2013 年前后国家审计与国家治理指数的回归结果

变量	(1)	(2)	(3)	(4)
	估计系数（T 值）	估计系数（T 值）	估计系数（T 值）	估计系数（T 值）
Constant	- 12.762 (- 1.029)	8.211 (0.695)	- 6.361 (- 0.521)	3.700 (0.309)
Examine	2.028 *** (4.589)			
Examine * Year	0.662 *** (7.218)			
Detect		0.733 ** (2.398)		
Detect * Year		0.338 *** (6.944)		
Propose			1.741 *** (3.944)	
Propose * Year			0.633 *** (7.269)	

续表

变量	(1) 估计系数 (T值)	(2) 估计系数 (T值)	(3) 估计系数 (T值)	(4) 估计系数 (T值)
Punish				0.777 *** (2.806)
Punish * Year				0.351 *** (6.094)
GDP	5.886 *** (4.113)	4.844 *** (3.321)	5.981 *** (4.093)	4.446 *** (3.080)
Market	-0.364 * (-1.868)	-0.395 * (-1.958)	-0.422 ** (-2.125)	-0.369 * (-1.846)
Wage	-4.231 ** (-2.535)	-5.279 *** (-3.050)	-4.936 *** (-2.924)	-4.591 *** (-2.685)
Edu	0.103 (0.232)	0.119 (0.254)	0.218 (0.488)	0.425 (0.950)
Gsize	-1.128 * (-1.694)	0.489 (0.859)	-0.879 (-1.283)	0.347 (0.619)
N	310	310	310	310
Adj. R^2	0.404	0.364	0.388	0.375
Durbin–Watson	2.086	2.093	2.071	2.058
F	30.959	26.285	29.010	27.489

注：*** 代表 1% 水平上显著，** 代表 5% 水平上显著，* 代表 10% 水平上显著。

由表 3-11 可以看出，审计立项与年度虚拟变量的交叉项（Examine * Year）系数为 0.662，且在 1% 水平上显著；审计发现与年度虚拟变量的交叉项（Detect * Year）系数为 0.338，且在 1% 水平上显著；审计建议与年度虚拟变量的交叉项（Propose * Year）系数为 0.633，且在 1% 水平上显著；审计处罚与年度虚拟变量的交叉项（Punish * Year）系数为 0.351，且在 1% 水平上显著。以上结果均表明，国家审计在 2013 年以后对于国家治理指数的提升作用更明显。

3.4.3.6 稳健性检验

（1）滞后期。由于国家审计治理作用的发挥可能存在一定的滞后性，同时，国家审计与国家治理指数之间也可能会存在一定的内生性问题。为了解决上述问题，本书对国家审计相关指标做滞后一期处理，对模型进行再次验证，研究结论不变，结果见表 3 – 12 和表 3 – 13。

表 3 – 12　　　　　　　　国家审计与国家治理指数的回归结果（滞后期）

变量	（1）	（2）	（3）	（4）
	估计系数（T 值）	估计系数（T 值）	估计系数（T 值）	估计系数（T 值）
Constant	− 29.232 ** (− 2.261)	− 7.613 (− 0.643)		− 8.642 (− 0.775)
Examine	2.106 *** (4.399)			
Detect		1.260 *** (3.959)		
Propose			2.072 *** (4.351)	
Punish				1.841 *** (7.212)
GDP	3.259 ** (1.980)	2.681 (1.640)	3.589 ** (2.153)	2.718 * (1.780)
Market	0.099 (0.367)	0.095 (0.350)	0.022 (0.080)	0.128 (0.504)
Wage	− 0.588 (− 0.352)	− 2.349 (− 1.359)	− 1.272 (− 0.760)	− 2.629 * (− 1.650)
Edu	0.519 (1.053)	0.177 (0.340)	0.572 (1.163)	0.381 (0.817)
Gsize	− 0.917 (1.231)	0.053 (0.084)	− 0.944 (− 1.253)	− 0.942 (− 1.571)
N	279	279	279	279
Adj. R^2	0.213	0.203	0.212	0.292
Durbin – Watson	1.950	1.998	1.935	2.038
F	13.512	12.770	13.428	20.110

注：*** 代表 1% 水平上显著，** 代表 5% 水平上显著，* 代表 10% 水平上显著。

表 3 – 13   2013 年前后国家审计与国家治理指数的回归结果（滞后期）

变量	(1) 估计系数（T值）	(2) 估计系数（T值）	(3) 估计系数（T值）	(4) 估计系数（T值）
Constant	54. 856 *** (3. 672)	67. 189 *** (4. 896)	55. 151 *** (3. 736)	
Examine	0. 877 ** (1. 965)			
Examine * Year	0. 785 *** (8. 751)			
Detect		0. 389 (1. 293)		
Detect * Year		0. 402 *** (8. 513)		
Propose			0. 873 * (1. 955)	
Propose * Year			0. 724 *** (8. 515)	
Punish				0. 725 ** (2. 489)
Punish * Year				0. 393 *** (6. 604)
GDP	3. 650 ** (2. 506)	3. 320 ** (2. 279)	3. 858 *** (2. 600)	3. 170 ** (2. 230)
Market	0. 715 *** (2. 872)	0. 712 *** (2. 816)	0. 659 *** (2. 594)	0. 659 *** (2. 635)
Wage	− 7. 836 *** (− 4. 628)	− 8. 719 *** (− 5. 102)	− 0. 026 (− 0. 058)	− 7. 930 *** (− 4. 684)
Edu	− 0. 067 (− 0. 153)	− 0. 180 (− 0. 386)	− 0. 026 (− 0. 058)	− 0. 008 (− 0. 018)
Gsize	− 1. 378 ** (− 2. 086)	− 0. 667 (− 1. 173)	− 1. 358 ** (− 2. 021)	− 0. 992 * (− 1. 779)
N	279	279	279	279
Adj. R^2	0. 384	0. 369	0. 376	0. 388
Durbin – Watson	2. 057	2. 087	2. 049	2. 069
F	25. 740	24. 175	24. 893	26. 167

注：*** 代表1% 水平上显著，** 代表5% 水平上显著，* 代表10% 水平上显著。

（2）剔除异常值。由于西藏自治区存在部分数据异常（李丹、裴育，2016；崔雯雯、郑伟、李宁，2018），为保证回归结果的稳健性，此部分剔除西藏自治区数据，仅对 30 个省份进行回归分析，对模型进行再次验证，主要研究结论不变，结果见表 3－14 和表 3－15。

表 3－14　　　　　国家审计与国家治理指数的回归结果（剔除西藏样本）

变量	（1）估计系数（T 值）	（2）估计系数（T 值）	（3）估计系数（T 值）	（4）估计系数（T 值）
Constant	-76.893 *** （-7.304）	-54.888 *** （-5.537）	-70.384 *** （-6.800）	-56.758 *** （-5.923）
Examine	3.308 *** （4.166）			
Detect		2.484 *** （4.938）		
Propose			2.508 *** （3.216）	
Punish				2.124 *** （6.457）
GDP	4.864 *** （3.107）	4.257 *** （2.740）	5.315 *** （3.348）	3.866 ** （2.550）
Market	-0.678 *** （-3.110）	-0.870 *** （-4.161）	-0.833 *** （-3.881）	-0.766 *** （-3.744）
Wage	2.027 （1.226）	0.261 （0.153）	1.530 （0.893）	1.232 （0.770）
Edu	0.411 （0.658）	-0.874 （-1.554）	0.150 （0.238）	-0.292 （-0.531）
Gsize	-1.417 （-1.466）	-0.564 （-0.786）	-0.684 （-0.694）	-0.605 （-0.969）
N	300	300	300	300
Adj. R^2	0.254	0.271	0.237	0.308
Durbin－Watson	2.007	2.113	2.004	2.051
F	17.987	19.500	16.477	23.228

注：*** 代表 1% 水平上显著，** 代表 5% 水平上显著，* 代表 10% 水平上显著。

表 3 – 15　　　　　2013 年前后国家审计与国家治理指数的回归结果（剔除西藏样本）

变量	(1)	(2)	(3)	(4)
	估计系数（T值）	估计系数（T值）	估计系数（T值）	估计系数（T值）
Constant	− 19. 548 （ − 1. 528）	− 8. 771 （ − 0. 726）	− 14. 108 （ − 1. 125）	− 15. 628 （ − 1. 266）
Examine	2. 363 *** （3. 153）			
Examine * Year	0. 638 *** （6. 946）			
Detect		1. 384 *** （2. 721）		
Detect * Year		0. 297 *** （6. 037）		
Propose			1. 777 ** （2. 431）	
Propose * Year			0. 607 *** （6. 969）	
Punish				1. 175 *** （3. 187）
Punish * Year				0. 296 *** （5. 002）
GDP	5. 963 *** （4. 082）	5. 633 *** （3. 793）	6. 359 *** （4. 297）	5. 204 *** （3. 512）
Market	− 0. 387 * （ − 1. 873）	− 0. 586 *** （ − 2. 887）	− 0. 505 ** （ − 2. 466）	− 0. 553 *** （ − 2. 748）
Wage	− 3. 542 ** （ − 2. 047）	− 3. 965 ** （ − 2. 254）	− 4. 020 ** （ − 2. 261）	− 2. 737 （ − 1. 582）
Edu	− 0. 145 （ − 0. 249）	− 1. 126 ** （ − 2. 114）	− 0. 345 （ − 0. 589）	− 0. 708 （ − 1. 325）
Gsize	− 1. 580 * （ − 1. 761）	− 0. 360 （ − 0. 531）	− 1. 048 （ − 1. 145）	− 0. 284 （ − 0. 471）
N	300	300	300	300
Adj. R^2	0. 358	0. 349	0. 344	0. 361
Durbin – Watson	2. 042	2. 102	2. 045	2. 052
F	24. 794	23. 943	23. 353	25. 117

注：***代表1%水平上显著，**代表5%水平上显著，*代表10%水平上显著。

3.4.4　实证结论

本书运用 2007~2016 年《中国审计年鉴》中我国 31 个省份的样本，考察了现阶段国家审计提升国家治理指数的作用。研究发现，国家审计的审计立项、审计发现、审计建议和审计处罚均在提升国家治理指数方面发挥了积极的效应，且在 2013 年以后，国家审计对于国家治理指数的促进作用更强。因此，有必要继续有效发挥国家审计的"免疫系统"功能（崔雯雯、郑伟、李宁，2018），为进一步提升国家治理能力做出突出贡献。

第 4 章

审计清单制度下审计关系人
之间的博弈与模型构建

设置审计清单的目的是分析问题和解决问题，期望通过社会舆论（尤其是媒体和互联网），推动审计整改的深入和行政问责的强化，在社会共治的大背景下，强化审计在社会共治中的信息传递和监督威慑。

在审计清单制度下，国家审计中的审计关系人主要由以下几类构成：（1）审计委托人，主要是党、政府和人大常委会，甚至包括全体人民；（2）被审计人，主要包括政府以及所属机构和受托经营管理的部门、企业等；（3）审计人，包括各级审计机关和审计机关具体负责审计业务的各类审计人员。

在国家审计活动中，各审计关系人都是有限理性的经济人，审计委托人、被审计人以及审计人之间都存在各自不同的利益诉求，在审计中都在追逐自己的利益，彼此之间便会形成某种程度上的博弈；而对于国家审计机关公开或提交的审计清单，应该是审计委托人、审计人和被审计人之间相互博弈达到均衡后的最终结果，是各方利益平衡的产物。

4.1 审计人与审计委托人之间的博弈

4.1.1 我国审计人与审计委托人的定位与特色

我国的国家审计是建立在国家基本法层面上的审计。《宪法》《审计法》和其他法律法规确立了国家审计的法律地位。2018 年 5 月以来，根据党中央的要求，成立了中共中央审计委员会及省市各级审计委员会，由习近平出任中央审计委员会主任。中国共产党中央审计委员会的主要职责是，研究提出并组织实施在审计领域坚持党的领导、加强党的建设方针政策，审议审计监督重大政策和改革方案，审议年度中央预算执行和其他财政支出情况审计报告，审议决策审计监督其他重大事项等。这是国家审计机制的重大变革，启动了我国国家审计机制的转型和新发展。至此，我国新的国家审计组织管理体系已经形成（见图4-1）。

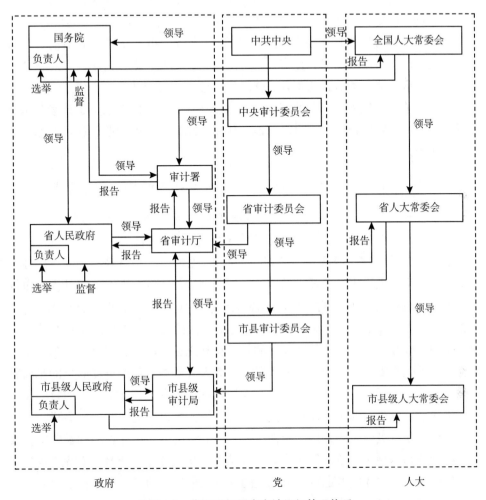

图4-1　我国现行国家审计组织管理体系

因此，在我国国家审计中，审计委托人从形式上看是各级审计委员会、各级政府，实际的委托人则是各级党委和人大常委会，党委和人大常委会将审计监督工作委托给各级审计委员会和各级政府，审计委员会和各级政府又将具体的审计工作委托给审计工作的最终执行者——各级审计机关及其中的审计人员，即审计人。审计委托人委托各级审计机关的审计人员监督公共机构的运行。

审计体系中，中央审计委员会及其下属机构代表党对政府及其部门的行为进行监督，保证党执政方针的贯彻执行；人大常委会代表人民对政府部门的行为进行监督，保证全体人民的利益，确保共产党的领导和全体人民意志的实现。国务院下属的审计署及其下属机构，通过行使审计监督权，可以确保党的领导和人民意志的实现。所以，审计署及其地方审计机关同时接受同级审计委员会和人大监督，审计结果同时应当向上级机关和同级政府进行汇报。在社会共治的大环境下，各级审计机关还应接受其他有关机关的监督，因此，审计清单就具有重要的现实意义。审计清单的披露为审计工作的后续整改、社会共治等提供了素材和平台，审计清单不仅仅关注问题的产生，更期望在社会共治的背景下，让参与审计监督的各个利益团体都能发挥自己的能动作用，跟进后续的整改，让审计监督有效发挥作用。

4.1.2 我国特定情境下审计人与审计委托人的博弈关系分析

基于"理性经济人"假设，无论出于任何领域，被假设为"理性经济人"的机构或个人都会选择更能实现自我偏好的那些行动或行为，在国家审计过程中，审计人也是"理性经济人"，因此，他们首先考虑的是自身的利益。跟经济领域一样，审计人受审计委托人的委托，帮助其进行监管，那么，审计人和审计委托人之间也存在委托代理的关系。在这个委托代理关系中，审计委托人——各级党委和人大常委会①，代表的是人民的利益，党代表的是先进的思想和执政理念，党中央作为审计委托人的委托目的是监督其先进的领导思想是否得到了贯彻和执行，人大常委代表的是全体人民，各级人大常委会委托审计的目的是监督人民利益是否受损。总的来说，在这个委托代理关系中，审计委托人的目的是希望先进的方针政策能够很好地贯彻执行，为全体人民谋求更高的社会福利。

审计人受各级政府的直接领导，因此，一般情况下，审计人的利益跟审计委托人的利益基本趋于一致，但在"理性经济人"的假设下，审计人首先考虑的是自身的利益，其次才能考虑审计委托人的利益。审计人的利益主要在于个人工作量的大小和个人工作的难易。由于信息不对称，审计委托人对具体的审计工作量和审计工作流程无法进行监督，也不能知道审计工作具体是如何展开的。在信息不对称的情况下，审计委托人如果也没有其他激励措施，只是按照工作时间长短进行激励，这时，审计人就有可能先照顾自身的利益，表现为对审计工作敷衍了

① 这里讨论的是审计的直接委托人，在确立党对审计的领导地位以后，党就成为审计的直接委托人；而人大对审计的委托是通过法律的授权实施的，这是审计机关代表政府向人大报告审计工作情况的基础。实际上，政府作为我国审计机关的主管机构，它的审计委托人的地位也是肯定的；由于此类问题的探讨比较多，此处略去相关内容。

事，草草结束，实现其自身利益最大化，不再认真负责地将审计委托人的委托工作放在第一位。

解决委托代理问题最为有效的两种方式为激励和监督。也就是说，如果要解决审计委托人和审计人之间的委托代理问题，一种方案是考虑激励机制的设立，用更成熟、更好的激励机制来解决委托代理问题，但是，由于国家审计的特殊性，审计人本身也是国家工作人员，因此，激励机制的改变是一个比较漫长的过程，并且，激励机制的改变涉及政府整体利益的分割，较难实施。如果提升激励机制，势必导致更高的审计成本，社会利益同样要受损，所以，本书并未涉及激励机制改进的内容。另一种方案是实施更好的监督机制，这在社会共治的背景下是十分重要的举措。更好的监督机制可以由审计清单展开，对审计结果进行清单式的公告。公告不公告，以什么形式公告，点名还是不点名的公告，其监督效果有很大的差异。但审计清单的监督仅仅是监督机制加强的一个开端，背后的社会共治环境才能更好地加强审计清单的监督作用。因此，对于审计委托人和审计人来说，审计清单公布的目的是改善这两者之间的委托代理关系。审计清单制度的存在，给审计人一个信号，如果审计人从自身利益出发，没有努力开展审计工作，审计清单的公布，就会将其工作结果公之于众，如果企业后续出现较大的经济问题，审计人也会被牵连，自身利益（主要是声誉）会受损，因此，审计人在有审计清单制度的情况下，接收到了这个监督信号，出于自身长远利益的考虑，其努力程度会有所加强。

因此，在现实中，审计委托人有两种策略可以选择，监督和不监督；审计机关及其人员也有两种策略可以选择，努力工作和不努力工作。

4.1.3　我国特定情境下审计人与审计委托人的博弈模型

在我国，行政体制主导下的审计委托人主要是政府，当政府需要审计的功能时，政府的负责人由于没有更多时间以及缺乏相关专业经验，就需要委托审计机关进行监督，政府和审计机关之间的委托代理关系由此产生。审计机关希望通过审计监督的实施，来达到自己的利益最大化，利用最小的审计成本得到最大的审计收益，或者利用自己的信息优势，谋取更多的利益（比如某些审计人员收受贿赂或者与被审计人合谋）。因此，在这个委托代理关系中，审计人利用自己的信息优势获取更多的收益，审计委托人处于信息劣势，极有可能在委托代理关系中利益受损，审计人使自己的利益最大化时，往往会忽略审计委托人的意愿，从而损害审计委托人的利益，这时，委托代理的矛盾就产生了。

在这个委托代理关系中，政府是审计委托人，通过人大的授权，代表的是国家公民利益，虽然所有公民只是一个抽象的概念，但是可以肯定的是，所有公民都是国家审计产品的"消费者"。当全体人民每个人的效用最大化时，全体人民的效用函数就得到最大化，这时政府效用也最大。由此可见，政府机关是受全体公民委托的，是代表全体公民利益的。全体公民是一个抽象的概念，不确指哪一个公民，因此，全体公民整体上都是国家审计机关的最终委托人，是国家审计这个公共物品的"最终消费者"，通过每个公民的"消费者效用函数"累加得到国家审计这个公共物品的使用效用。累加的结果就是各级政府（委托人）的效用函数。设 U_1 是各级政府的效用水平，A 代表国家审计这项公共物品的使用效益，E 代表审计机关的工作努力程度。一定监管成本下的各级政府的利益最大化，可以表示为公共资源使用效益最大化：即 $U_1 = A(E) = BE$，其中 B 为常数。

各级政府的利益水平取决于公共资源的使用效益，而公共资源的使用效益与审计机关的努力程度有关，即 U_1 是 E 的严格递增函数，因此，各级政府的效益水平也是审计机关努力程度的严格递增函数，也就是说，审计机关越努力，各级政府的效用水平会越高。

在信息对称的条件下，没有委托代理问题的出现，审计委托人和审计人的利益一致，审计委托人通过设计最优审计合同，也就是激励计划，就可以使审计人的目标与审计委托人的目标一致。但在信息不对称的条件下，就会出现委托代理问题，审计人和审计委托人的利益相左，审计人会利用自己的信息优势优先"利己"，这时审计人的利益目标函数会偏离审计委托人的利益最大化目标，优先满足审计人的需求和利益。也就是说，审计人不再追求政府和人民的利益最大化，转而追求自身效用的最大化。设 U_2 是审计人（审计机关）的效用，R 代表政府审计的成本，也就是审计机关在审计中取得的收入，在没有激励措施也没有监督的情况下，R 是一个常数，也就是说，在没有监督也没有激励的情况下，审计人从审计工作中得到的收益是一个确定的值，跟他的努力程度没有关系，即审计机构和审计人员的工资是一个确定的金额，不因其努力与否而改变。当审计人是一个"理性经济人"的情况下，审计人会权衡利弊，工作努力或不努力，都没有任何额外的收益，这时候，则审计人有可能选择增加个人的收益，即在审计工作中只执行一般的审计程序，不会努力工作，因为努力工作没有任何额外的收益。在这种情况下，审计人的效用函数可以表示为：$U_2 = R$。

审计委托人和审计人之间的矛盾就产生于此，只要审计人是一个"理性经济人"，就没有动力去更加努力地工作，甚至还会为了增加个人的收益偷工减料，审计人不努力工作，公共资源的使用效益就会很差，导致审计委托人的利益受损，即人民的利益受损。

可以通过两种方法解决这个矛盾，激励和监督，也就是通过激励，给审计人的效用函数增加参数，使得审计人的效用函数不再是一个常数项，而变成一个跟审计人的努力有关的函数，这样，可以使得审计人和审计委托人的效益趋于一致，都变成跟审计人努力相关的函数，只要审计人的收益变成一个关于审计人努力程度的严格递增函数，审计人的收益和审计委托人的收益就会一致，都和审计人的努力有关，这样，委托代理问题得以解决，审计人努力的时候，审计委托人和审计人自己的效用函数都会增加。审计人是"理性经济人"时，就会遵循这样的规律来工作。假设审计委托人给了审计人一个激励，这个激励跟审计人的努力有关，从这个激励中，审计人能获取的效用为 U_3，这个 U_3 的效用，跟审计人的努力有关，则可以得到关于 U_3 的效用函数 $U_3 = CE$，其中 C 为常数，那么这时，审计人的效用函数就变成了 $U_2 = R + U_3 = R + CE$，当 E 增加时，U_2 也会增加，从而解决委托代理问题。但是在审计人和审计委托人的委托代理关系中，激励制度用得极少，这是因为，在 U_3 的效用函数中审计委托人和审计人之间的信息是不对称的，审计委托人无法确认审计人是否努力，因此，也无法根据其努力程度相应给出让审计人满意的激励制度，也就是说，U_3 的效用函数中其实还有一个参数是审计委托人对其努力程度的认可，如果这个参数设为 D，$U_3 = CED$，这时，审计人的效用记为 U_{2*}，$U_{2*} = R + U_3 = R + CED$，由于信息不对称，$D$ 这个参数无法确认，因此，想通过激励的方式去完全解决委托代理问题基本不能实现。

审计清单是监督机制的一种，这里重点讨论监督机制。审计清单的监督作用主要在于如果审计人工作不努力，审计清单进行披露之后，如果没有点名批评主要问题，在社会共治背景下，其他监督主体对该问题进行曝光，政府的声誉会受到影响，审计人员会受到一定的处罚，因此，审计人员的效用会通过审计清单制度变小。将这个新的效用记为 U_{2*}，$U_{2*} = R - F + FE$，其中 F 变量表示当审计人的工作不努力时，在审计清单制度下，审计人因为受到处罚而降低的效用（F 是一个正值参数）。E 表示审计人员的努力程度，这个努力程度的取值范围是 $[0, 1]$，0 为不努力，1 为最努力。这样的话，当审计人员的努力程度为 0 时，审计人的效用会变成 $R - F$，由于 F 为正，所以审计人得到的效用是小于没有监督机制时的效用，审计人的效用有损失，因此，审计人会努力工作，使自己的效用升高。当审计人员的努力程度为 1 时，他的效用为 R，才能和没有监督机制时的效用一样，因此，在审计清单监督机制下，审计人员在没有激励的情况下，依然会提高自己的工作努力程度来提升自己的效用。审计清单的存在能使审计人将自己的利益和政府的利益看成一个整体，在审计人努力的时候，自身的效用和政府的效用可以同步增大，这样就可以解决委托代理的问题。

那么，进一步进行分析，审计清单的监督效用对于政府来说，应该在一个什么样的水平呢？本书考虑一个静态模型：假定审计人是"理性经济人"，他的效用函数为 $U(w, e) = w - C(e)$。这里，w 是审计人的固定工资，e 是审计人的努力水平，$C(e)$ 是成本函数并单调递增，且 $C(0) = 0$。可以看出这个函数的一些性质，如果审计人的工资是一个固定工资 w，那么审计人越努力，他的成本就越高，他自己的效用就越低。假设审计人的努力程度取值范围为 $[0, 1]$，0 为不努力，1 为最努力。既定审计委托人最多只能观察到审计人是否努力，没有其他的有用信息作为奖惩审计人的依据。因此，当审计委托人无法知道审计人是否努力的情况下，审计委托人就无法设置合适的奖惩机制，只能给审计人一个平均的固定工资，不会有其他的激励机制。令 p 为审计人不努力工作时审计委托人发现审计人不努力工作的概率，假设这个概率没有其他因素影响，那么，如果审计人并没有将自己的利益放在第一位，而是恪尽职守努力工作，工资为 w，努力的成本为 $C(1)$，这时，审计人的总效用就为 $U(w, 1) = w - C(1)$。如果审计人将自身的利益放在第一位，为了使自身效用最大化而不努力工作，在审计清单制度下，会有其他的社会监督机构存在，其他社会监督机构通过审计清单的点名列举问题，发现审计人偷懒，审计人的声誉会受损，这种情况下，本来固定的工资也会因为声誉受损而变少，这个变少的原因有可能是付出了其他声誉成本或者被审计委托人扣减。将扣减过的固定工资称为保留工资，设为 w_0，总效用为 $U(w_0, 0) = w_0$，如果审计人将自己的利益放在第一位，不努力工作但是没有被审计委托人发现，那么他得到的工资还是固定工资 w，审计人的自身总效用为 $U(w, 0) = w$。可以计算审计人选择不努力工作的期望效用，这个期望效用为 $pw_0 + (1 - p)w$。也就是说，当审计人努力工作时的效用大于这个期望效用，即当且仅当 $w - C(1) \geq pw_0 + (1 - p)w$ 这个条件成立时，审计人才会选择努力工作 ($a = 1$)，而不是不努力工作 ($a = 0$)，因此，$w(p) \geq w_0 + C(1)/p$，即只要审计委托人不能对审计人展开完全有效的监督（即 $p < 1$）时，审计委托人为了保证审计人能按照自己的意愿努力工作，审计委托人所要支付给审计人的工资就必须大于审计人的保留工资，这样审计人才有动力努力工作。并且，监督越困难（即 p 越小），审计委托人需要支付给审计人的工资就越高，如果这个监督完全没有可能（即 $p = 0$），那么审计人在任何工资水平下都无法得到有效激励，也不会按照审计委托人的意愿努力工作。

审计清单制度在这个委托代理关系中发挥的作用主要是对 p 取值的影响，那么，它是如何影响 p 的取值呢？p 值与委托人的监督是否有效有关，增加审计清单制度，就是增加在监督方面的投入，有了审计清单，委托人的 p 值会升高。令 $M(p)$ 为 p 的成本函数（表示花在审计清单方面的人力、资源、时间等），假定这个函数是单调递增的，且 $M(0)=0$，$M(1)=\infty$，也就是 p 越高，成本越大，并且 p 的边际成本是递增的。$M(0)=0$ 说明如果没有审计清单的监督制度，或者没有审计清单制度的投入，审计人不履约或者不努力工作被发现的概率就为 0。$M(1)=+\infty$ 说明，如果想让审计清单制度下审计人不努力工作被发现的概率达到 1，也就是只要他不努力，就会被发现，这个成本是无穷的。这时审计委托人——政府的代理成本包括两个部分，一部分是被审计人给审计人的"贿赂金"，我们记为 Δa，这个 Δa 是 p 的函数。其余"贿赂金"不变；另一部分是监督成本 $M(p)$。

可以得到这样的结论：p 值的升高可以节约"贿赂金"，但是，如果"贿赂金"节约，在审计清单上所花费的成本就要提升。那么，如果总代理成本要最小化，$AC(p)=(1-p)/pC(1)+M(P)$，对其求导，令导数等于 0：$-1/p^2C(1)=0$，在这个公式中，第一项为提高 p 的边际收益，第二项为提高 p 的边际成本，最优点出现在它们相等的位置。那么，可以解出相应的最优位置，如图 4-2 所示。

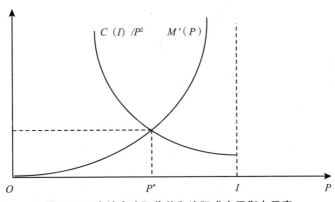

图 4-2　审计人边际收益和边际成本平衡点示意

边际收益曲线向下倾斜，边际成本曲线向上倾斜，在最优点时，边际收益等于边际成本，由于 $C(1)$ 越高，对于任何给定的 p，被审计人要支付的"贿赂金"也越高，监督带来的边际收益也越高。因此，当审计人的努力程度 $C(1)$ 越高，最优的 p 也越高。

由上述分析可以看出，在审计委托人与审计人的博弈中，加强监督作用是解决这个委托代理关系的主要方法，审计清单在这个委托代理关系中主要通过影响 P（审计人不努力工作的情况下审计委托人发现审计人不努力工作的概率）的取值来解决这个委托代理问题。

4.2 审计人与被审计人之间的博弈

4.2.1 我国国家审计的审计人与被审计人的定位与特色

在我国的国家审计中，被审计人指的是受托管理公共资金收支与项目的部门或个人①。这些部门或个人也是有限理性的"经济人"，他们在委托代理关系中占有信息优势。他们能利用这个优势，寻找制度中的不完备之处，展开寻租活动，谋求个人私利。审计委托人委托国家审计机关进行审计，国家审计机关就是监督人，国家审计机关的存在是为了解决审计委托人和被审计人之间的委托代理矛盾，国家审计机关受审计委托人的委托展开审计，目的是监督被审计人（代理人）的工作是否按照委托人的意愿展开。在审计结束后，被审计人会通过审计清单公布的所发现的问题，在社会共治力量的督促下进行审计整改。审计清单在这个过程中增强了社会监督和后期整改的效用。

审计机关确定了审计对象（被审计人）后，审计工作的完成主要是靠审计机关外派的审计人员。在审计关系中，审计机关与审计人员之间实际上也存在着一种委托代理关系。虽然审计机关是真正意义上的审计人，但实际执行审计业务的是一个个具体的审计人员。审计机关并不是被审计人的直接监督人，只能通过审计人员来反馈信息；相对于审计人员来说，审计机关信息处于劣势，在这个委托代理关系中，参与审计的一线审计人员是信息的优势方，因此，一线审计人员是这个关系中的代理人，而审计机关是委托人，他们也各有自己的效用，后文将对这个委托代理关系进行详细的分析。在这一组委托代理关系论述中，将审计委托人和审计人视作一个利益群体，在审计人与被审计人之间的博弈关系中，博弈的双方：一方是审计机关（审计人）以及承担审计业务的审计人员；另一方是公共管理机构或个人（被审计人）。

在这个博弈中，审计机关和审计人员是监督方，公共管理机构或个人是被监督方，审计清单制度的运行，对这两者之间关系的作用主要在于协助监督方使监督的效用更高。作为监督方，审计机关和审计人员会以一个概率选择监督或者不监督，而被审计人会以一个概率来选择自己违规与不违规，审计清单制

---

① 在审计关系中，一般意义上的被审计人是单位；在经济责任审计中，是将个人的履行经济责任情况作为审计的内容，其实个人也可以成为被审计人。

度的运行，增强了审计监督的力度，使被审计人的违规概率下降，以此来提升
监督的效用。

4.2.2　我国特定情境下审计人与被审计人的博弈关系分析

在审计人与被审计人的博弈中，审计人的纯策略选择是进行审计或不进行审
计，被审计人的纯策略选择是违规或者不违规。表 4-1 概括了对应不同纯策略
组合的支付矩阵。这里 a 是被审计单位如果违规得到的额外收益，也就是违规的
金额，当它违规被查处时，这个额外的收益就会被审计机关获得。C 是审计成
本，F 是被检查出问题并通过审计清单披露后，被审计人的损失。假设 $C < a +
F$。在这个假设中，存在混合策略纳什均衡可以求解。

表 4-1　　　　　　　　　　　审计人与被审计人博弈矩阵（1）

项目		被审计人	
		违规	不违规
审计人	监督	$a - C + F$，$-F$	$-C$，0
	不监督	0，a	0，0

用 p 来表示审计人监督被审计人的概率，用 q 来表示被审计人违规的概率。
给定 q，审计人选择监督（$p=1$）和不监督（$p=0$）的期望收益分别为 $U_{审}(1,
q) = (a - C + F)q + (-C)(1-q) = (a+F)q - C$；$U_{审}(0, q) = 0$，令 $U_{审}(1,
q) = U_{审}(0, q)$ 得到均衡点：$q^* = C/(a+F)$，即如果被审计人违规的概率小于
$C/(a+F)$，不监督是审计机关的最优策略；如果被审计人违规的概率等于
$C/(a+F)$，审计人选择监督与不监督是一个随机事件。当给定监督的概率为 p
时，被审计人选择违规或者不违规的期望收益分别为：$U_{被审}(p, 1) = -(a+F)p +
a(1-p) = -(a+F)p + a$；$U_{被审}(p, 0) = 0$，令 $U_{被审}(p, 1) = U_{被审}(p, 0)$，得到
均衡点：$p^* = a/(a+F)$。即当审计人以小于 $a/(a+F)$ 的概率检查，违规就是
被审计人的最优选择；当审计人以大于 $a/(a+F)$ 的概率检查，不违规就是被审
计人的最优策略；当审计人以等于 $a/(a+F)$ 的概率检查，被审计人不会刻意地
选择违规或者不违规，而是随机地选择违规或者不违规，也可能有其他未被考虑
的因素影响其选择。

因此，在这个混合策略中存在纳什均衡，纳什均衡点为：$q^* = C/(a+F)$，
$p^* = a/(a+F)$，也就是说，审计人在这个均衡中监督的概率为 $a/(a+F)$，被审
计人在这个均衡中违规的概率为 $C/(a+F)$。这个纳什均衡点的存在与参数监督

成本 C、违规的额外收益 a、对违规的惩罚 F 有关。审计人对违规的惩罚越重，被审计人违规的额外收益越多，被审计人违规的概率就越小；监督成本越高，被审计人违规的概率就越大。这里似乎有一个奇怪的现象：为什么违规的额外收益多，被审计人违规的概率反而小呢？因为额外收益越多，审计人选择审计的概率会越大，弄虚作假的违规行为被发现的概率就会越大，因此其反而不敢违规。当审计成本很高时，也就是审计工作的展开很困难，取得证据的成本很高时，被审计人觉得审计人很难对其进行监督和检查，这个成本非常高的时候，被审计人的违规概率就会变大。审计清单制度的实施，一般有前馈控制的效应，也就是当被审计人知道自己的审计结果会以清单的形式进行列示，另有后续的整改部门介入监督和检查，如果不配合审计，使得审计成本升高，导致国家审计的审计结果出现异常（比如无法发表意见等），那么，被审计人会接受更为严格的审计和调查，受到处罚的可能性就会越高。也就是说，被审计人越不配合，使得审计成本升高，审计人越会对他产生怀疑，被审计清单进行点名的概率就越高，后期整改和接受处罚的成本就越高。因此，审计清单在这样一个博弈关系中，主要是依靠其前馈控制的作用，使被审计人明白，如果违规，其被抽查的概率就会高，被审计清单点名的概率也会高，付出的成本也会很大，从而降低其违规的概率。

4.2.3 我国特定情境下审计人与被审计人的博弈模型

上文对审计人和被审计人的一般博弈情况进行了分析，并探讨了审计清单在这个博弈中所起到的作用，但在分析时假设审计人和被审计人都没有进行串谋，也就是他们只根据对方的情况来做出自己最优的决定，并没有考虑审计人和被审计人合谋的情况，也就是被审计人为了保住自己的额外收益，可能会 "贿赂" 审计人，这时，被审计人还是原来的两种纯策略选择：违规、不违规；但作为审计人，应对策略选择就变为：合规或合谋，也就是坚持原则努力工作，或接受被审计人的 "贿赂"。当被审计人的行为不违规的时候，其实不会 "贿赂" 审计人，因此，审计人也不会有额外的收益，他的策略只有一种，就是合规审计。假定发生正常审计的成本为 C，则审计人的效用是支付了审计成本，没有任何额外收益，即其收益为 $-C$，被审计人由于没有违规行为，所以也没有收益，其收益为 0；当被审计人违规时，会得到违规带来的额外收益 a，被审计人如果不想自己的违规行为被发现，也不想承担违规行为被披露在审计清单后的一系列整改成本，就会把自己得到的额外收益 a 跟审计人分享，也就是 "贿赂" 审计人，审计人面对这样的 "贿赂" 时，有两个策略，合规或者合谋，当审计人拒绝 "贿赂" 而选择合规时，其除了发生正常审计成本 C 之外，会因为不和被审计人合谋，而在审计进行中使得审计成本升高发生额外成本，将这个额外的成本记为 ΔC，这时，审计人员的成本就变为 $C + \Delta C$，它的收益为 $-(C + \Delta C)$。而被审计人的收益取决于处罚的金额 F 和被发现的概率 P。当审计人接受"贿赂"，与被审计人合谋时，被审计人会将自己的额外收益分给审计人一部分，审计人的额外收益为 a'，被审计人的收益就为 $a - a'$。这时，双方合谋被发现的概率为 $p'(p' < p)$。假设审计人因合谋被发现而产生的损失为 F'，被审计人因违规和与审计人合谋被查处而承担的损失为 F，可得出如下博弈矩阵（见表 4-2）。

表 4-2　　　　　　　　　　审计人与被审计人博弈矩阵（2）

项目		被审计人	
		违规	不违规
审计人	合规	$-(C + \Delta C)$, $a - Fp$	$-C$, 0
	合谋	$a' - C - F'p'$, $a - a' - Fp'$	$-C$, 0

用 θ 代表被审计人违规的概率，γ 是审计人员接受贿赂进行合谋审计的概率。给定 γ，则被审计人员选择违规（$\theta = 1$）和不违规（$\theta = 0$）的期望收益分别为：

$$U_{被审}(1, \gamma) = (a - Fp)\gamma + [(a - a') - Fp'](1 - \gamma)$$
$$= a\gamma - Fp\gamma + (a - a') - \gamma(a - a') - Fp + Fp'\gamma$$
$$= (Fp' - Fp + a')\gamma + a - a' - Fp' \tag{4.1}$$
$$U_{被审}(0, \gamma) = 0\gamma + 0(1 - \gamma) = 0 \tag{4.2}$$

令 $U_{被审}(1, \gamma) = U_{被审}(0, \gamma)$，解得均衡点时 $\gamma^* = \dfrac{Fp' - (a - a')}{a' + Fp' - Fp}$，即如果被审计人违规的概率小于 γ^*，审计人的最优选择是合谋审计，而被审计人违规的概率大于 γ^*，审计人的最优选择是合规审计。在均衡点上的概率取决于：F（被审计人违规的惩罚）、p（被审计人违规被发现的概率）、p'（合谋被发现的概率）、a（被审计人违规的收益）、a'（审计人合谋的收益）。当实施审计清单制度的时候，审计清单的作用是让这个均衡点变低，使得审计人合谋的概率变小。在这个均衡位置，审计清单制度可以影响的变量是 F、a'，没有审计清单制度以前，被审计人违规的处罚主要是行政处罚，审计清单制度实施后，在全民共治的背景下，有其他相关监督部门对审计的结果进行后续的整改和监督，比如启动司法程序进行监督或移交司法机关进行处理，更进一步，其他利益相关人可能因为审计清单的点名批评，中止与被审计人的合作，这些都是没有审计清单制度之前所没有的影响，这些影响都是 F 变量的定义范围。将审计清单制度下的进一步惩罚成本设为 ΔF，审计清单制度下，惩罚比以前更甚。a' 是审计人合谋时收到的额外收益，这个收益是被审计人从自己的额外收益 a 中分给审计人的"贿赂金"。因此 $a' < a$，有了审计清单制度之后，被审计人明白被查处的后果很严重，后期付出的成本会很高，因此，被审计人支付给审计人的"贿赂金"也会升高，所以，在审计清单制度实施之后，被审计人需要付出更多的成本才能得到合谋的结果。这个"贿赂金"的升高值设为 Δa。在均衡点 γ^* 的取值中，当审计清单制度实施时，F 会变成 $F + \Delta F$，a' 变为 $a' + \Delta a$，因此，分母的增加值为 $\Delta a + \Delta F(p' - p)$；分子的增加值为 $\Delta F p' + \Delta a$，由于分母的增加量大于分子的增加量，因此，当审计清单制度实施的时候，γ^* 的均衡位置会有所下降，也就是说，合谋审计的可能性下降，而合规审计的可能性上升。

而当给定 θ 时，审计人的策略是一个纯策略，如果被审计人不违规，审计人其实不会进行合谋审计，也就是合谋和合规审计的效用一样。而被审计人违规时，对审计人来说，合规审计的效用为：$-(C + \Delta C)$，合谋审计的效用为：$a' - C - F'p'$。在这个博弈关系中，约掉相同的 $-C$ 项，比较的是合规审计时 ΔC 的收益和合谋审计时 $a' - F'p'$ 的收益，由于合谋收益中有一个合谋被发现的惩罚参数为 F'，合谋被发现后，有审计清单制度进行点名批评，对审计人的惩罚不仅包括经济上的损失（罚款），还包括非常重要的声誉损失（降职或者开除），声誉损失的成本非常高，因此，在这个博弈中，审计清单的作用主要是使得 F' 中的声誉损失成本增大，这个损失是一个非常高的值，也就是说，如果合谋被发现，由于审计清单制度的存在，使得 F' 中的声誉损失变得非常高，高到审计人员无法承受的地步，从而使得合谋审计的效用 $a' - C - F'p'$ 大大小于合规审计的效用 $-(C + \Delta C)$。因此，在审计清单制度下，审计人只要是"理性经济人"，在这个博弈中永远选择合规审计，因为合谋审计一旦被发现，效用远远低于合规审计。对于被审计人来说，如果要让审计人跟其合谋，需要满足 $\Delta C < a' - F'p'$，即 $F' * p' - \Delta C < a'$，被审计人需要将自己在违规中获取的收益 a 分给审计人的部分 a' 变得比惩罚成本还要高，这时候审计人才会与他合谋。而审计清单制度下，这个贿赂的成本过高，被审计人的收益微乎其微，对被审计人来说，只要被审计人是"理性经济人"，与审计人合谋的方案就是一个严格劣策略，应该选择不与审计人合谋。

综上所述，审计清单制度在审计人与被审计人的博弈中，主要通过升高对审计人的惩罚（F'）、对被审计人的惩罚（F）和升高合谋成本（贿赂金）的方式使得双方选择合规审计和增加被审计人不违规的可能性。

4.3　我国特定情境下审计人之间的博弈

4.3.1　我国审计人的具体构成与关系描述

在我国国家审计体系中，审计的最终执行是由审计委托人委托审计机关来完成的。在前面的分析中，为了简化博弈关系，设定审计人就是审计机关，实际上，审计机关并不是最终的审计执行人，最终的审计业务执行人是审计人员，审计机关只是审计人员的管理机构，因此，审计人其实包括了两类，一类是从事行政管理的审计人，另一类是实际参与审计业务的审计人。

在审计人中，两类审计人的关系也存在委托代理，审计委托人委托审计机关对被审计人进行审计，而审计机关是一个机构，具体执行审计的审计人员接受审计机关的委托开展审计工作，因此，在二者之间的委托代理关系中，审计机关是委托人，它只是名义上的审计人，而需要审计人员作为代理人参与具体的审计工作。审计机关在审计工作中处于信息劣势，并不清楚审计工作是如何具体开展的，也不清楚审计人员在工作开展过程中是否努力和勤勉。因此，审计机关需要对审计人员采取一定的管理和控制措施。审计人员在这个委托代理关系中占有一定的信息优势，其参与日常的现场审计工作，对被审计单位有充分的了解，如果产生隐瞒问题、避重就轻或者视而不见等行为，审计机关可能无法察觉；审计人员作为这种委托代理关系中的代理人，还会通过自己的自身信息优势来获取更多的个人利益，即在审计工作中表现为努力或者不努力。审计机关面对审计人员的这种行为，其可能的应对措施是高质量的监督或者低质量的监督。

4.3.2　我国特定情境下审计人博弈关系的分析

对于审计机关和审计人员的委托代理关系博弈，其过程和审计委托人与审计人之间的关系相近。一旦审计人员的工资是一个确定的值，如果审计人员希望自己的效用达到最大，会选择不努力工作。审计清单的作用是将监督成果公开化，如果审计人员工作不努力，出现了审计风险，将承担责任和接受惩罚，使得审计人员的效用降低；这时，由于不努力工作对审计人员来说效用变低，那么，审计人员就会选择努力工作来使自身效用增大。假设审计人员获得的固定工资是 a，其不努力工作被惩罚的金额为 F；审计机关高质量监督的成本为 C，低质量监督的成本为 $(C - \Delta C)$，审计人员不努力工作被发现的概率，在高质量监督下的可能性是 θ，在低质量监督下可能性是 $\gamma(\theta > \gamma)$。审计机关和审计人员的博弈矩阵如表 4 - 3 所示。

表 4 - 3 审计机关和审计人员博弈矩阵 (1)

项目		审计人员	
		努力	不努力
审计机关	高质量监督	$-C, a$	$F\theta - C, a - F\theta$
	低质量监督	$-(C - \Delta C), a$	$F\gamma - (C - \Delta C), a - F\gamma$

假设审计人员努力工作的概率为 q，审计机关高质量监督的概率是 p。给定 q，审计机关选择高质量监督（$p = 1$）和低质量监督（$p = 0$）的期望收益分别为：

$$U_{机关}(1, q) = (-C)q + (F\theta - C)(1 - q)$$
$$= (1 - q)F\theta - C \tag{4.3}$$

$$U_{机关}(0, q) = -(C - \Delta C)q + [F\gamma - (C - \Delta C)] * (1 - q) + (a - F) * (1 - q)$$
$$= -C + \Delta C + (1 - q)[a + F(1 - \gamma)] \tag{4.4}$$

令 $U_{机关}(1, q) = U_{机关}(0, q)$，解得 $q^* = 1 - [\Delta C/F\theta - F\gamma - a + F]$。即如果审计人员努力的概率大于 $1 - [\Delta C/F\theta - F\gamma - a + F]$，则审计机关的最优选择是高质量监督；如果审计人员努力工作的概率小于 $1 - [\Delta C/F\theta - F\gamma - a + F]$，则审计机关的最优选择是低质量监督；如果审计人员努力工作的概率等于 $1 - [\Delta C/F\theta - F\gamma - a + F]$，则审计机关可以随机选择高质量或低质量监督。这个概率主要取决于 ΔC 的大小。当 ΔC 升高时，这个概率会下降，也就是说，当高质量的监督和低质量监督之间成本的差值变大时，审计机关选择高质量监督的可能性会降低。在这个均衡中，由于审计清单制度的实施，审计机关的监督会有一部分由审计清单来代替。审计清单公布企业的主要问题，那么，审计机关需要加强对审计人员的监管，才能在公布的审计清单上让社会其他监督人员认为审计机关没有消极怠工。如此一来，审计机关实施高质量监督和低质量监督的成本差距就被缩小了，这样能够提升审计机关选择高质量监督的可能性，从而降低委托代理的矛盾。

给定 p，审计人员选择努力工作（$q = 1$）和不努力工作（$q = 0$）的期望收益分别为：

$$U_{人员}(1, p) = ap + a(1 - p) = a \tag{4.5}$$
$$U_{人员}(0, p) = (a - F\theta)p + (a - F\gamma)(1 - p) \tag{4.6}$$

令 $U_{人员}(1, p) = U_{人员}(0, p)$，解得均衡点为 $p^* = \gamma/(\theta - \gamma)$，即如果审计机关选择高质量监督的概率大于 $\gamma/(\theta - \gamma)$，则审计人员会选择努力工作；而审计机关选择高质量监督的概率小于 $\gamma/(\theta - \gamma)$，则审计人员会选择不努力工作；当审计机关选择高质量监督的概率等于 $\gamma/(\theta-\gamma)$，则审计人员会随机选择努力工作或者不努力工作。

审计机关选择高质量监督的概率主要取决于参数 θ 和 γ，也就是说，这两个参数之间的差值越小，审计人员选择努力工作的可能性就越大。因此，审计清单发挥作用的原理是使得高质量监督时合谋被发现的概率和低质量监督时合谋被发现的概率接近，前面分析过，在有审计清单的条件下，高质量监督和低质量监督的成本差距被缩小，因此，在基于成本考虑效用的时候，高质量监督和低质量监督的效用差变得较小，合谋被发现的概率自然也就接近，因此，两个参数之间的差值就会变小，使得审计人员选择努力工作的概率增大，不努力工作的概率变小。

综上所述，在审计机关和审计人员的初步博弈模型中，审计清单主要通过降低审计机关的监督成本差异（ΔC）来作用于均衡点，使得高质量监督和低质量监督情况下，合谋被发现的概率接近，从而达到使被审计人员选择努力工作的概率增大的目的，以此来解决委托代理关系中的矛盾。

4.3.3　我国特定情境下审计人之间的博弈模型

前文分析了审计人员努力与否的简单博弈模型，实际上，在审计实施过程中，审计人员为了让自己的效用最大化，不仅可以通过降低工作成本（不努力工作）的方式来相对增加自己的收益，也有可能还会在审计过程中跟被审计单位合谋，以收取"贿赂金"的形式获取更多的收益。在这种情况下，审计人员的行为就会变成合规审计与合谋审计两种。假设审计人员获得的固定工资是 a，其不努力工作被惩罚的金额为 F；审计机关高质量监督的成本为 C，低质量监督的成本为（$C-\Delta C$）。假设合谋审计对审计人员来说的收益为 B，当审计机关审计质量高的时候，合谋被发现的概率为 θ，当审计机关审计质量低的时候，合谋被发现的概率为 γ，（$\gamma<\theta$）。审计机关和审计人员博弈矩阵如表 4-4 所示。

表 4-4　　　　　　　　审计机关和审计人员博弈矩阵（2）

项目		审计人员	
		合规	合谋
审计机关	高质量监督	$-C,\ a$	$F\theta-C,\ a+B-F\theta$
	低质量监督	$-(C-\Delta C),\ a$	$F\gamma-(C-\Delta C),\ a+B-F\gamma$

用 q 来表示审计人员合规审计的概率，p 来表示审计机关高质量监督的概率，给定 q，审计机关选择高质量监督（$p=1$）和低质量监督（$p=0$）的期望收益分

别为：

$$U_{机关}(1, q) = (-C)q + (F\theta - C)(1 - q) = F * \theta(1 - q) - C \qquad (4.7)$$

$$U_{机关}(0, q) = -(C - \Delta C)q + [F\gamma - (C - \Delta C)](1 - q) = F\gamma(1 - q) - C + \Delta C$$

$$(4.8)$$

令 $U_{机关}(1, q) = U_{机关}(0, q)$，解出均衡点 $q^* = 1 - \Delta C/F(\theta - \gamma)$，即如果审计人员合规审计的概率大于 $1 - \Delta C/F(\theta - \gamma)$，则审计机关的最优选择是高质量监督；如果审计人员合规审计的概率小于 $1 - \Delta C/F(\theta - \gamma)$，则审计机关的最优选择是低质量监督；如果审计人员合规审计的概率等于 $1 - \Delta C/F(\theta - \gamma)$，则审计机关可以随机选择高质量或低质量监督。在这个概率中，如前文所述，审计清单的作用是降低高质量监督和低质量监督查出合谋概率的差值，还可以降低高质量监督和低质量监督的成本差异，因此，在均衡点的参数中，ΔC 和 $(\theta - \gamma)$ 的降低是同步的，审计清单的作用还有升高合谋的惩罚，也就是升高参数 F，由于审计清单制度的监督效用，能使得审计人员合谋审计所付出的成本增大，以前可能只有罚款或者降职的惩罚，现在审计清单公布审计问题后，审计人员的声誉损失成为新的成本，F 的取值大大升高。当 F 升高时，q^* 的取值也是升高的，所以，审计清单在这个均衡中的作用是升高惩罚，使得均衡点提高，进而使审计人员选择合规审计的概率升高，以此来解决这个委托代理矛盾。

给定 p，审计人员选择合规审计（$q = 1$）和合谋审计（$q = 0$）的期望收益分别为：

$$U_{人员}(1, p) = ap + a(1 - p) = a \qquad (4.9)$$

$$U_{人员}(0, p) = (a + B - F\theta)p + (a + B - F\gamma)(1 - p) = a + B - F\gamma - Fp\theta + Fp\gamma$$

$$(4.10)$$

令 $U_{人员}(1, p) = U_{人员}(0, p)$，解得均衡点为 $p^* = (B - F\gamma)/[F(\theta - \gamma)]$，即如果审计机关选择高质量监督的概率大于 $(B - F\gamma)/[F(\theta - \gamma)]$，则审计人员会选择合规审计；而审计机关选择高质量监督的概率小于 $(B - F\gamma)/[F(\theta - \gamma)]$，则审计人员会选择合谋审计；当审计机关选择高质量监督的概率等于 $(B - F\gamma)/[F(\theta - \gamma)]$，则审计人员会随机选择合规审计或合谋审计。

在这个概率中，审计清单制度实施后会造成 F 的升高，但分子分母都有 F，所以 F 的升高不会影响 p^* 的取值。但审计清单制度还会造成高质量监督和低质量监督下合谋被查出的概率差值变小，也就是分母变小，从而使得 p^* 这个均衡点升高。也就是说，审计清单制度在这项均衡中也是通过影响 $\theta - \gamma$ 这个参数来影响均衡点的位置，使得审计人员选择合规审计的可能性升高，以此来解决审计机关和审计人员这一组委托代理关系存在的问题。

综上所述，在审计机关和审计人员这一组审计人内部关系中，也存在委托代理的问题。通过审计清单制度可以缓解这个委托代理矛盾。在这个委托代理关系中，审计清单制度通过降低审计机关高质量监督和低质量监督的成本（ΔC）、合谋被发现的概率差值（$\theta - \gamma$）以及升高审计人员合谋的惩罚效用等方法，来缓和这个委托代理矛盾，使审计机关两种监督的效果趋于一致，并提高审计人员选择合规审计的可能性。

第 5 章

国家治理视角下的审计清单制度设计

实施审计清单制度是提高审计工作透明度、加强社会公众监督以及促进社会和谐发展的重要途径。本章通过对我国现阶段审计信息披露制度的缺陷分析，结合现行体制下对审计清单的需求情况，提出新的审计清单制度的理想化方案；进而对审计清单引发的审计制度创新、审计清单制度的实施条件与环境要求等进行适当分析。

5.1 我国现阶段审计信息披露制度的缺陷与审计清单的需求

审计信息披露制度的产生是国家民主与法制建设不断进步的体现，也是顺利推进审计公开制度的保障。审计信息披露制度要求审计结果向全社会公开，客观上起到制约和监督国家财政权力的作用，维护了国家和人民的利益。现阶段我国审计信息披露工作依然处于发展阶段，审计公开制度尚有待进一步完善。

5.1.1 我国目前审计信息披露的主要形式

5.1.1.1 政府审计工作报告

政府审计工作报告是我国目前审计信息披露的主要形式之一，是向本级人民代表大会常务委员会报告本级人民政府预算执行以及其他财政收支审计情况的最终载体。1996 年，第八届全国人大常委会第二十次会议正式确立了审计工作报告制度，随后发布的历年政府审计工作报告集中反映了审计工作情况和工作成果，是年度审计工作思路的综合体现，也是我国审计机关对政府加强监督服务和预算管理的重要途径。运用政府审计工作报告披露国家审计信息，有利于提高财政资金的使用效益，推动国家财政制度的完善（肖振东、吕博，2013），最终实现持续增强国家审计对有关公权力的监督和制约目标。此外，政府审计工作报告也是社会公众了解我国政府预算执行及其审计情况的重要途径，进一步促进了依法行政。

5.1.1.2　审计结果公告

从根本上讲，审计权力是至高无上的国家治理者的权力（冯均科，2020）。审计结果公告是审计机关采取适当方式，将审计管辖范围内的重要审计事项的要素、内容、方法、程序和结果等向社会公开，并积极接受社会公众的监督。这种方式能够保障社会公众的知情权、政府工作的民主管理权。根据受托责任对审计过程和审计结果进行公开，有利于社会公众对被审计单位进行有效监督；同时也能实现对审计机关职务行为的监督，促进国家审计质量的提升，增强国家治理能力。

5.1.1.3　审计机关绩效报告

近年来，国家审计机关逐步开始关注自身绩效建设。审计署发布的《2010年度审计署绩效报告》，首次以绩效报告的形式公开国家审计机关的成本与效益。审计机关绩效报告主要披露审计署概况、建设情况、年度工作计划、审计任务完成情况、国际交流合作情况、预算执行情况以及年度工作绩效情况等。其中，预算执行情况是对绩效量化分析主要数据的支撑。

5.1.2　嵌入式审计清单的特征分析——基于 2009～2019 年国务院审计工作报告的研究

审计署提出嵌入式审计理念，即将审计监督嵌入稳增长、促改革、调结构、惠民生等政策措施落实的链条中，并将查处、公告审计结果和审计问责制度有机结合起来，从而实施事前预防、事中控制和事后监督。通过对 2009～2019 年国务院审计工作报告的分析可知，嵌入式审计清单具有预防性、时事性、整合性等特征。

5.1.2.1　预防性

随着信息技术的普及与应用，国家审计理论、方法和技术不断随之变革，对国家审计人员的要求也在不断提高。国家审计的目的是揭示国家治理存在的制度漏洞、机制缺陷和体制障碍，达到预防、抵御、揭示和清除等功能。嵌入式审计清单的预防性特征，有利于参与审计全过程，及时、准确地报告审计过程中出现的偏差。建立嵌入式审计清单，加大审计跟踪问责力度，对于提高国家审计质量，增强经济体免疫功能具有促进作用。以政策措施落实跟踪审计为例，2010年财政审计报告中包含以前年度未执行预算的跟踪审计；2011 年报告了汶川、舟曲、玉树灾后恢复重建跟踪审计情况；2014 年新增重大政策措施落实审计情况，从而使项目审计和跟踪审计更加紧密地结合起来；2015 年在大众创业万众创新、创新型国家建设等政策落实情况审计中，审计署披露了 2013～2015 年对中国科学院 85 个院所的检查评审次数；2018～2019 年披露了"三重一业"的跟踪情况。

5.1.2.2 时事性

历年的中央预算执行和其他财政收支审计工作报告，都会结合政府工作重点对审计署当年的审计目标、审计重点以及国家政策执行情况等进行概括，是审计工作服务社会的重要表现。通过对历年审计报告的分析发现，嵌入式审计清单对国家热点政策和社会重大事件具有较强的时事性。有关资料如表 5-1 所示。

表 5-1　　　　　　　　　　　审计报告与重大政策

报告时间	审计报告相关内容	重大政策
2009 年	汶川地震抗震救灾资金和物资跟踪审计	抗震救灾相关政策
2012 年	农村医疗卫生服务体系建设审计情况	巩固和加强农业基础地位
	现代农业生产发展资金审计情况	
2014 年	审计报告提出"三农"信贷问题	"中央八项规定"精神
	机构运行、经费管理违反"中央八项规定"精神	
	中央部门预算"三公"经费和会议费管理使用不严格	
	扶贫资金使用违反"中央八项规定"精神	
	审计报告提出进一步加快转变政府职能和简政放权	简政放权政策
2015 年	审计报告提出一些部门和地方简政放权力度不够	简政放权政策
2016 年	部分资金分配未充分考虑贫困人口建档立卡情况	精准扶贫政策
	审计报告提出小微企业融资难问题未得到有效解决	支持小微企业发展政策
2017 年	涉农专项资金审计报告提出农业供给侧结构性改革	供给侧结构性改革
	"放管服"改革的相关具体措施尚未完全落地	"放管服"重大政策
	审计报告披露抽查"三供一业"落实情况	国有企业"三供一业"分离移交政策
2018 年	审计报告提出"放管服"政策落实情况	"放管服"重大政策
	审计报告中增加"乡村振兴相关资金审计情况"	乡村振兴战略
	审计报告中增加"三大攻坚战项目审计情况"	三大攻坚战
2019 年	审计报告增加附件《2019 年第二三季度减税降费政策措施落实审计及整改情况》	"减税降费"政策

资料来源：国家审计署网站 2008～2019 年《中央预算执行和其他财政收支审计工作报告》。

例如，2008 年汶川发生地震，当年的审计报告增加了汶川地震抗震救灾资金和物资跟踪审计情况的相关内容。2010 年玉树和舟曲发生地震，当年的审计报告披露了重大自然灾害救灾资金物资及灾后重建跟踪审计情况相关信息。2011 年国务院工作报告指出，重视"三农问题"即巩固和加强农业基础地位，当年的审计报告首次增加了现代农业生产发展资金、农村医疗卫生服务体系建设的审计情况板块。2012 年，中央"八项规定"实施，审计署在中央部门预算审计、中央财政管理审计以及扶贫资金审计过程中，查出多起违反"八项规定"问题，并针对具体项目、涉案人数、涉案金额等进行了详细披露与说明。2013 年国家出台"简政放权政策"，审计署在审计建议中提出了应加快简政放权和转变政府职能，并于 2014 年在政策措施贯彻落实跟踪审计情况中披露了简政放权执行情况。在 2014 年和 2015 年，我国出台了一系列支持小微企业发展的政策，及时披露了小微企业融资难的相关问题。2015～2019 年，审计署在供给侧结构性改革、"放管服""乡村振兴战略""三大攻坚战"政策方面，增加了审计报告中相关内容披露，充分发挥了国家审计监督职能。

5.1.2.3　整合性

整合审计资源是审计工作发展的客观需要，嵌入式审计清单贯穿于各项审计过程中，有利于实现不同审计类型的有机结合以及审计项目资源的整合目标。在审计实务中，将预算执行审计、专项资金审计、绩效审计、重点投资项目审计等有效结合，能够促进多项目、多专业之间的相互融合，激发协同效应，极大地节约了审计资源，从而提高了审计工作效率。嵌入式审计清单实现分类管理审计对象，确定部门预算执行、专项调查等审计任务和自然资源资产离任审计，积极进行政策落实跟踪审计与地方财政收支、预算执行的有效融合。同时，也能避免同一地区、同一单位、同一项目在同一时间内重复审计，避免审计成果碎片化，有效整合审计信息和审计结果，进而实现国家审计资源共享。

5.1.3　嵌入式审计清单的特征分析——基于 2008～2019 年审计署审计公告的研究

通过对审计署 2008～2019 年的审计公告分析，可以看出嵌入式审计清单在注重披露审计问题的同时，更加注重追根溯源，突出优秀审计案例的展示，这些做法在一定程度上推动了审计信息披露制度的完善。嵌入式审计清单服务于国家治理，审计范围覆盖广且整改效果明显。

5.1.3.1　服务于国家治理

通过分析 2008～2019 年的审计结果公告，发现嵌入式审计清单突出反映了国家发展战略重点与热点问题，服务于国家治理。从审计署发布的审计公告整体结构看，其披露内容随国家治理重点、国家新政策出台而不断进行调整。例如，审计公告中涉及民生审计、重大政策措施落实情况跟踪审计、经济责任审计、资源环境审计等方面的内容不断增加，并且占有较稳定的篇幅。

从2008～2019年的民生审计公告看，民生问题始终属于社会关注的热点问题，也是国家审计机关"关注民生、改善民生"的出发点和落脚点（徐向真、段曼曼，2018）。党的十九大报告提出，保障和改善民生要抓住社会公众最关心、最直接、最现实的利益问题。截至2019年末，在审计署发布的337份审计公告中，除了历年审计公告中占比最大的企业审计外，民生审计的占比次之，达12.23%（见图5－1）。

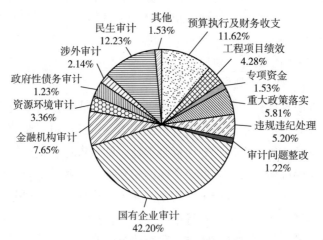

图5－1　2008～2019年审计署审计公告的分类情况

资料来源：国家审计署网站2008～2019年《中央预算执行和其他财政收支审计工作报告》。

民生审计公告内容涵盖教育、就业、医疗卫生、社会保障、住房保障、生态环境保护、收入分配、农村建设、突发性事件跟踪审计等。其中，突发性事件跟踪审计集中在2008年和2010年，共有13份审计公告，主要针对汶川、玉树、舟曲地震救援物资及灾后重建项目的跟踪审计，解决了国家及社会公众对救灾物资使用情况和灾后重建工作监督的迫切需要。2011年国务院办公厅发布《关于保障性安居工程建设和管理的指导意见》，自2012年开始，审计署每年发布一份保障性安居工程跟踪审计结果公告。在扶贫审计方面，2015年中央政治局审议通过《关于打赢脱贫攻坚战的决定》，2016～2019年审计署定期发布县扶贫情况审计结果公告。由此可见，民生审计公告充分体现了国家审计对民生问题的重视，旨在提高国家治理能力。

从重大政策措施落实情况追踪审计公告看，自 2014 年 8 月以来，审计署组织各级审计机关持续对部分省份、重点部门和企业贯彻落实国家重大政策措施情况开展跟踪审计。2015 年 5～12 月，审计署按月发布重大政策落实审计公告，2016 年起按季公告并延续至今。截至 2019 年底，审计署共发布重大政策跟踪审计公告 23 份，揭示审计问题 1471 个。结合审计公告与附件中列示的相关审计问题进行分析，可以看出重大政策跟踪审计紧紧围绕着各阶段国家治理任务实施审计工作。从审计公告披露的一些问题可以发现脱贫攻坚类、重大风险防范类和污染防治类问题合计占比 45.08%，基础民生类的重大项目推进和支持创新创业问题占比 19.38%，深化"放管服"方面的问题占比 18.36%，财政资金管理问题占比 7.68%（见图 5 -2）。

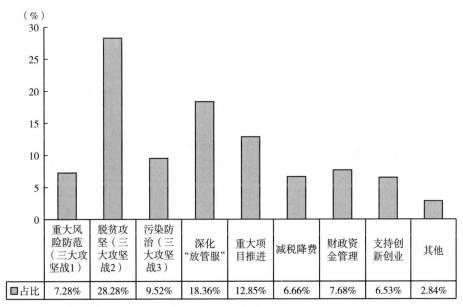

图 5 - 2　2008～2019 年重大政策措施落实情况追踪审计结果公告统计

资料来源：根据 2008～2019 年重大政策措施落实情况追踪审计结果公告整理。

综上所述，重大政策落实跟踪审计公告在配合打赢"三大攻坚战"战略、推动政府深化"放管服"战略、督促重大项目建设开展以及防范重大风险等方面，对推动我国加快实现国家治理现代化发挥了积极的作用。

5.1.3.2　审计范围覆盖广

自我国审计署 2003 年发布第一份审计结果公告以来，审计公告数量逐渐增加，审计公告类型不断丰富。2006 年审计署增加了审计整改结果公告；2010 年增加了年度移送案例中的典型案例处理情况，并将审计工作扩展至问责阶段；2011 年审计署对资源环境审计、财政预算审计、项目审计等发布审计公告解读；2015 年 5 月起，审计署增加了重大政策措施落实情况跟踪审计，关注国家、社会全方位政策热点，2016 年起改为按季公告并延续至今（郑小荣、彭璇，2019）。截至 2019 年末，审计全覆盖工作成就显著，审计结果公告已覆盖了财政预算、社会民生保障、金融风险、扶贫、创新创业、就业、深化"放管服"、资源环境、经济责任、农村农业、减税退费、简政放权等诸多方面，审计范围非常广泛（见表 5 –2）。

表 5 –2　　　　　　　　2008 ~ 2019 年审计公告汇总情况　　　　　单位：份

审计项目	2008年	2009年	2010年	2011年	2012年	2013年	2014年	2015年	2016年	2017年	2018年	2019年	汇总
预算执行及财务收支	2	3	2	3	4	9	3	4	4	2	2	1	39
工程项目绩效	0	4	3	4	2	0	1	0	0	0	0	1	15
专项资金	1	0	1	0	2	0	0	1	0	0	0	2	7
重大政策落实	0	1	0	0	0	0	0	6	4	4	4	3	22
违规违纪处理	0	0	1	2	3	2	3	2	1	1	2	1	18
审计问题整改	0	1	0	0	0	0	0	0	2	1	0	0	4
国有企业审计	0	0	6	17	15	10	11	14	10	20	35	0	138
金融机构审计	1	0	3	2	2	3	3	5	0	3	0	0	25
资源环境审计	0	3	0	4	0	1	0	0	1	1	1	1	12
政府性债务审计	0	0	0	1	0	3	0	0	0	0	0	0	4
涉外审计	1												7
民生审计	6	3	7	0	4	5	3	1	4	4	2	1	41
其他	1	0	0	0	0	0	0	1	0	1	0	0	5
合计	12	16	24	38	35	32	23	34	31	32	50	10	337

资料来源：根据国家审计署网站 2008 ~ 2019 年审计公告整理。

以企业审计公告为例，我国 2010 年首次发布企业审计公告，截至 2019 年共发布 138 份，由 2010 年对 6 个企业的审计增加到 2018 年的对 35 个企业审计，被审计单位数量呈明显的上升趋势（见图 5 –3）。

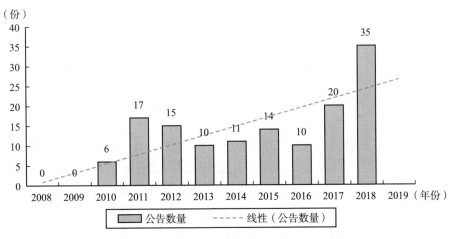

图 5 - 3　国有企业审计数量统计（2008～2019 年）

资料来源：根据国家审计署网站 2008～2019 年审计公告整理。

　　2018 年审计的 35 家国有企业涉及资源能源、交通运输、通信、制造、商贸投资、建筑、科研服务等行业。从 2010～2018 年的企业审计结果公告可以看出，审计对象中能源和制造业企业占比最大，通信企业、航空企业、科技企业以及运输企业次之。

　　审计公告中的金融审计类主要关注银行、证券、保险等金融机构，重点审查资产负债损益、经营管理、内部控制等情况。从 2008～2019 年的金融审计结果公告可以看出，其中银行业金融机构审计公告数量占金融审计公告总数的56.67%，成为金融审计公告的重要组成部分（见表 5 - 3）。

表 5 - 3　　　　　　　　金融审计公告分类（2008～2019 年）

被审计方	分类	审计公告数量（份）	占比（%）
银行业金融机构	政策性银行审计	12	40.00
	商业银行审计	5	16.67
非银行业金融机构	保险企业审计	10	33.33
	其他金融企业审计	3	10.00

　　资料来源：根据国家审计署网站 2008～2019 年审计公告整理。

　　在金融机构资产负债损益审计中，银行业金融机构审计占比近 60%，形成了以政策性银行审计为主，保险企业、商业银行和其他金融企业审计为辅的结构。从金融企业审计披露的问题看，涉及贷款管理、资金流通、"三农"贷款、中小企业融资、资产负债、利润和费用列报等诸多方面。

5.1.3.3 整改效果明显

嵌入式审计清单克服了传统审计"一审了之"的弊端，审计力度及审计公告影响力较强。各级审计机关严格落实党中央、国务院关于整改工作的部署要求，地方审计机关出台了加强审计整改的意见，各单位负责人对审计整改工作做出专门批示、进行专题部署或者担任审计整改领导小组组长，将审计过程中发现的问题纳入"不忘初心、牢记使命"主题教育的检视问题清单中。有关部门和地方审计机关还开展"举一反三"活动，将问题整改和加强管理、追责问责等相结合。2010～2019 年审计署移送处理违规案件数量变动趋势如图 5-4 所示，通过回访检查、约谈、专项整治、健全制度等方式，形成审计整改合力、实现源头治理，在一定程度上提升了国家审计的整改效果。

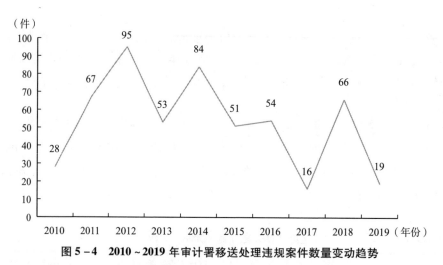

图 5-4 2010～2019 年审计署移送处理违规案件数量变动趋势

资料来源：根据国家审计署网站 2010～2019 年审计公告整理。

审计署在审计公告解读中说明，所谓"正在整改"和"持续整改"，主要是因为部分问题涉及改革中长期目标，应当结合深化改革逐步解决；而部分问题已错过了整改时机，需要等待适当的机会办理相关手续或推进建设。另外，也有一些历史遗留问题，涉及面广、情况复杂，尚需多方合力共同解决。对于这些问题，有关部门和地方审计机关对后续审计整改做出科学安排，分类制定审计整改计划，深入地分析与研判尚未整改到位的原因，有针对性地制定审计整改计划和相关措施，强化审计整改协同效应；并由相关主管部门牵头完善协作机制，有效提升审计整改效果，推进深化改革和完善制度，从而加快建立健全系统完备、运行有效的规范化制度体系，由审计署增强对后续审计整改情况实施持续性跟踪检查。

5.1.4 当前审计信息公开制度的缺陷分析及对未来的启示

审计公开制度是实现审计信息充分、合法披露的制度保证。国家审计机关将审计结果向社会公开，鼓励公众参与国家治理，从而制约和监督政府行为，维护广大社会公众的根本利益。目前，我国审计公开制度尚处于发展阶段，以下方面有待进一步完善。

5.1.4.1 审计信息公开制度的问题分析

随着审计公开制度的不断完善，国家审计以网络、新媒体、审计公告等作为载体，不断强化审计信息披露工作，并取得了一些成果。然而，现阶段的审计信息公开制度尚存在审计信息披露内容不统一、缺乏可比性、追责问责制度不够健全、审计信息公开形式有待改进、相关法律法规不够完善等问题。

（1）审计信息披露内容不统一。国务院审计工作报告连续十年包含了中央财政管理审计情况、国有企业审计情况、金融审计情况、中央部门预算执行审计情况、违法违规问题查处审计情况、审计意见等（见图 5-5），但部分审计项目出现审计信息披露年份不连续的情况。例如，2010 年中央财政管理审计情况中的财政转移支付审计和国税征管审计情况单独列示于财政审计，2013 年和 2014 年将中央财政管理审计情况分为两个部分，并加入财政收支的汇总表格中，但在以后年度中取消了该部分的有关内容。2008～2010 年，审计公告披露了资源环境审计，2011 年和 2012 年的审计报告中分别披露了土地审计和民生审计，但 2013 年和 2014 年分别出现了资源环境审计信息披露中断现象。2015 年和 2016 年，有关环境审计的具体情况在重点专项审计项目中进行披露，不过，审计公告所披露的相关内容较少。

（2）缺乏可比性。通过汇总和分析 2008～2019 年国务院审计工作报告，发现这些审计工作报告涉及的审计项目总数趋于稳定，形成了较为显著的披露规律（见图 5-6），主要包括中央财政管理审计、中央部门预算执行审计、重点资金审计、重大投资项目审计、重大政策措施落实跟踪审计、民生审计、资源环境审计、地方政府性债务审计、企业审计重大违法违规问题揭露和查处情况以及金融审计等。然而，审计清单内容尚未形成严格标准，审计工作报告的格式、内容不统一，连续年度之间信息可比性较缺乏，这就会影响国家审计信息使用者理解的准确性与信息应用的适当性。

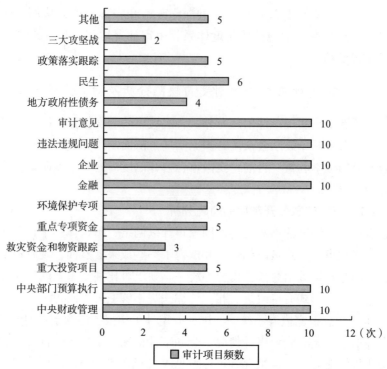

图 5 – 5 2008～2019 年国务院审计工作报告中审计项目出现频数

资料来源：根据国家审计署网站 2008～2019 年的审计工作报告整理。

图 5 – 6 2008～2019 年审计项目数量变化情况

资料来源：根据国家审计署网站 2008～2019 年的审计工作报告整理。

（3）追责问责制度尚未健全。当前国家审计仍侧重于"鉴证"而非"问责"，在审计信息公开制度下，我国国家审计问责制度尚不健全。审计问责的基础是被审计单位的内部权责明晰。如果责任归属不明确、责任主体不明晰，问责界限比较模糊，就会造成审计问责工作无从下手，或者问责重复而无效。在追责与问责范围方面，问责范围太窄，仅仅局限于项目评估审计、政策审计和经济责任审计问责等。问责主要涉及严重违法行为，例如资金违规使用、贪污行贿等，但对渎职情况、监督不力及管理不当等问题披露较少，这就造成一些被审计单位的领导干部在制度边缘行事，工作态度不积极、不主动。在惩戒力度方面，除了少数被移送处理，行政处罚更多停留在表面，所谓"大事化小，小事化了"，造成追责问责不力，从而导致审计监督的最终目的并未达到。

（4）审计信息公开形式有待加强。社会公众对审计公告关注度不断提升。互联网时代信息传播途径层出不穷，特别是微信、微博、抖音、今日头条等媒体的受众多，传播性强，容易吸引群众参与信息反馈，并且能够引起较大的舆论效应。然而，我国审计机关尚未全部开通微信公众号、官方微博、抖音号等，已经开通的相关平台，其浏览量及关注量一般不及其他政府平台。可见，国家审计机关对社会公众获取审计信息的引导不够，缺乏有效的反馈机制。由于社会公众对审计信息公告的需求不能得到满足，往往会盲目寻求信息，容易被一些吸引"眼球"的不良媒体所误导，从而造成误解或违法传播信息的风险。因此，如何建立有效的国家审计信息公开形式，正确引导社会公众，满足其充分获取国家审计信息的需求，尚待进一步探索。

（5）审计信息公开的相关法律法规不完善。《审计法》是审计制度的行为法，划分职责权限，规定审计机关与被审计单位的权利和义务。现行《审计法》指出，审计机关可以向政府有关部门通报或者向社会公布审计结果。这里的"可以"二字对国家审计结果是否公告表述比较模糊，为政府审计公告公开的随意性提供了一些机会。在《审计机关公布审计结果准则》中，一些规定笼统简单、界限不明，不能合理运用于实践，操作性较弱。因此，需要进一步完善国家审计信息公开制度，加强相关审计立法，完善审计信息公开法律法规，明确规定应当披露内容、披露格式、审计公告撰写方式以及不宜披露的内容，不断提高审计信息公开的立法质量，从而保障审计机关的独立性，依法指导和规范国家审计信息披露工作。

5.1.4.2　审计信息公开制度的相关启示

审计信息公开制度存在的问题在一定程度上阻碍了审计效力的发挥，通过对这些问题的揭示与分析，在完善国家审计信息披露形式、健全国家审计信息披露监控机制、推动审计问责制度建设等方面得出一些相关启示。

（1）完善国家审计信息披露形式。我国国家审计信息披露形式的进一步完善是实现审计信息沟通渠道畅通的重要保障，对推动审计清单制度的建立与健全具有积极的作用。通过完善审计信息披露形式，可以布局信息监督的智能网，以国家审计公告为载体，以社会参与监督治理为总抓手，充分利用新闻媒体与其他社会公众等市场监督力量。在整个审计信息披露过程中，应当建立并规范国家审计信息交流平台，利用不同平台和渠道进行网络传播与实时反馈，也可以结合专门的审计信息电子刊物、纸质刊物等进行长期宣传。例如，在微信、支付宝的城市服务中添加订阅号，设立上诉通道，社会公众可随时投诉，确保各级国家审计机关便捷、实时处理审计中发现的问题；特殊问题经过专业筛查后可直接提交审计署，从而促进社会公众参与公共治理。采用多种形式引导社会公众参与反馈、关注热点问题的积极性，强调国家审计信息在国计民生中的重要性；多渠道培训国家审计人员熟练掌握社会重点政策，为专项审计积累素材和审计思路。

（2）健全国家审计信息披露监控机制。要保证国家审计信息披露的有效监控，必须建立与完善审计清单制度，从政府工作、法制建设、社会教育等多方面、多层次实现对国家审计信息披露的监控。建立各级政府及其他被审计单位的申诉机制，允许相关组织对存疑的或意见不统一的审计结论进行公开研究讨论，组成行业专家组织予以评估，并广泛听取民众意见，筛选有价值的意见予以考虑。同时，考虑与司法部门联合，制定系统化的追责方式。国家审计监控中发现的问题要追究民事责任、行政责任、刑事责任等，提高被监控对象违纪违法的成本；加强审计法律法规教育，提高审计从业人员、社会公众的违法惩处风险意识。健全国家审计信息披露监控机制，要稳固国家审计风险预警的长效机制，不盲目自信且不独断专行。党的十九届四中全会多次提及"制度"二字，凸显了制度在国家治理、国家审计中的重要地位。通过健全国家审计信息披露监控机制，遏制政府违规行为的发生，降低重案和大案的发生率。只有从苗头上遏制违法行为，才能从制度层面切实提升国家治理能力。

（3）推动审计问责制度建设。审计信息公开如果缺乏切实到位的问责制度作保障，则会成为一场耗费大量人力物力的行为。监督是审计的法定职能，问责是最重要、最严厉的保障手段。结合《关于施行党政领导干部问责的暂行规定》，制定科学、合理的审计问责制度，从制度层面对审计责任界定、问责对象选择、问责范围划分等方面进行规范，从根本上推动审计信息公开制度的建设。审计机关及司法部门应当按照行政层次，确定直接责任人与相关责任人，明确相应的责任范围及问责范围。

另外，社会公众更关心的是后续的整改效果情况，以此判断国家审计问责力度。2018 年，北京市审计局在市级预算执行和其他财政收支审计中，共出具审计报告 207 份，下达审计决定 42 份。积极督促被审计单位落实审计决定和审计建议，共建立审计整改工作台账 211 份，实行"问题清单"与"整改清单"制度，对 2018 年市级预算执行和其他财政收支的审计工作报告揭示的五方面问题，共 311 个具体整改事项进行动态管理与跟踪检查。[1] 因此，在依法处罚的过程中，必须持续跟踪整改进程，从而达到审计问责目的，实现国家治理目标。

5.2　我国现行体制下对审计清单需求情况的分析

审计清单制度能够保障公众的知情权，有效满足社会公众的信息需求。国家审计工作需与财政、税务、司法等部门相配合，同时受到外界有关机构及社会公众的监督。本节主要从国家治理视角分析审计系统的外部需求、审计机关的内部需求以及审计清单制度的相关思考。

5.2.1　审计系统外部的需求分析

审计清单的外部需求方主要包括政府部门、人大常委会和一般社会公众等。其中，政府部门代表国家行政机关，人大常委会代表国家权力机关，一般社会公众代表社会监督（见表 5-4），共同实施监督并且彼此之间相互制衡。

表 5-4　　　　　　　　　　　　审计系统外部的需求分析

基本构成	具体需求分析
政府部门	通过审计清单可以准确判断是否遵守了相关法律法规和程序，及时判断所披露的政府公开发布信息是否合理、合法
人大常委会	需要从审计清单中获取国家行政效率信息、经济社会运行中存在的问题，发现民生问题以及审计机关的惩治、整改建议等
一般社会公众	需要通过查阅与分析审计清单营造一个平等、自由、法治的交易环境，进行科学的投资决策，了解我国经济与社会治理整体运行状况等

5.2.1.1　政府部门
政府部门通过查看和分析审计报告，可以归纳出现有行政体系与国家经济政

---

① 资料来源：国家审计署网站。

治体制不符合的地方，作为对其行政行为评价的基础资料，纠正在施政过程中出现的偏差与错误，以此制定未来的行政规划或决策，提高政府行政效率。政府部门对审计清单的需求主要表现在以下方面：

第一，通过审计清单可以准确判断是否遵守了相关法律法规和程序。审计清单的编制与公示过程应当依法进行，严格以法律法规为依据，使政府部门在使用审计清单过程中能够明确、清晰地进行自我评价，以利于优化行政工作。

第二，通过审计清单可以及时判断所披露的政府公开发布信息是否合理、合法。政府部门需要将审计清单作为决策依据，主要以项目审计、资金审计、预算审计为导向，基于审计清单及时判断所属部门是否具体、详实、及时地向社会公众、供应商、采购商等披露相关信息，从而提高政府行政的透明性，避免影响政府行为的公开性、公正性。

5.2.1.2 人大常委会

我国人民代表大会及其常务委员会是行使国家立法和监督的权力机关，其对审计清单的需求源于立法和监督的职责。人大代表需要从审计清单中获取政府行政绩效信息、经济社会运行中存在的问题，并发现民生问题以及审计机关的惩处和整改建议等。因此，审计清单制度涉及重大政策落实跟踪审计、经济责任审计、民生审计、资源环境审计以及违法违规问题查处审计等，是评价领导干部的执法水平、取得的成绩与错误、评判奖惩、追究责任的重要参考依据。审计清单可以为人大代表提供我国重大政策措施、战略落实情况的信息，从中提炼民生需求；也可以为人大提出立法议案、修订法律法规等提供依据，推动我国国家治理目标的实现。

5.2.1.3 一般社会公众

一般社会公众可以从纳税人、国内外投资者等方面进行分析：一是纳税人需要通过审计清单进行审计整改，实现市场经济平稳发展，希望营造一个平等、自由、法治的交易环境，保障公民人身安全与财产安全；二是国内外投资者希望通过审计清单，把握政府政策落实情况，了解投资环境，掌握投资对象行为是否合法，从而制定投资方案、进行投资决策、及时调整投资金额等。

另外，国内民主政治势力在多党协商的政治体制下，需要通过查阅与分析审计清单，有针对性地制定议案，更好地开展民主监督，了解我国经济社会的整体运行状况和未来发展趋向。

5.2.2 审计机关内部的需求分析

党的十九大报告提出要进行审计管理体制改革，同时积极推进审计机关改革。国家审计机关工作的有效开展需要审计清单的支撑，有利于培养一支具有清正廉洁、信念坚定、精通业务、作风务实的专业化审计人才的队伍。由于各级审计机关中一个审计人员往往同时承担着多个不同的审计项目，且审计项目一般要求完成的时间紧，因而审计机关往往难以在审计前进行相关调研，或者审计调研不充分，这就导致审计过程中的资源利用较盲目，其有效性不足。例如，在重大政策措施跟踪审计中，绝大部分的审计人员在实际开展该项审计之前，并没有认真地学习政策内容（徐向真、任莉娜、段曼曼，2018），领悟政策精神，因而在审计过程中，对被审计对象的审计行为界定不准确。另外，与内部审计、注册会计师审计相比，国家审计工作本身更复杂，且审计项目具有多样性，因此，科学的审计清单对提高国家审计效果至关重要。

此外，在审计过程中，权责明确是有效实施整个审计程序的基本保障。然而，现在我国审计责任与审计权力并不能完全相互适应，国家治理赋予了国家审计极为重大的责任，但国家法律法规赋予审计的权力仍然不够。因此，需要制定审计清单，进一步加强审计清单中的责任罗列，对于维护审计机关与审计人员的基本权益，确保国家审计的监督权、问责权具有重要的作用。

5.2.3　基于国家治理视角对审计清单制度的考虑

魏明、邱钰茹（2015）认为，国家治理的目标定位是公平性、公开性、法治性、民主性、高效性和安全性，前四者属于基础性目标，后两者属于深层次目标，关系如图 5 - 7 所示。

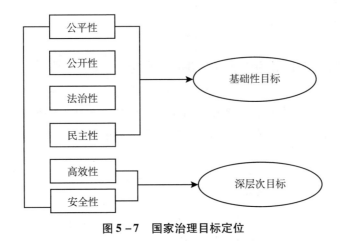

图 5 - 7　国家治理目标定位

国家审计作为国家治理中的一项内生制度，对促进国家治理目标的实现起着十分重要的作用。审计清单制度的实施与发展，对形成监督合力起到强有力的推动作用，有利于加快实现国家治理体系和治理能力现代化。

5.2.3.1 审计清单应聚焦国家治理目标

党的十九届三中全会提出了改革审计管理体制，这一重大决定从根本上重塑了我国审计制度，为我国审计事业的发展创造出前所未有的良好环境，同时也对国家审计工作提出了更高的要求。审计清单制度必须考虑国家治理目标，积极适应新形势、新任务与新要求，进一步聚焦审计重点、开拓创新与重视整改环节。审计清单的编制工作需要增强紧迫感、使命感和责任感，积极推动防范和化解重大风险、精准脱贫、污染防治"三大攻坚战"的深入实施。因此，为更好地服务于国家治理并及时完善整改机制，审计清单编制应与各级政府相配合，减少不必要审批，保障国家治理活动顺畅进行。

5.2.3.2 强化审计清单在监督体系中的监督合力，提高国家治理能力

审计职业分化的过程形成国家审计、民间审计和内部审计三个分支，这来源于治理者的需要（冯均科，2020）。党的十九大报告明确提出要构建党统一指挥、全面覆盖、权威高效的监督体系，审计清单制度内嵌于我国国家政治制度和监督制度的整体设计中，审计机关应当在监督体系中形成综合有机的权力监督网络。在细节方面，审计清单设计应更具有针对性。例如，在国有企业审计信息披露中，对于严重的涉案企业，应该采用"点名式"，而不是目前普遍的"某企业"这种模糊的字眼，通过将联合性与独立性相结合、专业性与全面性相结合，促进审计监督与其他监督形式融会贯通，能够有效提高国家审计信息的透明度；同时，也有利于其他监督机构获取信息与有效监督，从而实现监督全覆盖，推动权力运行公开透明。

5.3 新的审计清单制度的理想化方案

理想的审计清单制度，需要设计科学、内容合理。其主要包括对审计清单规范、形式、内容、格式、生成、传播、监控等方面的设计，这是实施国家治理视角下审计清单制度的基础。

5.3.1 审计清单规范的设计

审计清单规范设计需要明确在特定时期内，审计主体以什么标准来公开审计清单的相关内容。审计清单规范的设计需要考虑以下相关内容：

第一，有关审计清单法规条款的设计。《审计法》和有关的实施细则中并没

有关于审计清单的相关规定，在审计信息披露的规定方面比较笼统，如果能够在修订《审计法》时，按照审计清单的制度化要求，将需要披露的内容具体化、格式化和规范化，并且与有关政务公开的法规相互衔接，可能效果更好。这样既有助于对审计机关信息披露形成制度性约束，又便于公众获得更多有用的信息。

第二，有关审计清单专门准则的设计。如果有可能，应当设计审计清单的专门准则，规范审计清单的格式、要素、内容以及具体披露的细节性要求，对审计清单的传递途径、信息反馈和时限等进行进一步规范。

第三，有关免除审计清单公开发布的规则设计。其主要包括国防外交、国家军事秘密、国家安全和外交措施等国家秘密的核心信息、企业的商业秘密、个人隐私以及有关的执法信息等（陈尘肇，2009）；受《保密法》保护的，按照法律规定采用免除公告措施。此外，免除审计公告的规范设计应当坚持以公开为原则，不予公开的情况只是法律法规明文规定的特例。

5.3.2　审计清单形式的设计

审计清单形式设计可以遵循多样化原则，采用向立法机关作专题报告、官方网站登载、审计公报、大众媒体发布等形式。具体而言，应当根据审计信息的不同，设计不同类型的审计清单形式，主要包括以下三类：一是采取书面形式。对于上级审计机关或政府要求公告的审计清单，可以根据要求的内容和范围采取书面形式进行公告。二是采用大众媒体的形式。对于涉及社会公益方面的审计清单（如社会捐赠款的审计、救灾救济资金的审计等），可以采用大众媒体的形式进行审计公告，维护社会公众的知情权。三是采取新闻发布会、座谈会、记者答疑等形式。对于涉及社会热点问题的审计清单（如政府负债的审计、专案审计等），可以采用新闻发布会（限定参会人员）、座谈会、记者答疑等形式。综上所述，审计清单形式的完善有利于审计权威的建立、社会经济健康发展，同时应特别注意避免所采用的审计清单形式可能给社会公众带来负面影响的情况发生。

5.3.3　审计清单内容的设计

在审计清单内容设计中，需针对同一审计对象，采用统一的表述方式，否则可能使社会公众误读或误解相关内容。例如，在企业审计中，对企业重大决策的表述，历年的审计公告中分别用了"重大经济事项决策""重大经营决策""重大决策"三种方式表述。又如，在历年中央部门预算执行审计发现的问题中，其中，2008 年、2010 年、2013 年和 2016 年包含了违规金额、违规单位和违规行为，但在 2009 年、2011 年、2012 年和 2015 年并未包含违规单位，均用"部分单位""有的单位"进行表述,较为笼统模糊,这一现象在审计整改内容中更加突出。审计清单在内容设计上应采用统一的表述方式有助于连续年度的审计具体情况的汇总与分析。例如,2020 年以来,浙江省嘉兴市审计局坚守审计质量"生命线",围绕质量立审"九项标准",突出提升"审计质量""审计价值"两大目标,提出建立"四张清单"(即审计项目进度控制清单、审计质量规范自查清单、审计整改督查跟踪清单和内部审计协同工作清单)①,进一步夯实审计质量全过程管理控制责任,推进全面提升审计质量和审计成效。因此,审计清单内容设计应采用统一的表述方式,有利于连续年度的审计具体情况汇总与分析。

此外,审计清单内容设计应当全面。通过对我国 2003~2019 年审计署发布审计结果公告类型的统计分析,发现审计署披露的审计公告类型在结构上并不均衡,有关情况如表 5-5 所示。

表 5-5　　　我国审计署发布审计结果公告类型统计（2003~2019 年）

审计类型	公告数量（份）	比率（%）
政策落实跟踪审计	23	6.30
财政审计	64	17.53
金融审计	27	7.40
企业审计	141	38.63
民生审计	50	13.70
资源环境审计	16	4.38
经济责任审计	0	0.00
涉外审计	7	1.92
审计问题整改	12	3.29
违法违纪案件和事项处理	12	3.29
其他	13	3.56
合计	365	100.00

资料来源:根据国家审计署 2003~2019 年的审计结果公告整理所得。

从表 5-5 可以看出,企业审计居多,占总数的 38.63%。对于资源环境审计情况、审计问题整改情况、涉外审计情况、违法违纪案件和事项处理情况公告不

---

① 资料来源:国家审计署网站。

足。社会公众所关心的资源环境审计披露占 4.38%，审计问题整改披露、违法违纪案件和事项处理公告均占 3.29%。根据统计结果发现，我国审计机关经济责任审计的信息披露相对较少，仅在部分地方审计机关披露的报告中有所提及。此外，社会保障专项资金审计、社会捐赠资金审计、环保专项资金审计信息披露比较缺乏。综上可以看出，虽然我国国家审计信息披露方面已经形成了初步的披露制度，但披露内容的规范性、完整性有待提升，因而新的审计清单制度需进一步规范，确保内容设计的适当性和实用性。

5.3.4　审计清单格式的设计

审计清单格式设计应当简洁、科学和合理，这是审计清单制度发挥作用的重要基础。在审计清单格式的设计中应考虑以下方面：一是立足国家治理视角，梳理逻辑关系、缩减重复内容，修改调整不恰当表达，行文做到精炼准确，格式清晰，结构基本固定。审计清单结尾可以列示附件数量、名称等信息，附件格式应统一；在审计发现问题的附件中可以采用表格形式。二是根据具体审计项目，审计清单格式也应具有一定的相对灵活性。在设计审计清单格式时，可针对不同种类的审计项目、不同类型的信息接受者以及不同类型的被审计地区和单位加入特定元素，广泛征集基层审计机关的意见，确保审计清单格式设计不死板，使阅读者感到更加形象、直观。例如，适当添加图标、示意图等，也可以列出某些审计清单和相关链接，方便阅读者查看与分析。三是应当进一步规范审计清单的标题格式，统一审计清单的字体、行距、图表规范等，避免社会公众在阅读国家审计公告时产生不必要的问题和困惑，也避免使阅读者留下审计清单格式杂乱、死板的印象，以提高审计清单的传播力和政府的公信力。

5.3.5　审计清单生成的设计

审计清单的生成应当具有法定性，严格执行垂直型的行政结构。审计清单生成过程应当注意以下环节：一是压缩审计清单生成层级，促使垂直型审批程序趋于扁平化，同时去除不必要的同级及上级其他机关的审批，避免地方政府为干扰审计信息披露而施加压力，从而保持审计清单生成过程的独立性。各级审计机关内部应当设立独立质量控制部门，检查审计清单生成是否及时，格式是否规范，内容是否清晰等。二是审计清单生成过程应当严格遵循上下联动、统一部署的原则，及时接受统一的审计清单业务指导。我国"两统筹"审计实行"国家审计一盘棋"，审计署牵头审计清单的安排与协调，避免基层审计机关各自为政，确保在审计署组织下学习审计清单设计规范，及时汇报审计过程中发现的突出问题。三是紧急问题处理要纳入重点督查事项，加强跟踪督办。可以借鉴吉林省审计厅在该省审计系统建立厅局长联系"直通车"机制，即省厅与市县审计机关主要领导直接联系机制，紧急问题处理通过电话、书面等方式进行及时反馈答复。①四是分层次做好审计清单生成工作，强化审计清单生成过程的档案管理，为进一步完善审计清单生成提供参考与纠错依据。

5.3.6 审计清单传播的设计

良好的审计清单传播是健全审计清单制度的关键环节之一。在审计清单传播过程中，应当根据各宣传渠道用户的特点，选择不同的信息推送时间，保证社会公众在适当的时间阅读与查看。考虑审计清单传播媒介、受众年龄和文化程度等不同，审计清单传播设计应具有一定的差异化。

第一，在审计署的官网以及各级审计机关的官网发布的审计清单，为确保审计的严肃性，可保持严格的公文格式，以便各级政府机关、企事业单位或国内外投资者阅读与研讨。

第二，在审计机关的微信公众号、微博号以及官网的互动平台，如审计署网站的审计之窗区域，可以制作图文解读，采用彩色图文，适当利用一些诙谐的生活用语，制作简洁、形象的审计清单进行传播。

第三，针对有阅读报纸习惯的社会公众，应设计纸质读物，每日在报纸固定版面传播审计清单，并附带官网网址及微信公众号二维码。

第四，针对学生群体，审计机关可印发通俗易懂的卡通小册子、制作卡通视频，并定期举行国家审计知识竞赛等活动。对于高校大学生，可以设计电子学习资料、线上答题等审计清单传播方式，鼓励并培养不同层次学生群体关注国家大事，激发其参与审计监督和国家治理的意识。

5.3.7 审计清单监控制度的设计

在审计清单监控制度的设计过程中，应当完善审计清单的体制基础，审计署可直接向人民代表大会常委会负责，保障审计机关出具独立的审计清单；建立违法违规行为处罚的"标度"，有利于审计清单监控执行过程中加强依法处罚力度，避免受到社会公众的质疑。

审计清单监控设计可以嵌入信息化、高科技监测技术，不断更新国家审计人员的"工具箱"。现行的数据分析、技术监测几乎完全以结构化数据为载体，在

---

① 资料来源：国家审计署网站。

国家审计着力突破合规审计、探索绩效审计的情况下，单一采用结构化数据已经不能完全满足审计清单所依据信息控制的需求，而大量非结构化数据可以弥补这一需求。因此，审计清单监控工作可以通过互联网工具迅速检索、汇总、分类各种相关评价，以筛选、综合分析结果作为审计监测的依据；还可以通过无人机技术遥测工程进度等动态情况，将动态数据与国家审计系统连接，实时关注审计现场状况，保证审计清单所依据证据信息的及时性和可靠性。

5.4 审计清单引发的审计制度创新

国家审计应在条件许可的情况下不断创新审计清单制度，实现审计监督效能的突破。笔者认为，审计清单应当由问题罗列向责任确认转变，由注重单位问题的揭发转向个人责任的确认，从主要陈述审计发现问题向全程信息披露转变，从"问题导向"的传统审计向"制度导向"现代审计转变。

5.4.1 审计清单应当从问题罗列向责任确认转变

我国审计清单制度在很大程度上发挥着揭示问题、监督惩戒的作用。现实中，有些审计机关在重大政策跟踪审计结果公告的"政策跟踪审计发现的主要问题"中，采用了四栏表格对审计发现问题进行罗列，主要包括序号、涉及地区和单位、具体问题以及相关规定。具体规定一栏写明了法律（通知）名称和相关原文表述，这一做法直观明了，避免了使被审计单位产生疑惑与不必要的行政诉讼。可见，目前审计清单主要是对查出问题进行罗列，虽然在近几年的审计公告中也对一些具有代表性的整改案例和审计做法进行了展示，但涉及个人责任的描述可能是只言片语，基本上没有涉及"责任确认"。这就需要审计人员在审计过程中追根溯源，加强法律法规及其他相关政策文件的学习，在审计清单中罗列相关单位及相关职务人员的职责，并且能够明确个人的责任分担情况。

5.4.2 从注重单位问题的揭发到个人责任的确认

目前，我国审计清单主要揭示被审计单位存在的违规违纪问题，常常采用汇总说明，或者直接披露个别单位名称的方式。对于个人责任的确认与追究，一般集中在经济责任审计、移送违纪违法问题线索查处情况和领导干部自然资源资产离任审计。然而，这些类型的审计开展的数量较少，在国家审计总体项目中占比较小，因而对个人的追责与问责力度远远不够。实际上，虽然很多组织决策与行为表面反映的是系统性、团体性违规问题，但主要责任承担方往往在于个人。例如，专项资金审计经常存在资金使用不当、资金闲置以及资金被违规发放、挪用等问题；在预算审计中，常有违规发放补助、违反中央"八项规定"的问题。这些问题从表面上看是由于组织内部管理混乱、纪律不严而造成的，但其问题产生的根源往往在于个人，即单位的领导干部。也就是说，领导干部的行为作风、行政管理风格对被审计单位的影响是极其巨大的。因此，审计清单改革会引发审计制度创新，应当适当调整审计工作的切入点，从注重被审计单位问题的揭发转向对个人责任的确认，谨慎选取单罚制与双罚制，将单位问责与个人追责相区分并结合运用，严查领导干部、项目负责人的违法、渎职问题，不以组织追责掩盖个人违法行为，督促各机关单位负责人、公职人员尽职尽责、清廉行政、不断提高行政管理能力，杜绝违法违规问题，从而增强其依法行政意识，提升公共资源的配置效率。

5.4.3 从主要陈述审计发现问题到包括处理处罚结果的全程信息披露

目前，审计署所披露的审计信息，除《审计署移送违纪违法问题线索查处情况》外，仅披露审计发现问题和整改情况，并未对组织单位及个人的处理处罚结果进行全程信息披露，这与社会公众的信息需求是不匹配的。如果审计清单仅仅罗列问题，简略公开或不公开处理处罚过程和结果，不仅会使社会公众失去参与监督的兴趣，还会导致政府的公信力降低。在审计清单形成过程中，审计署应当要求各级审计机关报告违法案件的处理处罚过程，根据《中华人民共和国政府信息公开条例》，设置审计问题处理实时查询系统，在不违反禁止披露条款的同时，向社会公众及时披露、更新处罚进度。综上可以看出，审计清单内容至少应当包括审计对象基本信息、查出问题、涉案金额、整改情况、相关负责人违规失职情况、处理进度、处理结果和审计建议等。从主要陈述审计发现问题到处理处罚全程信息披露的审计制度创新，便于实现舆论监督，推动审计信息透明，维护社会安全稳定。

5.4.4 基于审计清单建立被审计单位违纪数据库

审计清单不仅是宝贵的历史资料，更是丰富的数据分析资源。建立被审计单位违纪数据库，不仅可以节约后期审计资源，积累审计经验，提高审计效率，更有助于对被审计单位进行长期监测与评估。被审计单位的违纪数据库主要包括对被审计单位的基本信息、审计对象、影响审计结果事项、记载历次审计情况等的记录与更新（见表5-6）。

表 5-6　　　　　　　　　　　基于审计清单建立被审计单位的违纪数据库

基本组成	具体内容
被审计单位的 基本信息	被审计单位名称、职责权限、现任各级领导人员名单及履职信息、人员编制、 财政隶属关系、经济性质
影响审计结果的事项	审计对象的财务状况、人员变动、政策变动、与其他企事业单位或政府的关系、 特殊事项
历次审计情况	审计机关名称、审计过程、审计发现的问题、审计整改情况、违法记录、处理 处罚过程和结果

基于审计清单建立的被审计单位违纪数据库，对进一步发挥国家审计监督职能具有很大作用，具体表现在以下方面：一是数据库资料便于整理与检索，大大缩减了打印、查阅、装订、存档纸质资料的时间，国家审计人员可远程获取资料，实行联网审计。二是经过分析与归类的数据库资料可以作为国家审计人员选用的最优质、最直接的培训资料；与此同时，数据库资料不易篡改也有利于控制审计风险，确保审计数据的真实性。三是审计机关可通过分析相关数据资料，对被审计单位的违规记录进行分析，便于后期调整审计重点、数据分析结果等，有助于建立被审计单位审计风险预警系统，提高再次审计的针对性。

5.4.5 "问题导向"的传统审计向面向未来的"制度导向"的现代审计的转变

在传统的审计模式下，国家审计通过查出问题、追究责任而实现审计目标。审计过程以"寻找问题"为导向，并以"揭露问题""追究问题"为结果，因而形成了为找问题而找问题的审计习惯，这就忽略了制度的积极作用。制度是社会运行的轨道，任何审计问题的发现应当以制度为依据，从根源上分析与解决问题。例如，辽宁省大连市审计局健全完善机制制度，建立健全联席会议制度；出台《大连市经济责任审计工作联席会议议事规则》和《大连市经济责任审计工作联席会议办公室工作规则》，进一步规范经济责任审计相关重大事项决策程序和工作流程。

随着绩效审计在国家审计中比重的提升，审计清单对公共机构规章制度的适当性、合理性和公平性等有所评价和披露。审计工作应重视制度建设，聚焦审计重点，由"问题导向"的传统审计向"制度导向"的现代审计嬗变，从而实现国家治理目标。

5.5　审计清单制度的实施条件与环境要求

审计清单制度的顺利实施需要一定的支撑条件，本书主要从审计清单专业语言到生活语言的转换、通过立法改革以保障审计机关与人员的权益、建立系统化的审计项目数据库、网络与媒体力量的适当利用、审计清单的信息反馈与分析等方面进行探讨。

5.5.1　实现专业语言到生活语言的转换

审计清单由审计人员撰写，语言表述比较专业和规范。然而，审计清单向社会公众披露时，其包含的各行业相关专业语言不便于社会公众理解与评价，有时还可能存在对国家审计信息误读的风险。如果被不良媒体恶意炒作或夸大解读，将会导致很大的风险，这也给社会公众参与审计监督过程带来不少障碍。实施审计清单制度，必须为社会公众扫清参与障碍，创造"低门槛"的审计监督环境，将审计结果公告语言生活化也就成为"低门槛"监督的首要环节。

第一，注意将涉及的专业词汇通俗化。在撰写审计清单的过程中，对国家重大政策及各类型被审计单位所涉及的专业词汇通俗化或添加注释，所添加的各类注释可设置专门的注释栏和对应链接，这样有利于社会公众阅读与准确把握审计信息。可以借鉴美国立法机构和最高审计机关的具体做法，即以简洁明了、通俗的语言表述其审计的具体情况。

第二，尽量使模糊表达规范化。对"不到位""有待进一步加强"和"部分已整改"等用词应当清晰化、具体化表达，使社会公众在阅读审计信息过程中能够心中有数，确保其精准理解相关信息，适当反馈有关信息，实现有效监督。

第三，多途径推动审计结果公告传递形式生活化。通过采用不同传递途径，加快实现审计清单从专业语言到生活语言的转化，消除社会公众对国家审计工作的距离感、陌生感，扩大审计清单传播的社会覆盖面及影响力，从而保证审计清单信息的有效利用。这方面的做法可以借鉴日本的经验，即将审计报告改写成通俗读物，在线下制作审计结果公告宣传小册子，并向社会公众发放；同时配以通俗易懂的语言与直观的图片插画等，制作动画、视频进行讲解。此外，还可以运用广告牌、LED屏、新媒体、网站等传播语言进行适当的转化。

5.5.2　通过立法改革以保障审计机关与人员的权益

在行政型审计领导体制下，我国审计机关的独立性较弱，具体表现在审计经费、人员调动、职工薪资等方面依赖同级政府，从而在披露审计发现问题、形成审计意见并出具审计报告时，难以制定出区别于各级政府和人大的审计问题清单。要减少审计机关的后顾之忧，就应当进一步确保国家审计在组织、经济与人事方面的独立性，完善《审计法》，以法治思维和法治方式推动国家审计制度创新。通过立法改革，切实保障审计机关与审计人员的合法权益，实现从体制上保证审计机关的独立性。完善我国的《审计法》以及相关法律法规，可以考虑将国家审计机关与"一府一委两院"并列，即审计机关不再对政府部门负责，而是直接对人大负责，受人大监督；将国家审计机关的审计经费单独计入国家预算，审计长的选举权交由人民代表大会选举产生。

健全现行审计法律法规的框架体系，可以考虑选用复合审计法模式，结合审计全覆盖的常态化趋势（严畅，2016），进一步补充《审计法》的内容，将《审计法》的规范范围由预算、财政收支审计扩展到不同类型的国家审计项目。复合式审计法模式倡导由全国人大制定《审计组织法》，审计署制定《国家审计工作指南》《国家审计机关及人员考核指导意见》，如表 5-7 所示。

表 5-7　　　　　　　　　　　　完善相关国家审计法律法规

法律（法规）名称	新增	修订	主要内容
《审计法》		√	扩充范围，涵盖不同国家审计项目
《审计组织法》	√		规范国家审计制度，部署指导审计立项规划、审计组织体制、多种审计联动工作
《国家审计工作指南》	√		为开展国家审计项目提供具体指导
《国家审计机关及人员考核指导意见》	√		标准化审计机关及人员的绩效考核方式

首先，《审计组织法》作为审计工作的组织法律，主要是提高审计机关的组织地位和调整国家审计机关的领导体制，对审计机关的组织行为进行规范，评估并调整与实际工作不匹配的国家审计制度，从而指导并推动审计立项规划、审计组织体制（与党的审计委员会的关系等）和审计联动（与监察、党的审计委员会等联动）机制的建立。

其次，《国家审计工作指南》应进一步细化不同类型国家审计项目的行为规则，补充现行国家审计准则的内容，弥补其在行政流程与沟通、协调方面的不足，至少应包括基本审计方式、审计流程、审计重点、疑难问题处理方式、审计过程上下联动沟通方式、审计报告撰写方法、整改监控办法、执纪问责、违法处置办法等内容，使审计机关和人员在具体项目实施及整改追查过程中有法可依，有理有据，避免审计纠纷诉讼，从而实现审计工作目标。

最后，应当标准化审计机关及人员的绩效考核方式，制定《国家审计机关及人员考核指导意见》，对国家审计人员的权力空间、奖惩范围作出明确规定，从而对审计人员行为进行有效约束，从法律层面赋予审计权利，促使国家审计人员不断强化后续教育，提高专业及综合执业能力，防范国家审计风险并提升审计质量，确保审计清单制度的有效实施。

5.5.3 建立系统化审计项目数据库

自 2018 年起，我国开始全面推进国家审计全覆盖，被审计单位提供的数据量与已完成审计的案例数据庞大且复杂，是极具应用价值的国家审计资源。海量数据资源为国家审计工作的开展提供便利，极大地拓展了国家审计监督的深度。在"互联网＋"高速发展的背景下，国家审计工作应当建立系统化审计项目数据库，实现数据先行、多维度数据关联分析、数据深度挖掘、动态审计监管等理念，实现数据的有效利用，有助于推动国家审计成果共享化应用。

首先，审计署建立国家审计数据库，各地方审计机关建立当地审计数据库，记录历年审计数据。具体可根据需要分别建立审计法规、审计案例、审计专家经验、宏观经济与管理数据、被审计单位资料等相关数据库，包括违法违规数据、整改情况与进度等，以便于集中、分类与整合国家审计数据资源。

其次，建立被审计单位数据库，仅开通被审计单位与国家审计机关的进入权限。审计准备阶段将被审计单位内部控制固化于审计系统中，借鉴专家意见及熟悉被审计单位所处的行业或审计人员意见，结合行业特征，确定审计项目内部控制的风险点。在国家审计实施过程中，各被审计单位可以及时、准确提供本单位的业务数据、财务数据等。

最后，实施数据分析并预测。按照嵌入数据库的国家审计信息是否预警，设置定期或非定期的数据分析，从而便于及时防止或发现被审计单位日常业务核算是否达到风险阈值。与系统的预设值进行比较并及时发现存在的差异率，将信息反馈到数据库中，进而形成审计的经验数据。如果超出了预设值，被审计单位应针对差异问题进一步取证，并报告审计委员会，及时采取补救措施，从而达到实时监督（见图 5 - 8）。

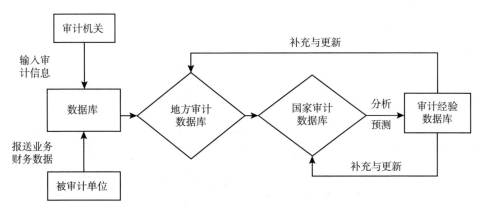

图 5 – 8　审计项目数据库

我国从 2003 年开始披露国家审计信息，截至 2019 年已发布的审计结果公告超过 500 份。这些公告是重要的审计信息，审计署可以将已披露的国家审计信息与保密信息分类录入数据库，在追踪审计过程中汲取经验，开展持续监管工作。

5.5.4　网络与媒体力量的适当利用

数字经济时代的国家审计，要充分利用大数据、物联网、区块链等新兴信息技术工具，在审计程序实施与审计信息传递中提高国家审计信息化程度，充分利用网络媒体工具、提高审计结果公告质量，为审计清单制度的顺利实施营造良好的环境。

5.5.4.1　提高国家审计信息化程度

目前，我国国家审计工作信息化程度不够，在不少方面远低于企业财务信息化程度。但审计信息化手段的广泛应用是审计工作突破专业技术壁垒的关键环节，这是实施审计清单制度的必要条件。嵌入式审计的出现，要求"网络资源"的嵌入，这一要求对审计工作信息化提出了更高要求。遵循《国务院办公厅关于利用计算机信息系统开展审计工作有关问题的通知》《国务院关于加强审计工作的意见》以及《关于完善审计制度若干重大问题的框架意见》等要求，国家审计应当做好协调工作，与被审计单位相互配合，获取真实准确的电子数据，实行线上审计、大数据审计以及无纸化审计，开展高质量的数字化审计项目，不断探索互联网在国家审计中的应用。

可以考虑的建议是，借助互联网搭建以审计人员个体自我为中心、以数据分析为内容、以体系开放为基础、以审计全覆盖为特征的一个虚拟的审计工作实体（冯均科，2019）。建立国家审计数据传输处理平台，完成集财务管理、人力资源、物资采购管理、项目管理、内部与外部审计为一体的网络系统，拓展协同办公、综合管理等业务。具体而言，应考虑以下两个方面：一是国家审计机关应发挥大数据审计的引领和支持作用，注重审计信息化工具的构建、完善及创新应用，做好网上审计、远程审计、联网审计等方面的研究和实践；根据各项目不同阶段的审计需求，组建财政、社会保障、税务等领域的专业人才储备团队，成立调研、分析、统计、询证、核查、评价和报告等一体化的团队。二是在国家审计信息网络平台应用过程中，不断完善保密机制，定期检查网络的安全性。做好安全防护工作，严格保密国家审计共享数据，防范重要审计信息被窃取的风险。

5.5.4.2 充分利用网络媒体工具

良好的社会公众参政互动环境是审计清单发挥社会监督作用的基础。目前，社会公众对审计清单关注度不高，监督意识不强，审计机关应充分利用网络媒体工具，制定长效宣传引导机制，将积极参与国家治理的思想渗透给社会公众。现阶段，我国社会公众使用率较高的社交软件为微信。微信用户覆盖范围非常广泛，可以按照不同类别用户获取信息的习惯，策划不同的微信宣传方案。例如，制作电子答卷进行推送，与运营商合作，为答卷成绩较高的用户赠送数据流量或话费。另外，可以获得各电视台、广播等其他媒体的配合，在纸媒、网络节目、电视节目下方滚动播放审计网站信息、微信、微博平台二维码，创新互动环境，使社会公众在潜移默化中参与国家审计监督，为审计清单制度的实施提供有力保障。

根据中国互联网络信息中心发布的第 44 次《中国互联网络发展状况统计报告》，截至 2019 年 6 月，中国互联网普及率为 61.2%。2019 年上半年，百度移动端政府服务搜索量为 94.4 亿次。截至 2018 年 12 月，微信朋友圈用户使用率为 86.9%，微博用户使用率达到 42.1%。由此可见，网络媒体是现代信息传播的重要力量，其快速发展与全面普及为审计清单制度的实施开拓了有效的互动沟通渠道。笔者整理搜索引擎优化（search engine optimization，SEO）数据发现，国家审计署网站在相似政务网站中排名靠后，由于在全球排名的 50000 名之后，SEO 未对其进行日均网际互联协议（internet protocol，IP）和页面浏览量（page view，PV）统计，而国家税务总局、公安部、财政部等网站均有较高的访问量。有关资料如表 5-8 所示。

可以看出，与其他部门合作，是非常有效的国家审计信息传递方式，有助于快速提高审计署网站的访问量和关注度。此外，制作审计结果公告电子刊物，鼓励社会公众订阅，可以采用发邮件的形式或直接以刊物网站阅读方式定期发送。

表 5 - 8　　　　　　审计署及其他部门网站平均排名及日均 IP、PV 统计

单位	中文网站总排名	政务网站排名	整站日均 IP	整站日均 PV
审计署	10279	213	—	—
公安部	2079	48	3000	12000
人力资源和社会保障部	1894	39	22500	45000
中央纪委监察部	1891	27	3000	6000
财政部	1712	27	36750	477750
中国人民银行	1417	19	7500	22500
国家税务总局	1361	15	97500	906750

资料来源：根据 SEO 网站资料整理（截至 2020 年 3 月 22 日）。

5.5.5　审计清单利用的信息反馈与分析

我国国家审计清单制度保障了社会公众的知情权，为其参与国家治理、社会监督提供了重要信息基础。国家审计公告的传递应当是双向、闭合的。各级审计机关应从多方面建立信息反馈渠道，对审计信息使用者进行引导，从而提高社会公众利用审计清单的信息反馈意识。审计署及各级审计机关应当广泛采取"线上 + 线下"的模式，在各类政务大厅、官网、微信公众号、微博官方账号等设置专门的信息反馈；通过即时通信软件及新媒体、传统短信等方式推送审计清单的反馈渠道，与社会公众形成良好互动，收集整理并分析反馈信息，不断创新与改进反馈机制。具体做法主要包括以下三个方面：一是在审计清单发布前，设计电子问卷，并与财会和审计微博大 V、微信公众号、三大运营商合作，联合审计署及地方审计厅局、政府网站，向社会公众推送审计清单问卷，把握社情民意，了解社会公众最关注的国家审计信息。二是在审计清单发布后，附加反馈渠道并给予接收方选择权。同时，国家审计机关设立专门的答疑小组，及时准确地回复反馈信息，记录反馈内容。三是建立审计清单反馈数据库，筛选有较高代表性的反馈问题分类入库；同时组建信息处理小组开展分析、统计和预测工作。例如，在疫情防控资金和捐赠款物专项审计中，审计署广州特派员办事处发挥大数据审计优势，在疫情专项审计的初期阶段迅速组织数据分析组开展大数据分析，充分利用各类数据多视角剖析抗疫物资生产链条中阻梗，[1] 实现大数据审计高效率、全覆盖的目标。

---

[1]　资料来源：国家审计署网站。

第 6 章

国家治理视角下的审计清单制度实施
——基于地方审计机关审计公告的研究

本章基于地方审计机关审计公告的发布现状，进一步研究国家治理视角下审计清单制度的实施情况，共分为三个部分：首先，基于我国地方审计机关特殊领导体制分析地方审计机关审计信息披露的特色；其次，通过调查分析当前审计公告制度下我国地方审计机关审计信息披露现状；最后，运用实证的方法分析影响我国地方审计机关审计信息披露的因素，得出结论并提出政策建议。

6.1 地方审计机关特殊领导体制下审计信息披露的特色分析

6.1.1 "双重领导 + 党委领导"下的审计制度的特殊性及对审计信息披露的影响

英国、美国审计机关向议会负责；法国审计机关隶属于司法部门；日本审计机关独立于立法、行政、司法，只对法律负责。我国最高审计机关（即审计署）隶属于国务院，对国务院总理负责；地方审计机关对本级人民政府和上一级审计机关负责并报告工作，属于"双重领导"体制。

审计机关的隶属关系决定审计信息提交对象，基于我国地方审计机关的行政隶属关系，图 6-1 反映了审计报告提交的情况。

我国审计机关在党的领导下开展审计工作，独立行使权力，对党政机关、事业单位、民主党派、人民团体进行审计，充分发挥监督作用。2018 年 3 月，中共中央印发了《深化党和国家机构改革方案》，为加强党和国家领导，构建全面、统一、高效的审计监督体制，组建中央审计委员会，作为党中央议事协调机构。党对审计机关的领导体现在党要求审计机关自觉在思想和行动上与中央保持一致，要求国家审计拓展监督的广度和深度、消除监督盲区，加强审计监督力度，加大党中央重大政策措施贯彻落实情况跟踪力度，揭示和防范经济运行中的风险

（许瑜、冯均科，2018）。

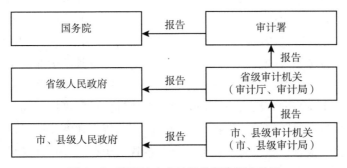

图 6-1　我国地方审计机关报告提交关系

基于以上分析，"双重领导 + 党委领导"对于审计信息披露的影响表现在以下几个方面：

（1）审计信息披露对象。地方审计机关审计信息披露的对象为本级人民政府、上级审计机关、党委、人大和公众。从领导关系来看，受谁的领导就要向谁报告，"双重领导 + 党委领导"的特殊领导方式要求审计机关在披露审计信息时，不但要依法向本级人民政府报告，还要向上一级审计机关披露重点审计信息，向党委组织部门提交经济责任审计报告。根据《审计法》的规定，审计机关还应受政府委托，向本级人大常委会提交审计工作报告，报告上一年度预算执行和其他财政收支审计中查出的问题。

（2）审计信息披露的程序。从审计工作报告的披露程序来看，审计机关在受政府委托向本级人大常委会披露审计工作报告之前，报告的内容应当通过本级政府相关部门的审核；从审计结果公告的披露程序来看，审计机关公布审计结果之前须履行审批手续。审计署《审计机关公布审计结果准则》规定：审计机关向社会公布审计结果，必须经审计机关主要负责人批准；涉及重大事项的，应当报经本级人民政府同意。就省级审计机关发布的规定来看，《云南省审计厅审计结果公告试行办法》中提出：涉及省本级预算执行情况和其他财政收支的审计结果需要公告的，应当经过省政府批准同意；重要审计事项的审计结果需要公告的，应当在向省政府呈送的报告中做出书面说明，经省政府批准同意后方可公告。审计信息的披露要经过审计机关和上级行政部门的审批，优点是能降低审计信息披露的风险，但也存在公告信息的完整性和客观性受到影响的可能性。

（3）审计信息披露的时间。从我国地方审计机关发布的审计结果公告相关管理办法来看，一部分地方（如云南省）审计机关未对审计结果公告时间提出要求,另一部分(如江苏省)要求审计机关应该在审计报告和审计决定书生效 60 日后的适当时机进行公告,均没有设定严格的界限,审计机关具有较大的自主选择权。我国地方审计机关受"双重领导+党委领导",审计信息需要经过层层审批后才能公告,这对公告的时效性产生一定的影响。此外,一些审计结果公告性质特殊,需要特殊整改或者本身具有保密性,需要等待其密级降低才能发布。

(4)审计信息披露的内容。按照我国《审计法》规定,国务院以及县级以上人民政府每年应当向本级人大常委会提交审计机关对预算执行和其他财政收支的审计工作报告。对于审计工作报告中指出问题的纠正和整改情况,政府也应当提供相应的整改报告,并及时向社会公告;各省份颁布的《审计结果公告试行办法》公布内容主要包括:省级预算执行情况和其他财政收支的审计结果、政府部门和国有企业事业组织财政收支、财务收支的审计结果、有关行业和专项资金的综合审计结果和有关领导干部任期经济责任审计结果。

6.1.2 有关方面对地方审计机关审计信息需求的分析

因为不同机构对审计信息的不同需求,审计机关披露的审计信息也有所不同。

(1)人大预算审查监督重点在于支出预算和政策执行。人大常委会是负责预算审查、监督的部门,需要审计机关提交审计工作报告,反映预算执行和其他财政收支审计中查出的主要问题;被审计单位整改后,审计机关也应向人大常委会提交反映整改情况的整改报告。2018 年 3 月,中共中央办公厅发布《关于人大预算审查监督重点向支出预算和政策拓展的指导意见》(以下简称《意见》),表明人大预算审查监督重点的转移。《意见》要求审计机关研究提出下一年度审计监督重点和重点项目时,应当征求人大常委会预算工作委员会的意见;在向本级人大常委会报告年度预算执行和其他财政收支的审计工作报告时,重点反映专项资金绩效和政策审查监督等相关审计信息。除此之外,审计机关在审计过程中发现普遍性的违法问题,可以有针对性地提出立法建议,为人大完善法制提供依据。

(2)政府关注重要政策措施跟踪落实情况和重点资金使用情况。地方政府作为国家权力的执行机关,需要及时跟踪和了解党中央、国务院以及本级党委制定的重要政策措施的落实情况,一方面能够推进落实党和国家的最新方针政策,另一方面通过信息反馈,为相关部门进一步决策打好基础。近年来,国家审计机关开展的重大政策措施落实情况跟踪审计,每季度向本级政府和上级审计机关报告跟踪审计情况和整改情况,重大事项随时报告,就是通过审计监督的视角,持续深入监督政策落实情况,揭露其中存在的问题,并及时将全局性、普遍性和规律性的问题反馈给相关部门（朱殿骅，2018）。除此之外，政府还应关注重点项目的建设情况以及重点专项资金的使用情况，审计部门通过对重点项目跟踪审计，对重点专项资金使用的经济性、效率性和效果性进行评价，为政府部门提供信息。

（3）经济责任审计结果是党的组织部门关注的重点。中国共产党是中国特色社会主义的领导核心，贯彻全面从严治党，需要以资金、项目与政策为抓手，落实到具体的组织和党员干部身上（杨宇婷、王彪华，2017），要求一个相对独立的专业机构提供领导干部经济责任的监督评价情况，为党的组织部门和其他相关部门考核使用干部提供参考依据。同时，经济责任审计紧盯领导干部等关键少数，能够有效促进权力约束，加强权力监督，为党的纪检部门提供涉及腐败的线索，遏制腐败现象。加强党的执政能力和领导水平，除了关注领导干部的监督和问责之外，还应该保证党的集中统一领导与政令畅通。审计机关通过对党的重要政策开展跟踪审计，对重点领域、项目和资金开展审计监督，能够有效打破阻碍，推动政策落实，提高党的执政能力。

（4）公众更加关注与自身利益相关的重大民生资金审计结果。随着民主和法治进程的推进，公众参政议政意识加强，更加关注与自身利益有关的、突出民生服务的项目，如扶贫、社保基金、公共交通、文化设施等项目的审计情况。审计机关不但要提供项目资金的合法性审计信息，还要披露项目本身经济性、效率性和效果性信息，让民众参与监督，提高资金的利用效率。

综上所述，各方面对审计信息的需求不同，归根到底源于其管理目标不同。审计机关在审计信息披露时，应当兼顾各利益相关方的不同信息需求，采用合适的方式及时进行信息披露。例如，在向公众披露审计信息时，应当减少使用过分专业的词汇，可以用漫画、图表等直观的方式进行表述，方便公众理解和接收。

6.1.3　地方审计机关参与国家治理的审计信息披露制度创新情况研究

诺斯（North，1990）认为，制度是个社会的游戏规则，更规范地讲，它们是为人们的相互关系而人为设定的一些制约。地方审计机关参与国家治理的重要途径在于其不断创新审计信息披露制度，表现在以下几方面：

（1）地方审计机关陆续制定和出台有关的规范性文件。江苏等省份根据《中华人民共和国政府信息公开条例》出台本省份的审计信息公开办法，如《江苏省审计厅政府信息公开办法（试行）》，为本省审计信息披露提供了依据。基于《政府信息公开条例》和《审计署审计结果公告试行办法》，浙江省、天津市等审计机关 2015 年之后制定出台本省（市）的审计结果公告管理办法，规范审计结果公告的事项、内容、发布方式和审批程序，促进审计机关提升审计信息披露工作水平。为了加强审计整改的跟踪检查工作，部分省份还制定了审计厅审计结果整改落实情况跟踪检查管理办法，如福建省 2016 年修订的《福建省审计厅审计结果整改落实情况跟踪检查管理办法》等。

（2）地方审计机关扩大审计信息披露的范围。部分审计机关开始分季度公布国家重大政策措施贯彻落实情况跟踪审计结果，如《吉林省审计厅关于 2017 年第二季度"放管服"改革政策措施落实跟踪审计结果公告》公布了各市（州）政府及相关部门积极推进"放管服"改革重大政策措施落实情况、审计发现的主要问题，并且附有详细的责任清单，将责任落实到具体的单位。除此之外，各地方审计机关不断扩大审计工作报告的内容范围，部分省份（如浙江省）等在审计工作报告中披露本年度经济责任审计情况，有利于人大和公众了解经济责任审计情况，也为经济责任审计信息进一步披露打好基础。

（3）地方审计机关加强审计信息披露的力度。重庆市审计局在《关于 2017 年度市级预算执行和其他财政收支审计情况的公告》中通过表格的方式逐项披露审计发现的具体问题，对出现问题的具体部门运用"点名"的方式进行精准披露。山西省也在审计工作报告中列示《2013 年度省本级预算执行审计查出虚报冒领财政资金问题明细表》等内容，采用"问题清单"的方式有效督促被审计单位的整改。

（4）部分审计机关改变审计信息披露的方式。2017 年上海市审计局在《关于本市 2014 至 2016 年度高速公路运营养护情况的审计调查结果公告》中改变原本的公告方式，只披露了项目的基本情况、审计发现问题和建议，将具体整改情况交由被审计单位另行向社会公告，明确被审计单位整改的主体责任，极大地提高了公告的及时性。2018 年 11 月广东省公安厅等 39 个省直部门单位门户网站发布了本部门单位 2017 年度预算执行审计整改结果公告，标志着我国地方审计机关审计结果公开工作向前迈出了一大步。浙江省 2016 年 7 月印发《浙江省审计厅督促指导被审计单位主动公告整改结果办法（试行）》督促被审计单位主动公告审计整改结果。

综上可以看出，地方审计机关对于审计信息披露制度的创新主要表现在发布规范性文件、扩大信息披露范围、加强信息披露力度、改变信息披露方式等四个方面，但从某种程度上来说，地方审计机关对于审计信息披露的创新是在进一步学习审计署审计信息披露的做法。例如，审计署早在 2002 年就发布了《审计署审计结果公告试行办法》，而省级审计机关是在近年陆续开始出台有关规定（据不完全统计，山西省出台相关规定的时间为 2015 年，浙江省为 2016 年，天津市为 2018 年）。由此可见，地方审计机关对审计信息披露制度的创新程度是有限的。究其原因，可能是我国地方审计机关审计信息披露工作尚且处于推广和实行阶段，模仿与借鉴审计署的先进做法是第一步，待时机成熟、积累丰富的审计信息披露经验之后，再根据当地实际情况创新和改进工作方式。

6.1.4　地方审计机关与国家审计署信息披露制度的差异探讨

地方审计机关与国家审计署的信息披露制度差异从以下两方面来看：

（1）审计机关的隶属关系决定审计信息披露制度差异。审计署是我国最高审计机关，对国务院总理负责；地方审计机关对本级人民政府和上一级审计机关负责并报告工作，属于"双重领导"。审计机关的独立性影响审计质量，进一步影响审计信息披露的质量（DeAngelo，1981）。审计隶属关系影响审计机关的独立性，从而影响政府审计质量（吴联生，2002；项荣，2007）。我国地方审计机关行政型加双重领导的审计体制所造成的审计妥协导致审计机关的地位与执行效率呈反向关系（郑石桥，2011）。因此，审计署在披露审计发现的主要问题时，应当更加充分和详细；在揭示出现问题相关的责任单位和责任人时，也应当更加直接和明确。

（2）我国地方审计机关应向上级审计机关披露重要审计信息。地方审计机关在业务上受审计署的领导，如《审计署关于印发地方审计机关 2017 年度应重点抓好的工作任务的通知》中要求下级审计机关的重要审计结果、重要人事变动、审计干部违纪违法、重大负面新闻、紧急突发事件及处置情况等都应及时向上级审计机关报告。因此，审计署站位高，公告披露时更加全面和宏观，也更容易披露全国性、行业性、制度性的问题。

从以上两点可以看出，考虑到审计机关独立性、层次和审计资源等因素，审计署审计信息披露质量比地方审计机关更高。从实践来看，审计署推出审计结果公告制度已有 18 年，累积了丰富的经验。与之相比，我国地方审计机关的审计信息披露工作从 2014 年后才开始步入正轨（2014 年国务院发布《国务院关于加强审计工作的意见》），还处于审计信息披露的探索期。因此，地方审计机关应当积极吸收审计署在审计信息披露工作中的优秀做法，如在发布公告的同时邀请专家对公告进行解读，积极建设地方审计机关微博、微信公众号，及时推送审计信息，尽可能采用通俗易懂的方式进行信息披露。

6.2　当前审计公告制度下地方审计机关审计信息披露现状分析

结合上一节的理论研究，本节对当前审计公告制度下我国地方审计机关审计信息披露现状进行调查和分析，一共分为三个部分：首先，先说明对我国三级地方审计机关审计信息披露的调查方案；其次，对省级和市、县两级审计机关审计信息披露情况分别进行调查和分析；最后，在第二部分的基础上对调查结果进行总体分析。

6.2.1 三级地方审计机关审计信息披露的调查方案

6.2.1.1 调查方式

按照审计署 2002 年发布的《审计署审计结果公告试行办法》以及江苏、浙江等诸多省份发布的《审计公告办法》，当前审计公告制度下，审计结果公告的发布形式有多种，如通过政府门户网站、审计机关门户网站发布，通过举办新闻发布会发布、通过报刊电台电视发布、通过政务微信公众号等新媒体发布等。考虑到调查内容搜集的便捷性和可行性，本书仅选择审计机关门户网站这一个审计信息披露的渠道进行分析。原因在于：随着政务信息化的发展，推行电子政务和完善门户网站是政府部门的工作重点之一，我国省级审计机关和部分市级审计局也按照要求开通审计门户网站，并且设置专栏披露审计结果公告。利用审计机关在门户网站上披露的审计信息研究信息披露现状，不但研究成本低、方便易行，还能对各省市门户网站的建设情况和审计信息的披露情况进行横向对比，使得现状披露更加完整和全面。

6.2.1.2 调查内容

本书通过搜集 2008～2019 年 31 个省级审计机关在其门户网站上发布的审计结果公告和审计工作报告，分析公告发布的时间、内容和数量等特征，对公告发布情况进行横向和纵向对比。① 具体分为两个部分：

一是对省级审计机关审计信息披露现状的分析。首先，研究省级审计机关的网站建设情况和公告的发布情况，统计其是否开通审计门户网站，网站是否设置专栏披露审计结果公告和审计工作报告。其次，从全样本的角度分析审计结果公告披露的数量、发布时间和公告披露的内容。最后，具体对比 2012 年和 2019 年两个年份所有省级审计机关发布公告的类型，探讨审计信息披露的发展趋势。

二是对市、县级审计机关信息披露情况的对比研究。本书从东、中、西部地区各挑选一个省份（分别是浙江、吉林和陕西），手动搜索其下辖的市级和县级审计机关的审计网站，具体了解其是否开通审计网站、是否披露审计结果公告，以及披露公告的数量和内容。

---

① 调查内容不包括台湾地区、澳门特别行政区和香港特别行政区审计机关披露的审计信息。

6.2.2 关于地方审计机关审计信息披露情况的调查

6.2.2.1 省级审计机关审计结果公告发布情况

（1）公告发布方式。本书参考吴勋（2016）的做法，根据各省级审计机关网站是否设立专门的审计结果公告专栏，公布的审计结果公告是否进行编号为标准进行分类和统计，得到数据如表 6 - 1 所示。

表 6 - 1   审计结果公告发布方式

项目	无专栏 无编号	无专栏 有编号	有专栏 无编号	有专栏 有编号	合计	与审计署 公告混合	占比 （%）
省级审计机关数量（个）	1	0	19	11	31	15	48

从统计数据看，我国 31 个省级审计机关开设了审计网站，其中有 30 个在审计厅（局）网站上专门设立了披露审计结果公告的专栏，方便公众查找和阅读。只有 1 个省级审计机关没有设立审计专栏，其审计结果公告需要进入信息公开目录中查找。在开设专栏的 30 个审计机关中，有 11 个审计机关对公布的审计结果公告进行编号，但即便是进行编号的审计机关，大多也是从近两年来才开始规范化和制度化，公告随意性较强。在 31 个省级审计机关中，有 15 个审计机关在审计结果公告披露栏目中转载审计署的审计结果公告填充专栏内容，占比为 48%，此现象在 2008 ~ 2012 年审计结果公告制度尚未完全推广时较为普遍。部分审计机关还在审计结果公告专栏中公布除结果公告之外的内容，如将审计系列职称评审、法治建设情况总结等通知公告与结果公告混合。总体来说，省级审计机关在网站上发布审计公告的方式仍需规范和统一。

（2）数量特征。分年度统计 31 个省级审计机关于 2008 ~ 2019 年发布的审计结果公告数量，如表 6 - 2 所示。

表 6 - 2   各年度审计结果公告的数量

年份	公布审计结果公告的省份（个）	审计结果公告数量（份）	平均数（份/省份）
2008	13	65	5.0
2009	13	61	4.7
2010	19	178	9.4
2011	19	162	8.5
2012	17	189	11.1

年份	公布审计结果公告的省份（个）	审计结果公告数量（份）	平均数（份/省份）
2013	23	326	14.2
2014	25	395	15.8
2015	29	433	14.9
2016	29	373	12.9
2017	31	461	14.9
2018	31	464	15.0
2019	31	420	13.5
合计		3527	113.8

根据表 6-2 中数据可知，从 2008 年到 2019 年，越来越多的审计机关开始发布审计结果公告。发布审计结果公告的审计机关数量从 2008 年的 13 个增加到 2019 年的 31 个，即参与统计的所有省级审计机关均完成了在审计网站上披露审计信息的要求。在发布公告数量方面，公告数量从 2008 年的 65 份审计结果公告到 2019 年的 420 份公告，增幅达 546%；除此之外，各省份每年披露的公告平均数量也从 5 份增加到 13.5 份，说明我国省级审计机关日益重视对审计结果的披露，审计结果公告的发布日趋制度化和常态化。

按照省份统计 2008~2019 年发布的审计结果公告数量，结果如表 6-3 所示。

表 6-3　　2008~2019 年 31 个省级审计机关发布的审计结果公告数量

省份	数量	省份	数量	省份	数量
北京	471	安徽	40	四川	57
天津	36	福建	36	贵州	30
河北	25	江西	63	云南	610
山西	54	山东	62	西藏	25
内蒙古	51	河南	199	陕西	242
辽宁	64	湖北	11	甘肃	107
吉林	46	湖南	70	青海	166
黑龙江	57	广东	53	宁夏	16
上海	379	广西	210	新疆	27
江苏	50	海南	38		
浙江	178	重庆	54		

资料来源：根据 31 个省级审计机关网站 2008~2019 年审计结果公告整理。

根据表 6 - 3 可知，2008~2019 年发布审计结果公告数量最多的三个省份分别是云南（610 份）、北京（471 份）、上海（379 份），发布公告最少的三个省份分别是湖北（11 份）、宁夏（16 份）和西藏（25 份）。发布审计结果公告总数量超过 100 份的有 9 个省份，发布公告总数量在 50 份到 100 份之间的有 11 个省份，发布公告总数量小于 50 份的有 11 个省份。由此可见，同为省级审计机关，但各机关之间发布的审计公告数量存在显著差异，审计公告制度推进程度在各省份之间存在很大差别。

按照经济发展程度，将 31 个省份划分为东、中、西部三个地区[①]，按照地区统计 2008~2019 年省级审计机关发布的审计结果公告数量，得到表 6 - 4。

表 6 - 4　　　　　东、中、西部省级审计机关审计结果公告披露情况

地区	总数（份）	最大值（份）	最小值（份）	平均数（份）	标准差
东部	1392	471	25	126.5	147.4
中部	540	199	11	67.5	52.5
西部	1595	610	16	132.9	161.5

资料来源：根据 31 个省级审计机关网站 2008~2019 年审计结果公告整理。

从审计结果公告发布的总数来看，西部地区排名第一，一共发布 1595 份审计结果公告；东部地区排名第二，一共发布 1392 份审计结果公告；中部地区排名第三，一共发布 540 份审计结果公告，东部和西部之间公告总数相差 203 份。从公告数量的平均数来看，西部平均数为 132.9 份，东部为 126.5 份，差距不大。但考虑到各省份数据的离散程度，东部地区标准差为 147.4，西部地区公告数量的标准差为 161.5，东部比西部表现更好。值得注意的是，发布公告数量最多的省份出现在西部地区，即云南省（共 610 份），占西部公告总数的 38.24%。因此，可以进一步深入讨论审计公告制度执行力度与地区经济发展水平之间的关系。

（3）发布时间。针对省级审计机关审计结果公告的发布及时性，本书对 31 个省级审计机关 2008~2019 年发布的 3527 份审计结果公告的公告时间进行统计，其中，审计结果公告发布时间是指公告中披露的审计工作结束时间与在审计网站上公布的公告时间之间的间隔。具体分为四种：时间间隔小于 3 个月、3~6

① 根据国家统计局 2017 年发布的《2016 年全国房地产开发投资和销售情况》报告中对东、中、西部的划分标准，认为东部地区包括北京、天津、河北、辽宁、上海、江苏、浙江、福建、山东、广东、海南 11 个省份；中部地区包括山西、吉林、黑龙江、安徽、江西、河南、湖北、湖南 8 个省份；西部地区包括内蒙古、广西、重庆、四川、贵州、云南、西藏、陕西、甘肃、青海、宁夏、新疆 12 个省份。

个月、6~12个月、12个月以上。其中，一些公告没有披露审计工作时间，在统计时依照唐大鹏（2017）的做法，将其统计在"6~12个月"的区间内。统计结果见表6-5。

表6-5   审计结果公告的发布时间

项目	3个月以内	3~6个月	6~12个月	12个月及以上
审计结果公告数量（份）	342	864	2003	318

资料来源：根据31个省级审计机关网站2008~2019年审计结果公告整理。

为了更直观清晰地展示各种情况的比例，制作饼状图（见图6-2）。

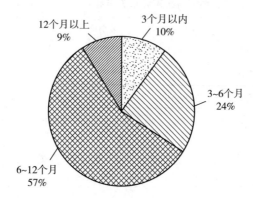

图6-2   审计结果公告发布时间

从图6-2可以看出，仅有10%的审计结果公告（342份）发布时间在3个月内，在这一选项中，除了部分发布及时的审计结果公告之外，还包括各省份12年间的审计工作报告。审计报告时间间隔是指政府向人大常委会提交审计工作报告到将报告发布在其审计网站之间的时间差，一般来说小于3个月。由此可见，在审计工作结束后3个月内发布的审计结果公告数量并不多，审计结果公告发布的及时性有待加强。在3527份审计结果公告中，有超过一半（57%）的审计结果公告（2003份）发布时间在6~12个月，有9%的审计结果公告（318份）发布时间在12个月以上，合计有占比66%（2321份）的审计结果公告在审计项目结束后6个月陆续发布，即公众在审计项目结束半年之后才能陆续知晓审计结果。审计结果公告及时性较差降低了审计信息的信息含量，致使公众无法及时得知审计发现的问题，无法发挥舆论监督推动审计整改的有效作用，与此同时也可能让公众对审计结果公告所公布的信息失去期待。

（4）省级审计机关公告的内容。按照公告内容的不同，将审计结果公告划分为不同的公告类型。本书根据马劲（2014）的思路，将审计结果公告分为 11 种类别。为了从时间维度探讨各类型审计结果公告数量的变化趋势，本书选取 2012 年和 2019 年两年 31 个省级审计机关发布的审计结果公告类型进行对比。之所以选择 2012 年和 2019 年，是因为在《审计署 2008~2012 年审计工作发展规划》中明确要求地方审计机关推行审计结果公告制度。2012 年是五年工作发展规划的最后一年，也是验收审计结果公告制度推行成果的一年；相比于 2012 年，2019 年是我国审计工作发生巨大变化的一年，无论是《2019 年政府工作报告》中提出推进法治政府建设和治理创新，应发挥审计监督作用，还是持续组织开展国家重大政策措施贯彻落实情况跟踪审计，都对审计信息披露提出更高的要求。因此，对比 2012 年和 2019 年两年的审计结果公告发布情况，能够更加完整和直观地了解审计结果公告类型的变化趋势，为今后披露审计信息提供参考。具体情况见表 6-6。

表 6-6　　　　　　　　　　　　审计结果公告类型

公告类型	2012 年	2019 年
审计工作报告	11	26
查出问题整改情况的报告	3	23
预算执行和财政收支审计	83	152
工程项目审计	18	75
土地、资源、环境审计	3	5
民生专项资金审计	10	25
涉外审计	13	71
重大突发事件及恢复重建工程审计	22	3
政策措施落实情况跟踪审计	0	39
债务性审计结果	3	0
税收征管审计	23	1
合计	189	420

资料来源：根据 31 个省级审计机关网站 2008~2019 年审计结果公告整理。

根据表 6-6 可以看出，在公告总数方面，2012 年全国 31 个省级审计机关一共发布了 189 份审计结果公告，2019 年的总数是 420 份，数量增幅达到 122.2%。在 2012 年，发布数量排名前三位的公告类型分别是预算执行和财政收支审计结果公告（83 份）、税收征管审计结果公告（23 份）和重大突发事件及恢复重建工程审计结果公告（22 份）。2019 年，发布数量排名前三位的公告类型分别是预算执行和财政收支审计结果公告（152 份）、工程项目审计结果公告（75 份）、涉外审计结果公告（71 份）。经过对两年公告类型的对比可以发现审计工作范围在扩大，审计信息披露的重点不仅仅只是传统的政府部门预算执行和财政收支审计，还增加了工程项目审计结果公告和涉外审计报告等新的形式。为了更清楚地看出两者的变化趋势，将上述表格数据绘制成图 6 - 3。

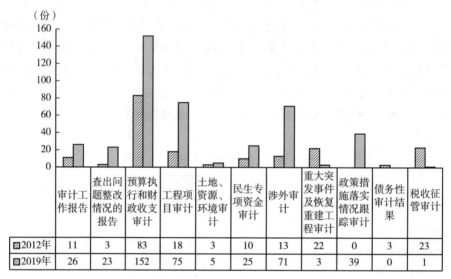

（份）	审计工作报告	查出问题整改情况的报告	预算执行和财政收支审计	工程项目审计	土地、资源、环境审计	民生专项资金审计	涉外审计	重大突发事件及恢复重建工程审计	政策措施落实情况跟踪审计	债务性审计结果	税收征管审计
2012年	11	3	83	18	3	10	13	22	0	3	23
2019年	26	23	152	75	5	25	71	3	39	0	1

图 6 - 3　2012 年与 2019 年审计结果公告类型对比

由图 6 - 3 可知，预算执行和财政收支的审计结果公告数量急剧上涨，其原因可能是 2019 年多个省级审计机关披露具体部门以往年度的审计结果公告，如云南省在 2019 年初披露了一批省级机关 2017 年度的财务收支及预算执行审计结果公告，导致数量增幅较大。除此之外，涉外审计数量上涨剧烈，可能是涉外审计的审计报告需要向世界银行等机构提供，质量较高，披露风险小，审计机关乐于披露此类公告。此外，工程项目审计和民生资金审计的审计结果公告数量均有增加，说明审计机关不断扩大审计结果公告范围，审计工作紧跟党委、政府的要求，同时也将公众的需求考虑在内。值得注意的还有政策措施跟踪审计公告数量的增加，究其原因，是因为审计署为贯彻《国务院关于加强审计工作的意见》，于 2015 年 5 月发布《国家重大政策措施和宏观调控部署落实情况跟踪审计实施意见（试行）》。随后，各省份相继发布相关的指导意见，提出将推动重大政策措施贯彻落实作为审计工作的重中之重。以湖南省审计厅 2019 年 10 月 22 日发布的《湖南省审计厅关于 2019 年 1 至 2 季度重大政策贯彻落实情况跟踪审计结果》为例，跟踪审计以一个自然年为周期，以季度划分工作阶段，跟踪审计的审计结果公告内容中附有有关部门和地区推进国家重大政策措施贯彻落实的具体措施、整改较好的事例和跟踪审计发现的主要问题。其中，在披露发现的主要问题时，公告采用点名的方式列举问题类型、具体问题、涉及地区和涉及人数，责任落实到具体单位，相比于"部分县""n 个单位"的披露方式，点名力度更大，更有利于公告的传播，从而推动被审计单位的整改。

6.2.2.2　市、县两级审计机关审计结果公告发布情况

为了解市、县两级审计机关审计结果公告发布的现状，本书从东、中、西部地区各选择一个具有代表性的省份作为样本，即浙江省、吉林省、陕西省，对其省本级、下辖地级市的审计结果公告情况进行搜索和统计。之所以在东、中、西部选择这三个省份主要是考虑到：一是三个省份披露的公告数量适中，具有代表性。二是选择的三个省份各有特点：浙江省无论是在审计工作（如自然资源环境审计、云审计和领导干部经济责任审计等），还是审计信息披露方面都走在我国前列，分析其审计结果公告现状能够了解我国审计信息披露的先进水平；陕西省是我国西部地区审计信息披露较好的省份之一，其优点在于能规范、完整地披露政府部门和企事业单位预算执行情况的审计信息，代表着目前审计信息披露的主流水平。在国务院提出新一轮东北振兴战略的背景下，了解吉林省审计结果公告披露情况具有现实意义。综上，搜索并统计三个省份及其下辖地级市 2019 年审计结果公告的披露情况，得到以下分析结果。

对浙江省审计结果公告披露情况的分析如表 6 - 7 所示。

表 6 - 7　　　　　　　　　　2019 年浙江省市审计结果公告披露情况

区域	审计机关是否开通网站	是否有审计公告专栏	公告数量（份）	公告类型
浙江省本级	是	是	38	审计工作报告、预算执行及财政收支审计、工程项目审计、民生专项资金审计、涉外审计、政策措施落实情况跟踪审计
杭州	是	是	49	审计工作报告、预算执行和财政收支审计、民生专项资金审计、政策措施落实情况跟踪审计、经济责任审计、绩效审计、土地资源环境审计、工程项目审计
宁波	是	是	33	预算执行和财政收支审计、涉外审计、政策措施落实情况跟踪审计、工程项目审计、民生专项资金审计、政府决算审计、土地资源环境审计

续表

区域	审计机关是否开通网站	是否有审计公告专栏	公告数量（份）	公告类型
温州	是	是	28	审计工作报告和整改报告、预算执行和财政收支审计、政策措施落实情况跟踪审计、工程项目审计、民生专项资金审计、土地资源环境审计
绍兴	是	是	39	审计工作报告、预算执行和财政收支审计、经济责任审计、民生专项资金审计、政策措施落实情况跟踪审计、工程项目审计、政府财政决算审计
湖州	是	是	34	审计工作报告和整改报告、预算执行和财政收支审计、政策措施落实情况跟踪审计、工程项目审计、民生专项资金审计
嘉兴	是	是	36	预算执行和财政收支审计、政策措施落实情况跟踪审计、工程项目审计、民生专项资金审计、政府财政决算审计
金华	是	是	19	预算执行和财政收支审计、政策措施落实情况跟踪审计、工程项目审计、民生专项资金审计、土地资源环境审计、整改报告
衢州	否	在政府门户网站公布	32	预算执行和财政收支审计、政策措施落实情况跟踪审计、经济责任审计、工程项目审计、民生专项资金审计、土地资源环境审计
台州	是	是	27	审计工作报告、预算执行和财政收支审计、政策措施落实情况跟踪审计、民生专项资金审计
丽水	是	是	32	预算执行和财政收支审计、政策措施落实情况跟踪审计、经济责任审计、工程项目审计、民生专项资金审计、土地资源环境审计、政府财政决算审计
舟山	是	是	26	审计工作报告、预算执行和财政收支审计、政策措施落实情况跟踪审计、经济责任审计、工程项目审计、民生专项资金审计、土地资源环境审计、政府财政决算审计、国有企业财务收支审计

资料来源：根据浙江省审计厅网站和杭州市审计局、宁波市审计局等市级审计机关网站 2019 年审计结果公告整理。

根据表 6-7 可知，浙江省下辖 11 个市，除衢州市在"衢州市政府信息公开网"上披露审计信息之外，其余 10 个地级市均开通了审计局网站，并在网站上设有专栏披露审计结果公告。从公告数量上来看，11 个地级市 2017 年平均公布数量为 32.27 份，数量最多的是杭州市（49 份），最少的是金华市（19 份）。从地级市审计局公布的审计结果公告类型来看，主要包括预算执行和财政收支审计、政策措施落实情况跟踪审计、经济责任审计、工程项目审计、民生专项资金审计、土地资源环境审计 6 种，类型较为丰富。值得注意的是，2019 年浙江省下辖的 11 个市中，有 6 个市级审计机关披露领导干部经济责任审计结果公告。以杭州市审计局为例，其在 2019 年 11 月 29 日发布的《杭州市审计局关于 2019 年度市管领导干部经济责任审计结果的公告（一）》中披露了杭州市部分市管领导干部任职期间经济责任履行情况的审计结果。虽然公告中仅列出了审计查出的主要问题，没有具体点名，但表明市级地方审计机关正在积极探索经济责任审计结果公告的披露。

为了解县级审计机关的审计信息披露情况，本书随机从宁波、金华和舟山三个市中选择江北区、余姚市、金东区、兰溪市、定海区和岱山县进行查找和搜索，发现六个区（县）均没有开通专门的审计门户网站，而是在区（县）人民政府的网站披露审计信息。但这里的审计信息并不包括审计结果公告和审计工作报告，大多是审计局的预决算、计划总结和政策文件。

对陕西省审计结果公告披露情况的分析如表 6 - 8 所示。

表 6 - 8　　　　　　　　2019 年陕西省市审计结果公告披露情况

区域	审计机关是否开通网站	是否有审计公告专栏	公告数量	公告类型
陕西省本级	是	是	5	审计工作报告、预算执行及财政收支审计
西安	是	是	24	预算执行及财政收支审计、民生专项资金审计、政策措施落实情况跟踪审计、工程项目审计
宝鸡	是	是	4	预算执行及财政收支审计
咸阳	是	是	1	工程项目审计、整改报告
铜川	否	在政府信息公开目录下公告	15	预算执行及财政收支审计、工程项目审计
渭南	是	否	1	预算执行及财政收支审计
延安	是	是	10	预算执行及财政收支审计
榆林	是	是	11	政策措施落实情况跟踪审计、民生专项资金审计、工程项目审计
汉中	是	是	26	政策措施落实情况跟踪审计、工程项目审计、预算执行及财政收支审计
安康	是	是	4	预算执行及财政收支审计、政策措施落实情况跟踪审计
商洛	是	是	27	预算执行及财政收支审计、经济责任审计、工程项目审计

资料来源：根据陕西省审计厅网站和西安市审计局、宝鸡市审计局等市级审计机关网站 2019 年审计结果公告整理。

由表 6-8 可以得知，陕西省下辖 10 个市，有 9 个市开通了审计网站和专栏，并在网站上披露审计结果公告。平均每个市公布 12.3 份公告。按照数量排序，排名前三位的分别是商洛市（27 份）、汉中市（26 份）、西安市（24 份），数量最少的是咸阳市和渭南市，均仅有 1 份。公告主要类型包括预算执行及财政收支审计结果、政策措施落实情况跟踪审计结果、工程项目审计结果等。值得注意的是，商洛市审计局从 2013 年开始公布党政领导干部任期经济责任审计结果公告，公告内容包括该领导的职责范围及审计实施范围、所在单位的基本情况、任职期间的财务收支情况、审计评价、主要发现的问题和审计发现问题的整改情况，实现了经济责任审计结果公告常态化。

为了解县级审计机关的审计信息披露情况，本书按照同样的办法，随机从西安市、宝鸡市和汉中市中挑选长安区、未央区、渭滨区、凤翔县、汉台区、城固县进行搜索和查找，发现仅未央区从 2018 年开始在未央区人民政府的"督查审计"专栏中公布国家重大政策跟踪落实情况和保障性安居工程跟踪审计的审计结果公告，其他区（县）均没有开通审计门户网站，也未在人民政府网站上信息公开专栏中公布具体的审计信息。

对吉林省审计结果公告披露情况的分析如表 6-9 所示。

表 6-9 　　　　　　　　　2019 年吉林省市审计结果公告披露情况

区域	审计机关是否开通网站	是否有审计公告专栏	公告数量	公告类型
吉林省本级	是	是	6	审计工作报告、政策措施落实情况跟踪审计、涉外审计
长春	是	是	2	审计工作报告和整改报告、其余为转发自审计署和吉林省审计厅的结果公告
吉林	是	否	—	—
延边	否	—	—	—
四平	是	否	—	—
通化	是	否	—	—
白城	否	—	—	—
辽源	是	否	—	—
松原	否	—	—	—
白山	是	否	—	—
长白山管委会	否	—	—	—

资料来源：根据吉林省审计厅网站、长春市审计局网站 2019 年审计结果公告整理。

由表 6 - 9 可知，吉林省本级在 2019 年仅公布了 6 份公告，包括 2 份《吉林省审计厅重大政策措施落实情况跟踪审计结果公告》、1 份《吉林省人民政府关于 2018 年度省级预算执行和其他财政收支的审计工作报告》和 3 份涉外审计公告，公告数量少，类型单一。吉林省下辖 9 个市和 1 个管委会，其中有 6 个市审计局开通了网站。但在开通网站的市审计局中，只有长春市审计局设置了公告专栏，转发审计署和吉林审计厅的公告，其余开通网站的审计局均未在网站上公布审计结果。

为了解县级审计机关的审计信息披露状况，本书随机从通化市、白城市、松原市下辖的区县中选择东昌区、通化县、洮北区、洮南市、宁江区、扶余市进行搜索和查找，发现以上县（区）均未开通门户审计网站。

综合三省的情况来看，可以发现市级审计机关审计结果公告的披露情况差异较大。浙江省下辖的 11 个市均开通了审计门户网站，并在一定程度上实现了审计信息公开的常态化。相比浙江省，陕西省下辖市中，虽然大部分审计局开通审计网站并进行审计结果公告，但披露的审计结果公告数量较少，内容较为单一，多集中于披露部门预算执行和财政收支审计结果和政策落实情况跟踪审计结果，还有较大的改进空间。吉林省只有少数市审计局开通了审计网站，且未在网站上公布任何的审计结果公告，距离审计信息规范化和常态化披露还有较大的差距。

在县级方面，县区审计局在披露审计结果公告和审计工作报告方面还暂时处于空白状态，需要有关政府和审计机关提高重视，推动相关工作的进行。

6.2.3　关于地方审计机关审计信息披露情况的调查结果的分析

根据以上调查结果，可以看出我国地方审计机关审计信息状况发展态势良好，但仍然有相当大的改进空间。

发展态势良好，是指从 2008 年审计署发布第一号审计结果公告之后，短短的 12 年间，31 个省级审计机关均开设了审计门户网站，大多设立专栏来披露审计结果公告和审计工作报告。从公告的数量上来看，2019 年发布的审计结果公告数量（420 份）是 2008 年全国省级审计机关发布公告数量（65 份）的 6.5 倍，公告数量实现巨幅增长。从审计结果公告的及时性来看，地方审计机关从年底"突击"发布审计结果公告，逐渐成为日常披露。公告发布时间也从审计项目结束完成之后的 12 月以上，过渡到审计项目结束后审计机关及时发布审计基本信息和查出问题，由被审计单位自行公布整改情况，极大地提高了公告披露的速度。在公告内容方面，审计结果公告的类型不断扩展和丰富。从审计机关仅披露预算执行和部分专项审计的审计结果信息，到在原有公告类型的基础上披露重大政策措施落实跟踪审计结果公告、经济责任审计结果公告和扶贫等重大民生资金相关的审计结果公告，可以说，审计机关披露的审计信息日益满足公众和政府等利益相关者的需要。

地方审计机关的审计信息披露工作仍然有较大的改进空间。相比每一年完成的审计项目，审计机关只公告了其中很少的一部分，以某市为例，该市发布的《××市审计机关审计结果公告暂行办法》（以下简称《暂行办法》）中第五条规定，审计机关依据法律法规和国家有关规定，应当依法对预算执行、国有企业资产负债损益、政府重大公共投资情况、重大政策措施落实情况审计等9种审计结果进行公告，但2019年该市审计局一共只公布了4份审计结果公告和1份整改报告。4份审计结果公告分别是1份援疆资金和项目的跟踪审计结果公告、1份市级预算单位预算执行审计结果公告、2份涉外的公证审计结果公告，距离《暂行办法》所规定的范围和内容还有较大的差距。

除此之外，由于人员、经费、技术等诸多因素的限制，市、县审计机关的审计信息披露情况较差。为解决此问题，市、县级审计机关领导应当从观念上高度重视，上级审计机关和当地政府及时提供技术培训和各方面支持，为市、县两级审计信息的披露创造环境。

6.3 地方审计机关审计信息披露的影响因素分析

上一节对我国地方审计机关审计信息披露现状进行了调查和分析，本节在上一节的基础上，研究我国地方审计机关审计信息披露的影响因素。具体分为以下几个部分：首先，进行理论分析，提出研究假设；其次，设计研究方案并进行实证检验；最后，根据实证结果提出具有针对性的政策建议和结论。

6.3.1 理论分析与研究假设

从上一节我国地方审计机关审计信息披露的现状来看，审计结果公告发布的数量少、及时性差、公告类型有限，省份之间、省市县之间公告发布现状差距较大。为了探寻审计机关审计信息披露差距背后的原因，接下来运用实证的方法对地方审计机关审计信息披露的影响因素进行研究和分析。

由于数据少、受众多样、信息披露方式各异，所以，对我国审计信息披露研究的论文数量不多。在现有的研究中，聂新军、张立民（2009）利用发放问卷的方式，对广东省、江西省的地方审计机关进行专项调查，认为地方政府审计结果公告受到社会大众审计公告需求、地方政府职能转型、审计财政预算、专业人才短缺和地区经济文化的影响。在该研究中，作者采用"是否发布审计公告"作为衡量地方政府审计结果公告行为的标准，用问卷调查的结果作为自变量的赋值依据。郑小荣、何瑞铧（2014）利用环境决定论为理论基础，研究省级审计机关的公告意愿的影响因素。张曾莲、高绮鹤（2013）发现工业化程度、市场化程度、教育程度、财政支出和财政收入之比与审计公告质量负相关。唐大鹏（2017）运用"四个全面"的战略思想及"五位一体"的战略布局从经济、政治、文化、社会和生态五个方面构建理论体系。本书在参照前人研究成果的基础上，结合理论和现状的分析内容，从公众、政府、人大等方面的需求，以及审计机关所处的环境进行理论分析。

6.3.1.1　审计信息披露与公众需求

政府受公众的委托，承担公共受托责任，理应向公众进行信息披露，并且受到公众的监督。对于公众来说，无论是政府的财政收入和财政支出，还是政府制定的重大政策的执行，都与自身的利益息息相关，公众具有通过审计信息披露了解政府各部门预算执行、财政收支、重点资金运用和工程项目建设情况的动机；随着公民受教育程度的增加，公众阅读能力提升，参政意识和对公告的解读能力增强，对公告披露的质量的要求也越高。公众对于公告披露质量的高要求一方面可以形成广泛的舆论压力，影响被公告单位的形象，促进被审计单位和相关主管部门采取整改措施；另一方面也能对审计机关实现外部监控，给予其改进工作的压力（冯均科，2011），促使审计机关进一步提高审计结果公告披露的质量和数量。但也有学者持相反意见，其根据信息行为理论分析信息需求对公众的信息接收行为的影响，得出公众对负面信息的接收会加强其对负面信息的需求，从而改变其观点和看法（郑小荣，2012）。这种观点认为公告揭露的是审计中发现的主要问题，是一种负面信息，因此，审计结果公告越多，主要问题描述越详细，越会使公众对政府产生负面印象，从而降低公民对政府的信任度，不利于政府政策的执行和社会稳定。基于这两方面的理论，提出以下假设：

H1a：公众需求越强，审计信息披露越充分。

H1b：公众需求越强，审计信息披露越简略。

6.3.1.2　审计信息披露与政府需求

我国政府从 2008 年 5 月开始施行《政府信息公开条例》，推行政务公开，目的是为了进一步提高政府的公信力，打造阳光透明政府。审计是对政府经济活动的监督，审计信息的披露能够使信息使用者从资金层面判断政府的行政能力和对腐败处理的决心，进而提高公众对政府的信任，提升行政效率，降低行政的执行成本。审计信息披露还有一个重要目标是反腐，审计信息披露可以通过为媒体设置议程的方式引导公众关注，使权力滥用的问题更加醒目（郑小荣、陈雪，2018）。审计公告制度通过发挥国家审计预防和惩治腐败的作用，通过舆论监督的形式实现政治治理中约束行政权力滥用的治理效果（宋夏云、陈依晗，2017）。从这一角度看，政府对腐败的查处有利于促进审计机关提高审计信息披露质量，扩大审计信息披露范围。随着我国不断对外开放，国内外投资者增多，投资者决定在某一地投资时，会考虑当地的制度环境（张曾莲、高绮鹤，2013）。由于审计信息的负面属性，审计信息的披露会影响投资者的决策。当地政府考虑到本地区的经济发展，可能会限制审计机关披露重要和关键的审计信息。由此提出假设：

H2a：地区腐败查处力度越大，审计信息披露越充分。

H2b：地区外商投资越多，审计信息披露越简略。

6.3.1.3 审计信息披露与人大需求

我国《审计法》第四条规定，国务院和县级以上地方人民政府应当每年向本级人民代表大会常务委员会提出审计机关对预算执行和其他财政收支的审计工作报告。因此，人大常委会有监督政府预算执行及财政收支的权利，各级政府也有向人大常委会披露其预算执行和财政收支情况，提交审计工作报告和整改报告的义务。除此之外，人大常委会作为相对独立的外部监督者，监督的法制性和权威性更强，人大常委会对审计信息的需求，能有效推动审计机关进行审计信息披露。因此，人大对政府审计信息的需求越大，政府所披露的审计信息越充分。由此提出假设：

H3：人大信息需求越强，审计信息披露越充分。

6.3.1.4 审计信息披露与被审计单位

根据《审计法》规定，所有使用、管理、分配和筹集公共资金或者财政资金的部门、单位和个人，包括地方各级政府及其部门，国有金融企业、企事业单位都是审计监督的对象，也是审计信息披露时涉及的对象。在审计公告的制度设计中，包含着对被审计单位违法违纪行为的披露，以媒体舆论的压力达到规范被审计单位行为的目的（陈尘肇，2009）。被审计单位为了自身的利益，可能会采用承诺整改、以体制性、客观性等原因进行辩解，通过各种游说、说情的方式避免点名式的披露，降低和弱化公告力度。由此提出假设：

H4：被审计单位能动性越强，审计信息披露越简略。

6.3.1.5 审计信息披露与审计机关

审计机关是审计信息的生产者和审计信息披露行为的执行者，审计信息的披露一方面会成为审计机关展示工作成效的窗口，另一方面也会给审计机关带来风险和压力，促使其提高审计工作质量。由于我国行政机关内部部门构成复杂、企事业单位数量多，需要审计的重大工程和重点民生资金表现形式多样，审计工作量大，且审计机关编制数量有限，人手不足，因此，审计机关很容易在"权衡取舍"之后减少在审计公告上投入的人力资源，从而降低审计结果公告的数量和质量。由此提出假设：

H5：审计机关人员越多，审计信息披露越充分。

6.3.2 研究方案设计

前文根据理论分析结果，提出了影响审计信息披露的五个假设，本部分将根据提出的假设设计研究方案，具体包括三个方面：首先，阐述衡量审计信息披露是否充分、明晰、具体的评价标准；其次，说明各假设所对应的自变量如何选择，再说明变量数据的来源；最后，选择实证模型。

6.3.2.1 审计信息披露质量的评价标准

对于如何衡量审计机关披露的审计信息是否充分、详细、明晰，前人对此有着较为深入的研究。张琦、方恬（2014）在评价政府财务信息披露质量时，采用披露指数（disclosure index，DI）对政府部门财政收支信息的披露质量进行评分，并运用cook统计量作为辅助评估的方法，将评价指标调整为内容维度、特征维度和网页设计维度，每个维度设置二级指标和三级指标进行评分（Caba et al.，2018）。由于 DI 值和 Cook 值适用于评价政府部门依托互联网平台公开的财务信息，因此，也被借鉴用于评价披露在互联网平台上的审计信息质量。程莹、欧阳华生（2010）采用综合评分法，通过建立评价指标，从独立性、全面性、及时性和沟通性四个方面设计四个层级的指标体系，对国家间的审计透明度进行比较。宋常（2010）通过分析最高审计机关国际组织（INTOSAI）、美国审计署（GAO）、亚洲审计组织（ASOSAI）等对审计信息质量特征和政府审计报告的质量要求，提炼出评价审计信息披露质量的影响因素（及时性、完整性、准确性、客观性、重要性和清晰性），并且进行了信度和效度的检验。张曾莲、高绮鹤（2013）在国内学者建立的审计信息披露质量评价标准的基础上，建立较为成熟的政府审计公告质量模型。模型分为审计公告数量和审计公告书写质量两部分，权重各占50%，其中审计公告书写质量包括及时性、完整性、精确性、清晰性、重要性和回应性六个二级指标。唐大鹏（2017）在张曾莲研究的基础上，结合DI&COOK测量值的思路，进一步通过审计网站的便捷性和公告类型的全面性来衡量审计机关网上披露信息的态度，利用及时性等五个特征指标衡量审计结果公告的书写质量。依据本书前文理论分析和研究假设的要求,参考前人的研究成果,按照审计信息披露总体质量和每份公告书写质量两个标准构建审计信息披露质量的评价模型见表6-10。

表6-10 审计信息披露质量的评价模型

一级指标	二级指标	三级指标	权重(%)	得分说明	分值(分)
审计信息披露总体质量	积极性	披露审计公告的数量	30	分年度对公告数量进行排序,转化为百分制分数	
	规范性	审计机关网站是否设有专栏,审计公告是否编号	10	设有专栏且公告有编号	4
				设有专栏、公告没有编号	3
				没有专栏但公告有编号	2
				没有专栏	1
	全面性	审计机关公布的审计公告类型是否全面	10	本年公告包括四种及以上不同类型	4
				本年公告包括三种不同类型	3
				本年公告包括两种不同类型	2
				本年公告包括一种类型	1
具体每份审计公告的书写质量	完整性	审计公告题目是否编号,题目中是否包含年度、被审计单位名称、审计公告类型,公告内是否有一个简短的概述	2.5	包含四项内容	4
				包含三项内容	3
				包含两项内容	2
				包含一项内容	1
		审计公告的内容要素是否完整,是否包括被审计单位具体情况、审计发现的主要问题、审计建议和审计整改情况	2.5	包含四项内容	4
				包含三项内容	3
				包含两项内容	2
				包含一项内容	1
	及时性	审计公告发布日期距离审计项目完成日期的时间间隔	10	时间间隔小于3个月	4
				3~6个月	3
				6~12个月,或未披露审计项目完成时间	2
				12个月及以上	1

续表

一级指标	二级指标	三级指标	权重（%）	得分说明	分值（分）
具体每份审计公告的书写质量	清晰性	审计查出问题披露是否清晰	7.5	详细说明查出问题和具体缘由，且有详细数据支撑	4
				问题表达清晰，但无具体证据支撑	3
				问题表述不清晰或无法理解	2
		公告中是否点名	5	点名方式为单位或具体个人	4
				点名方式为"某某项目"	3
				点名方式为"n 个县""n 个项目"	2
				未点名	1
		审计建议或审计处理是否表达清楚	2.5	审计建议或处理情况表述逻辑清晰，可行性高	4
				审计建议或审计处理表述含糊	3
				未披露审计建议或审计处理情况	2
	重要性	公告是否反映近期社会关注的重大事件	10	反映社会关注的重大问题	4
				未反映社会关注的重大问题	2
	效果性	被审计单位是否整改公告披露情况	10	全部整改且详细说明整改措施	4
				全部整改但未说明整改措施	3
				部分整改但详细说明整改措施	2
				未说明整改措施	1

注：公告是否反映公众关心的社会重大事件，具体内容包括与公众利益息息相关的重点民生资金的专项审计结果公告（如扶贫、社保基金审计等）、重大政策跟踪落实审计结果公告、政府性债务审计结果、审计工作报告和整改工作报告。

6.3.2.2　变量选择和样本数据来源

（1）因变量。根据表 6 - 10 的指标体系对每份审计结果公告和审计工作报告打分形成，若当年该省份未披露公告，则为 0 分，最终计算出本省份每条公告得分的平均值。

（2）自变量。

①公众需求。公众对审计信息披露的需求可以从三方面衡量：一是公众对信息需求的意识；二是通过审计网站阅读审计信息的受众群体大小；三是公众的信息阅读与理解能力。参考已有研究成果的做法，用地区人均可支配收入衡量公

众对信息需求的意识（叶子荣、马东山，2012），简写为 PC - DI；用各省份上网人数表示阅读审计信息受众群体的大小，简写为 NET；用大专以上人口数衡量公众的受教育程度，即衡量公众的信息阅读与理解能力，用 EDUCATION 表示。

②政府需求。政府需求可以分为两个方面：一是对地区腐败查处力度的衡量，由立案侦查的贪污贿赂、渎职侵犯等职务犯罪的案件数表示，本书从《中国检察年鉴》中收集立案侦查贪污贿赂、渎职侵权犯罪的案件数作为衡量指标，用 CORRUPT 表示。二是地区政府获得外商投资的数量，本书参照以往学者研究的惯例，使用《中国统计年鉴》中各地区外商直接投资的数量衡量，使用 FOR-EIGN 表示。

③人大需求。人大是政府预算执行和财政收支的监督者，一个地区政府的财政支出越大，人大越要了解支出的真实性、合法性、合理性和有效性，对审计信息的需求就越强烈（王芳，2012）。本部分使用各省份财政支出占财政收入之比来衡量人大的需求，用 FINANCE 表示。

④被审计单位能动性。被审计单位对审计信息披露的影响，从某种程度上可以理解为审计机关的独立性，本部分参考叶子荣、马东山（2012）的做法，采用行政管理费用支出（EAEPO）和地区市场化指数（MARKET）进行衡量。

⑤审计机关人数。审计机关的机构编制数从《中国审计年鉴》收集获得，用 NUMBER 表示。

（3）控制变量。

①经济发展水平。一般而言，经济发展程度越高，公众参与程度越高，这要求审计机关提供质量更高的审计信息。经济发达地区的审计机关经费充足，人员配备完整，更快接触和使用先进的审计技术、设备和知识，比起欠发达地区的审计机关来说审计效率更高，披露的审计信息质量更高。因此，本书将地区经济发展水平作为控制变量，用人均 GDP 的自然对数（PC - GDP）表示。

②地区文化水平。社会文化环境是指在一种社会形态下已形成的价值观念被社会所公认的各种行为规范（刘峰，2004）。信息公开观念和信息公开的权利意识也是社会文化环境的表现形式之一，信息公开观念和信息公开的权利意识直接影响审计信息公开的程度。文化程度越高，审计信息披露质量越高。因此，本书将地区文化水平作为控制变量，参考前人的方法，东部地区为 1，中西部地区为 0，用 CULTURE 表示。

有关的变量定义如表 6 - 11 所示。

表 6 - 11　　　　　　　　　　　　　　　变量定义

类别	名称	代码	描述
因变量	审计信息披露情况	Y	按照评价标准计算出的结果
自变量	人均可支配收入	PC - DI	城镇居民人均可支配收入的自然对数
	各省份上网人数	NET	各省上网人数/各省份人数
	公众受教育程度	EDUCATION	大专以上人口数/6 岁以上人口数
	腐败查处力度	CORRUPT	各省份立案侦查贪污贿赂、渎职侵权犯罪的案件数
	外商投资	FOREIGN	各省份外商直接投资的数量
	人大需求	FINANCE	各省份财政支出/财政收入
	行政管理费用支出	EAEPO	行政管理费用支出
	地区市场化程度	MARKET	樊纲、王小鲁等编制的市场化指数
	审计机关人数	NUMBER	审计机关机构编制数
控制变量	经济发展水平	PC - GDP	人均 GDP 的自然对数
	地区文化水平	CULTURE	东部为 1，中西部为 0

（4）数据来源。

本书选用 2009 ~ 2017 年 31 个省、自治区、直辖市的相关数据。审计信息披露情况来自相应审计厅（局）官方网站，腐败查处力度来自《中国检察年鉴》，审计机关人数来自《中国审计年鉴》，各省上网人数来自《中国互联网络发展状况统计报告》，其他数据来自《中国统计年鉴》。之所以选择 2009 ~ 2017 年的数据，是因为我国省级审计机关自 2008 年汶川地震后开始陆续进行常态化公布，且 2017 年之后的相关数据暂时不完整。数据处理采用 Stata 12.1 软件。

6.3.2.3　实证模型选择

根据上述研究假设，本书通过建立多元线性回归方程来检验各影响因素对审计信息披露质量的影响，即假设 1 到假设 7，构建模型为：

$$Y = \alpha_0 + \alpha_1 NET + \alpha_2 PC - DI + \alpha_3 EDUCATION + \alpha_4 CORRUPT$$
$$+ \alpha_5 FOREIGN + \alpha_6 FINANCE + \alpha_7 EAEPO + \alpha_8 MARKET$$
$$+ \alpha_9 NUMBER + \alpha_{10} PC - GDP + \alpha_{11} CULTURE + \varepsilon \qquad (6.1)$$

6.3.3　实证检验过程

6.3.3.1　描述性统计分析

根据表 6 - 10 审计信息披露质量评价模型进行打分，最终总分情况见表 6 - 12。

表 6 – 12   2008～2017 年各省份审计信息披露情况总分

省份	2008 年	2009 年	2010 年	2011 年	2012 年	2013 年	2014 年	2015 年	2016 年	2017 年
北京	0	55.509	58.293	90.942	88.088	74.917	72.508	76.462	89.983	86.321
天津	70.882	74	52.678	70.857	63.985	64.288	67.487	63.907	61.441	64.202
河北	66.078	58.151	58.775	60.088	49.667	50.500	58.040	54.570	51.661	66.783
山西	67.868	66.314	68.414	69.359	62.463	65.409	66.655	66.381	52.066	65.423
内蒙古	0	0	0	0	0	72	0	68.029	61.841	61.065
辽宁	0	0	0	0	0	57.245	68.351	68.893	60.822	64.081
吉林	0	0	60.631	58.589	0	57.601	0	65.717	55.174	70.643
黑龙江	52.206	0	66.629	62.780	60.198	59.533	60.516	65.613	62.072	68.148
上海	58.725	65.821	64.672	89.204	80.764	74.666	87.185	89.073	70.354	68.425
江苏	53.039	44.264	52.366	49.911	0	44.273	53.396	66.863	59.752	60.646
浙江	62.843	82.515	66.796	65.247	68.275	60.536	64.609	65.058	65.456	70.486
安徽	53.922	52.538	65.232	66.698	61.948	61.106	66.445	68.012	63.050	60.643
福建	0	0	57.570	60.766	43.447	43.136	68.878	68.251	66.805	66.684
江西	0	47.566	67.548	60.272	58.008	53.773	61.128	60.183	62.646	63.195
山东	53.922	68.516	65.737	71.220	61.471	61.809	64.635	62.970	59.613	59.659
河南	69.363	62.755	72.530	67.768	64.004	75.471	69.647	75.386	62.469	66.374
湖北	0	0	0	0	0	0	57.462	0	50.822	66.673
湖南	0	0	55.209	55.897	65.448	63.439	66.955	69.416	65.235	66.163
广东	0	0	0	0	0	0	64.958	64.981	61.060	66.378
广西	0	0	0	0	0	61.914	69	75.649	75.181	74.556
海南	67.181	0	0	0	0	0	64.097	73.443	70.822	70.845
重庆	0	0	57.427	60.609	70.811	70.500	72.400	73.043	68.323	66.172
四川	0	0	0	0	0	0	0	63.833	64.358	61.976
贵州	0	0	0	0	0	0	0	51.932	0	68.768
云南	90.251	87.233	95.760	77.304	90.455	89.182	75.190	89.595	69.634	82.935
西藏	0	0	0	0	0	0	0	0	0	69.190
陕西	67.966	84.645	75.313	75.742	85.124	75.703	71.603	67.703	58.485	64.093
甘肃	0	0	66.102	59.783	57.372	59.205	73.477	75.461	68.236	69.469
青海	0	0	0	0	0	61.015	79.657	65.827	61.008	65.072
宁夏	0	0	0	0	0	0	53.481	70.062	68.322	68.768
新疆	0	0	0	0	0	0	0	54.015	51.491	54.875

从年度来看，2008～2012 年属于审计信息披露的发展期，许多省份（如辽宁、内蒙古、广东、四川等）的审计厅（局）没有在其审计网站上公布审计信息，为了便于计算，设其分值为 0。计算各省份平均分（年度披露分数/披露分数的年度数），排名前三的分别是云南省、北京市和上海市。云南省披露公告数量多，公告类型丰富全面，书写质量高，平均得分为 84.754 分，排名第一。北京市和上海市披露大量政府行政部门和事业单位的预算执行与财政收支审计结果公告，数量多，内容格式规范，评分较高。

自变量的描述性统计结果如表 6－13 所示。

表 6－13　　　　　　　　　　　自变量的描述性统计结果

变量	平均值	标准差	最小值	最大值	中位数	1/4 分位	3/4 分位
NET	40.779	14.696	11.785	77.773	39.865	29.385	50.181
CORRUPT	1154.183	699.701	0	3245.000	1171.000	610.500	1527.500
MARKET	5.985	1.993	-0.300	9.950	6.090	4.850	7.200
EDUCATION	11.378	6.610	1.684	45.462	9.762	7.792	12.593
NUMBER	953.341	375.414	100.000	1880.000	940.000	753.500	1245.500
FINANCE	2.588	2.066	1.066	15.625	2.206	1.501	2.677
PC－DI	9.990	0.339	9.303	10.963	10.013	9.705	10.203
FOREIGN	696760.165	751671.999	0	3575956	414353	108755	1011467.500
EAEPO	5.726	0.652	3.849	7.045	5.775	5.466	6.161

6.3.3.2　相关性检验

解释变量间 Pearson 相关系数如表 6－14 所示。

从表 6－14 解释变量间 Pearson 相关系数能够看出解释变量间相关系数较大，其中 CORRUPT（腐败查处力度）与 PC－DI（城镇人均可支配收入）间的系数为 0.906，大于 0.8。意味着解释变量之间存在极强的相关性。为避免变量间存在多重共线性的问题，对自变量进行 vif 值（方差膨胀因子）检验。

解释变量方差膨胀因子检验的情况如表 6－15 所示。

表 6 - 14

解释变量间相关系数

变量	Y	NET	CORRUPT	MARKET	EDUCATON	NUMBER	FINANCE	PC - DI	FOREIGN	EAEPO
Y	1	0.386 ***	0.158 ***	0.391 ***	0.337 ***	0.267 ***	-0.319 ***	0.484 ***	0.158 ***	0.215 ***
NET	0.335 ***	1	-0.076	0.570 ***	0.735 ***	0.215 ***	-0.316 ***	0.906 ***	0.483 ***	0.208 ***
CORRUPT	0.045	-0.051	1	0.382 ***	-0.256 ***	0.675 ***	-0.380 ***	0.045	0.410 ***	0.774 ***
MARKET	0.302 ***	0.593 ***	0.390 ***	1	0.510 ***	0.554 ***	-0.748 ***	0.644 ***	0.747 ***	0.511 ***
EDUCATION	0.278 ***	0.783 ***	-0.132	0.483 ***	1	0.272 ***	-0.335 ***	0.678 ***	0.335 ***	0.011
NUMBER	0.191 ***	0.185 ***	0.640 ***	0.518 ***	0.210 ***	1	-0.504 ***	0.277 ***	0.529 ***	0.729 ***
FINANCE	-0.257 ***	-0.589 ***	-0.257 ***	-0.841 ***	-0.471 ***	-0.498 ***	1	-0.330 ***	-0.423 ***	-0.423 ***
PC - DI	0.442 ***	0.898 ***	0.087	0.680 ***	0.689 ***	0.260 ***	-0.571 ***	1	0.527 ***	0.369 ***
FOREIGN	0.188 ***	0.466 ***	0.514 ***	0.887 ***	0.406 ***	0.623 ***	-0.817 ***	0.553 ***	1	0.572 ***
EAEPO	0.080	0.171 ***	0.798 ***	0.489 ***	0.0529	0.628 ***	-0.377 ***	0.365 ***	0.624 ***	1

注: 表左下部分为 Spearman 相关系数, 右上部分为 Pearson 相关系数; *** 代表 1% 水平上显著, ** 代表 5% 水平上显著, * 代表 10% 水平上显著。

表 6 - 15　　　　　　　　　　　解释变量方差膨胀因子检验

变量	VIF	1/VIF
PC - DI	9. 240	0. 108
NET	7. 462	0. 134
MARKET	6. 889	0. 145
EAEPO	4. 859	0. 206
CORRUPT	4. 383	0. 228
EDUCATION	4. 226	0. 237
NUMBER	3. 980	0. 251
FOREIGN	3. 119	0. 321
FINANCE	3. 057	0. 327
Mean VIF	5. 246	—

由表 6 - 15 可知，各解释变量的方差膨胀因子平均值为 5. 246，小于 10，一般可以认为不用考虑变量间多重共线性的影响，可以继续进行回归分析。

6. 3. 3. 3　多元线性回归

利用 Stata 12. 1 软件对各变量进行多元线性回归，得到以下结果（见表 6 - 16）。

表 6 - 16　　　　　　　　　　　多元线性回归结果

变量	(1) Y
	估计系数（T 值）
Constant	- 632. 681 *** (- 5. 343)
NET	- 0. 406 (- 1. 280)
PC - DI	76. 023 *** (5. 249)
EDUCATION	0. 039 (0. 084)
CORRUPT	0. 009 ** (2. 113)
FOREIGN	- 0. 000 *** (- 2. 896)

续表

变量	(1) Y
	估计系数（T 值）
FINANCE	-1.907 (-1.508)
MARKET	2.244 (1.088)
EAEPO	-13.325 *** (-2.629)
NUMBER	0.015 * (1.834)
PCGDP	-7.686 (-0.902)
CULTURE	-4.515 (-1.017)
Observations	279
R - squared	0.358

注：*** 代表1% 水平上显著，** 代表5% 水平上显著，* 代表10% 水平上显著。

由回归结果可知，审计信息披露质量（Y）与人均可支配收入（PC - DI）、腐败查处力度（CORRUPT）、外商投资（FOREIGN）、行政管理费用支出（EAEPO）、审计机关人数（NUMBER）显著相关。与各省份上网人数（NET）、公众受教育程度（EDUCATION）、人大（对审计信息的）需求（FINANCE）、地区市场化程度（MARKET）不相关。

在理论分析中，运用三个变量来衡量公众对审计信息的需求，分别是人均可支配收入（PC - DI）、公众受教育程度（EDUCATION）和各省份上网人数（NET）。其中，人均可支配收入即公众对审计信息的需求意识在 1% 的置信水平上显著正相关，表明公众对审计信息需求的意识越强，审计信息披露质量越高，结果验证了假设 H1a。此外，审计信息披露的质量与各省上网人数上网阅读审计信息受众群体的大小以及公众受教育程度即公众阅读理解能力的相关性不显著，即审计机关披露审计信息的情况与公众阅读理解能力以及上网阅读审计信息受众群体的大小不相关。

本部分在衡量政府需求时，运用两个变量，分别是各地的腐败查处力度（CORRUPT）和各地政府获得外商投资（FOREIGN）的数量。实证结果显示，审计信息披露情况与腐败查处力度在 5% 的置信水平上显著相关，符号为正。即某地腐败查处力度越大，审计信息披露越充分，验证了假设 H2a，说明政府对于遏制腐败的需求和加强腐败的查处力度，的确能够推动审计机关更加充分及时地披露审计信息，从另一个角度说明我国审计机关进行审计信息披露也是实现国家治理的途径之一。根据实证结果可以看出，审计信息披露情况与各地政府获得外商直接投资数量在 1% 的置信水平上显著负相关，说明某地获得外商直接投资数量越多，审计信息披露状况越差，这也印证了假设 H2b。说明地方政府在某种程度上出于对地方利益保护和吸引外资的直接需求，使审计机关在披露审计信息时趋于保守。

本书使用财政支出与财政收入的比例来衡量人大（对审计信息的）需求（FINANCE），实证结果显示人大对审计信息的需求与审计机关审计信息披露状况不相关。究其原因，可能是人大作为外部的监督主体，无法参与预算全过程的监督，需要依赖审计监督的配合。地方审计机关受本级政府领导，在披露信息时更多考虑本级政府的目标和要求。在现实中，虽然《审计法》规定每年政府要向本级人大常委会做审计工作报告，但无论审计工作报告的内容还是报告对查出问题等信息披露的力度，都经过政府有关部门的审核和筛选，无法完全满足人大对审计信息的需要。

用于衡量被审计单位的两个变量分别是樊纲、王小鲁编制的地区市场化程度（MARKET）以及地区行政管理费用支出（EAEPO），其中，市场化指数与审计信息披露质量不相关，行政管理费用在 1% 的置信水平上与审计信息披露质量负相关，即行政管理费用越多，审计信息披露质量越差，验证了假设 H4。被审计单位的能动性越强，审计机关的独立性就越差，其披露行为就会受到影响。独立性是审计的灵魂，为了提高审计质量，发挥国家审计应有的作用，我国应该不断从立法和制度等方面给予审计部门更充分的保障，使其能够少受干扰，不断提高信息披露质量。

本书利用审计机关人数（NUMBER）衡量审计机关自身资源投入对审计信息披露质量的影响。实证结果显示，审计机关人数（机构编制数）与审计信息披露质量在 10% 的置信水平上显著正相关。说明审计机关人手充足，增加在审计公告上投入的人力时，能够有效提高审计结果公告的质量。

6.3.3.4　稳健性检验

虽然在进行多元线性回归之前，本书对各解释变量之间的方差膨胀因子

（VIF）进行测算，发现 VIF 的平均值小于 10，可以不考虑共线性问题。但考虑到 PC – DI 单个变量的 VIF 值为 9.24，为了保证模型得出结果的稳健性，本书采取逐步回归模型对变量逐一进行挑选并回归，并与多元线性回归结果进行对比，得到的结论如下（见表 6 – 17）。

表 6 – 17 　　　　　　　　　　　多元线性回归与逐步线性回归结果对比

变量	（1）Y	（2）逐步线性回归
	估计系数（T 值）	估计系数（T 值）
Constant	− 632.681*** （− 5.343）	− 660.948*** （− 6.587）
NET	− 0.406 （− 1.280）	—
PC – DI	76.023*** （5.249）	80.291*** （6.865）
EDUCATION	0.039 （0.084）	—
CORRUPT	0.009** （2.113）	0.010*** （2.600）
FOREIGN	− 0.000*** （− 2.896）	− 0.000*** （− 3.871）
FINANCE	− 1.907 （− 1.508）	—
MARKET	2.244 （1.088）	—
EAEPO	− 13.325*** （− 2.629）	− 13.769*** （− 2.943）
NUMBER	0.015* （1.834）	0.016** （2.506）
PCGDP	− 7.686 （− 0.902）	—
CULTURE	− 4.515 （− 1.017）	—
Observations	279	279
R – squared	0.358	0.352

注：***代表 1%水平上显著，**代表 5%水平上显著，*代表 10%水平上显著。

由多元线性回归与逐步线性回归结果对比可知，审计信息披露质量（Y）仍然与人均可支配收入（PC - DI）、腐败查处力度（CORRUPT）、外商投资（FOR-EIGN）、行政管理费用支出（EAEPO）、审计机关人数（NUMBER）显著相关，两种模型得出的结果一致，变量间方向相同，且在逐步线性回归模型中，部分变量的显著性更强，通过稳健性检验。

6.3.4　研究结论与政策建议

上一节在详细调查 2008～2017 年我国省、市、县三级地方审计机关审计信息披露现状的基础上，从公众、人大、政府、被审计机关、审计机关等角度出发，研究各利益相关方的需求对地方审计机关审计信息披露质量的影响。结果表明：第一，公众对审计信息的需求能显著提升地方审计机关审计信息披露质量；第二，政府对腐败的查处力度能正向影响地方审计机关审计信息披露的质量，但政府考虑到当地招商引资的需求时，又会促使地方审计机关披露低质量的审计信息；第三，人大对审计信息的需求与地方审计机关审计信息披露状况不相关，即我国地方审计机关审计信息披露时没有考虑人大的需求；第四，审计机关越独立，所受干预越少，人员配备越充足，地方审计机关审计信息披露质量也就越高。

基于以上实证结果，本书将从加强审计信息披露法制建设、人大应加强监督、党委进一步加强对审计机关的领导、审计机关人才队伍建设四个方面提出针对性的政策建议。

6.3.4.1　加强审计信息披露法制建设

规范和完善审计信息披露，应当有章可循。健全的审计信息披露规范，是实现审计信息披露常态化和规范化的关键。目前，我国地方机关审计信息披露的法律依据是《中华人民共和国审计法》和审计署于 2002 年颁布的《审计署审计结果公告试行办法》（以下简称《试行办法》）。其中，《审计法》第三十六条规定：审计机关可以向政府有关部门通报或者向社会公布审计结果，表明审计机关向社会公布审计结果只是一种权利，而非义务，审计机关是否披露审计结果具有较大的选择空间。此外，审计署 2002 年颁布《试行办法》时，审计公告制度刚刚开始实行。《试行办法》中仅规定了披露内容、披露渠道等几项基本内容，随着公告制度的发展，已经无法满足现今披露工作的需求。因此，进一步推动审计信息披露工作的改革，健全相关法律法规应当先行。本书认为可以从两方面进行考虑：

一是修改《审计法》第三十六条的表述。将审计机关"可以"向社会公布审计结果，改成"必须"公布审计结果，将一项权力变成审计机关必须完成的义务。此外，更进一步的考虑是，可以将"审计机关应当实行审计结果公告制度"作为单独一条写入《审计法》，为审计信息披露提供更高层次的法律依据。

二是由政府发布规范审计信息披露的相关行政法规。目前，无论是审计署还是地方审计机关发布《审计结果公告试行条例》，对自身行为的规范效果有限。在我国行政型的审计体制下，由政府发布规范审计信息披露的行政规章，应当有更好的效果。就具体内容来看，规章制度应当包含对信息披露适用范围、对象、原则、内容、时间、范围、方式等内容，也应该具体规定"不披露"或"消极披露"所应当承担的责任。

6.3.4.2 人大应当加强监督

实证结果显示，地方审计机关审计信息披露与人大的需求不相关。也就是说，地方审计机关在披露审计信息时没有考虑人大的需求。针对这种情况，可以从以下两方面进行考虑：

一是人大常委会中引进专业人员。目前，我国政府每年向本级人大常委会提交本年审计工作报告和整改情况报告，但由于人大常委会中相当一部分人员不具备专业知识，对审计工作报告和整改报告的理解和认知有限，不能发挥足够的监督作用。基于此，人大常委会可以考虑设立专门的审计委员会（类似财经委），一方面能够审议审计工作报告和整改报告，另一方面能在日常中与审计机关对接，及时得到审计信息，充分发挥人大的监督作用。

二是人大创新审计信息利用方式。目前，部分市出现人大常委会询问被审计单位整改情况的做法，如 2018 年荆州市人大常委会专题询问了市财政局等被审计单位的整改工作情况，该做法的确能够促进被审计单位整改，但媒体在会后仅简略报道，效果有限。为加强人大对被审计单位的监督力度，可以考虑借鉴美国国会听证会的模式，即由人大常委召开专题听证会，在听证会上公开审计报告，并对审计整改效果不佳、审计问题屡查屡犯的被审计单位进行质询，听证会全程由媒体报道和网络直播，采用舆论的方式给被审计单位施加压力。

6.3.4.3 进一步加强党委对审计机关的领导

根据实证结果可以看出，在我国现行审计体制下，地方审计机关审计信息披露情况与地方政府的利益息息相关。地方政府的不同考虑，均会影响地方审计机关的信息披露质量。归根到底，问题的关键在于如何保证审计机关的独立性。目前，我国学者对于审计体制的改革有多种思路，如借鉴英美立法型审计体制，将审计机关归属于人大或人大常委会领导，或在行政型的体制内进行调整，实现审计署对地方审计机关的独立领导。但由于各种现实条件的限制，这些理论不能完全实行。相比于理论界的争论，在实践中，为加强党对审计的领导，我国于2018

年 3 月组建了中国共产党中央审计委员会，工作职责包括审议审计监督重大政策和改革方案、年度中央预算执行和其他财政支出情况审计报告等。中央审计委员会的建立，意味着党加强对审计工作的领导，这无疑有助于提高审计机关的独立性和权威性。更进一步发展，可以在时机成熟时考虑切断政府对审计机关领导的"链条"，由各级党组织直接领导审计机关，由人大直接调拨审计经费。

6.3.4.4　加强审计人才队伍建设

实证结果表明，审计机关编制数与审计信息披露质量正相关，审计人员配备越充足，审计信息披露质量越高。审计人员是审计信息的直接提供者，在实际工作中应当进一步加强审计人才队伍的建设。由于机构设置等各种历史原因，我国地方审计机关中有不少非专业审计人员，审计人力资源不足。为了提高审计工作效率，为审计信息披露提供充分人力保障，建议从以下三个方面加强人才队伍建设：一是加强对现有非审计专业人员（主要是学历和培训经历等）的培训。为其提供提升业务能力的机会，除临近退休的审计人员之外，规定其他人员需要在一定年份内通过一定程度的审计业务知识的考核。二是提出审计机关职业准入门槛。具体措施是，在公务员招考时，要求报考人员掌握一定的审计专业知识、取得一定的资格证书，或是具有相关工作经验。如果条件满足，也可以吸纳一部分民间审计领域优秀的注册会计师加入国家审计机关。三是利用电子审计技术，提高审计工作的效率。在审计实践中运用大数据等技术能有效缓解人力资源不足问题，但此方法的缺点是，年纪较大的审计人员掌握新技术、新方法需要一定的时间，因此在对现有审计人员进行培训的同时，可以考虑招聘一些具有审计和计算机双重学科背景的专业人员。

第 7 章

国家治理视角下审计清单披露与
审计整改关系的研究

审计清单披露的信息对审计整改具有重要的指令性意义。但是，审计整改是一项复杂的系统工程，是被审计单位以纠错为主要内容的工作，需要各有关方面的积极配合和协调，否则可能使审计前功尽弃。

7.1　基于信息传播理论的审计清单披露与审计整改的传导机制分析

7.1.1　国家治理对审计清单披露与审计整改的影响分析

美国著名政治学家彼得斯（B. Guy Peters，1996）认为：国家治理是一个持续不断的过程，而且只要国家存在，这一过程就不会停止。由此可见，国家治理整个体系并不是静止和被动的，而是一个在与外界的互动中通过柔性调整不断螺旋上升的过程。因此，随着经济社会环境等的变化，国家治理会衍生新的内涵和外延，其目标也随之变化，进而传导至国家审计，引起国家审计内部不断地调整，推动新的国家治理目标的实现。这意味着国家审计的发展必须适应国家治理的变化。目前，国家治理强调治理主体的多元化，需要充分发挥各方力量，从而形成治理合力，此时，审计机关需要根据各个治理主体的需求，充分披露适当的审计信息，以满足各个治理主体的需要。其中，民众对公开审计信息的强烈呼声催生了审计公告制度，"审计风暴"时期衍生出的审计清单就为人大提供了符合其需求的高质量审计信息。审计报告、审计公告之所以衍生出了审计清单，与我国目前的国家治理环境密切相关。审计清单不仅仅是一个信息传递工具，其针对特定事项的整改要求蕴含着现代国家治理"问责"的元素，可以通过社会舆论推动审计整改的深入和行政问责的深化。国家审计与国家治理关系的概念框架如图 7-1 所示。

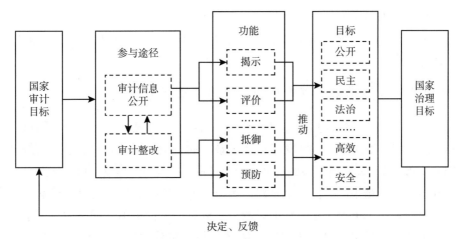

图 7 - 1　国家审计与国家治理关系的概念框架

7.1.2　审计清单的披露与审计整改的关系分析

基于上述分析，审计信息公开与审计整改是实现国家审计功能的两种重要形式。在国家治理系统中，审计信息披露在一定程度上加大了政府的透明度，增强了公共权力的公信力，强化了社会公众对政府部门的监督和制约，在促进国家治理方面发挥着重要作用。中央多次强调要以审计中查出的问题倒逼改革，如果审计查出的问题整改不力，对有关责任的追究不力，从人大常委会到审计机关再到各级政府，都应当承担未依法履行自身职责的责任，如果对相关问题深层次的原因探究不力，就无法提出解决问题的相应对策。事实上，审计重在整改落实，建立长效机制，如果审计整改这一途径有阻塞，那么必然会出现"年年审，年年有问题"的现象，无法实现国家良治。揭示是基础，并且其内容、表现形式等都会随着国家治理目标的变化而变化；整改是提高，二者共同促进国家审计治理功能的实现。

审计清单的披露可以有效推进审计整改。由于审计清单自身的特点，通过逐条列明审计问题、点名违法违规单位，使得审计整改更有针对性，且因为内容详尽、加大了曝光力度，增强了国家审计的威慑力，能够进一步促进审计整改。事实上，点名式的审计清单蕴含问责的意味，有助于向有关违法违规责任人追究责任，推动审计整改。在审计清单信息公开的情况下，不单单是政府内部的行政力量在推进审计整改，媒体对审计清单进行全面解读、多渠道传播，引起了各界的广泛关注，有助于社会公众参与监督活动，利用舆论压力推动被审单位进行审计整改。审计信息公开可以吸引社会各界的关注与参与，有效地将审计监督与媒体监督、公众监督和社会舆论监督结合起来，通过引入更多的监督主体，促使被审计单位认真面对审出的问题，积极地面对审计整改（吴岳，2012）。审计整改是一个复杂的治理系统，需要通过社会共治的多渠道、全过程的作用，才能保证产生理想的效果。

7.1.3 传播学视角下审计清单的传播路径分析

实际上，1999年也曾初现"审计风暴"的影子，但是真正的"审计风暴"在2004~2005年才正式爆发；爆发"审计风暴"的一个不能忽略的重要原因是媒体的推波助澜。媒体对审计清单的传播以及审计重大影响力的形成，功不可没。

媒体对审计结果的关注，也是媒体参与国家治理的重要形式，其与审计联动的结果在一定程度上放大了审计的影响力。从对"审计清单"词条的检索结果来看，各大媒体比学术界更关注"审计风暴"与"审计清单"。"审计清单"信息通过电视、政府官方网站、报纸等渠道进行传播，实现信息公开，进一步地，其他媒介可以对信息进行筛选、加工、转发等，对审计信息进行更广泛的传播和扩散，这一过程有利于社会全员参与监督与共治，这是一条重要的传播路径。传播学认为媒体信息的传播会从认知、情感和行为这三个层面对公众造成影响，在这一过程中，由于认知层面是大众与媒体的最初接触，因此，这一阶段显得尤为重要，这也是媒体传播信息发挥作用的前提。这个过程依赖于媒体对民众的引导以及民众对信息的接收，即两者互动的过程。李普曼最早提出了"议程设置"的思想，该理论认为媒体会对报道内容进行筛选，选出想要呈现给大众以及大众感兴趣的话题加以传播，同时，会对选中的话题进行加工，并进行排序，根据顺序给予不同程度的强调及表达，它暗示了媒介可能会通过信息对公众起一定的引导或是助推作用。从信息的受众方来看，目前，我国社会公众对国家审计了解不够，而新闻及媒体的报道是一种重要的信息来源。

大多数学者认为，媒体信息传播主要是从声誉机制和间接的行政机制实现外部治理，具体来说，声誉机制作为一种非正式的机制，成本较低，如果媒体对被审计单位的负面信息进行了报道，那么被审计单位及其上一级主管部门会受到巨大的舆论压力，随之可能会出现密集的报道与质询，这会影响涉案单位及人员的声誉，牵涉众多利益相关者，会使其采取一定的整改行动以平息舆论压力，因此，公众通过媒介实现对被审单位的监督，对其形成了一种隐形的约束。同时，当舆论较为突出而形成社会问责时，人大和政府面对公众压力会对大家关心的热点和关键的问题予以高度重视，此时会给被审计单位施加压力，督促其尽快进行整改，并且向社会公布处理结果，这是一个以舆论监督（包括以媒体为主体的全民监督）再辅之以权力机关间接行政干预的体系，这种模式在民间审计中有较多案例，例如，美国"安然事件"的财务造假、中国的"银广夏事件"的财务造假均是由媒体报道揭发，进而引起投资者、监管机构的关注，甚至造成了比较大的舆论风波；此外，在前几年牵扯财务造假的紫鑫药业，也是由论坛引发，上海证券报相关记者进行了追踪和调查，最终才发现真相，这些都体现了在当今信息爆炸和互联网快速发展态势下媒介所扮演的重要角色。在目前，以媒体作为中介的舆论监督已成为一种重要的民主监督机制，而对网络舆论的关注已经成为许多组织机构减少负面新闻、消除负面影响和保持良好外部形象的重要路径。一个良性的社会生态，其各个组成部分之间是互动的、协调的，无论是审计机关、政府、人大、媒体还是社会公众，都在这个系统中处于不同的环节，发挥不同的作用；这种有序的社会形态依赖的是合理的权利配置和制度构建，只有各个方面产生合力，国家的良性治理才能显现理想效果。图 7-2 可以清晰地反映出这种关系。

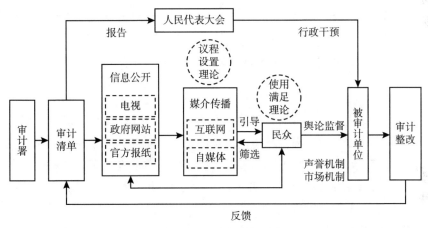

图 7-2　审计清单的传播路径——以审计署的审计清单传播为例

从审计清单的传播，到审计整改，最终实现国家治理的目标，是一个复杂的过程；其中，从审计机关，到政府领导层，到人大常委会，到媒体，到公众，再到被审计单位，涉及许多机构；从审计监督，到政府决策、人大监督、媒体监督和公众监督，再到被审计单位审计整改，包含了多种社会功能的交织和摩擦；审计清单如果是孤零零的一个信息披露，那么，其效果将大打折扣。只有将审计清单引发的审计整改作为一种社会治理的系统工程来看待，才可能使审计清单在国家治理层面发挥更大的作用。

7.1.4　传播学视角下审计整改的影响因素分析

在审计清单的传播过程中，媒体助推审计监督的作用是重要的，不能忽略的。实际上,应用有关传播学的理论进行必要的分析,有着特别的意义。大众传播场模式是由德国学者马莱茨克(Maletzke)于 1963 年在《大众传播心理学》①一书中提出的,又称马莱茨克模式。具体内容见图 7-3。

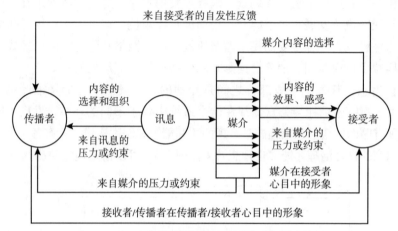

来自接受者的自发性反馈

媒介内容的选择

内容的选择和组织

传播者 讯息 媒介 内容的效果、感受 接受者

来自讯息的压力或约束

来自媒介的压力或约束

来自媒介的压力或约束

媒介在接受者心目中的形象

接收者/传播者在传播者/接收者心目中的形象

图 7-3 系统的传播过程——完整的马莱茨克模式

该模式从社会心理学角度,考察了社会系统与传播系统中各因素及其相互之间的作用关系,认为这种传播是各种社会影响力交互作用的"场"。"场"这一词一般多见于动力学中,强调环境内复杂因素和变量的相互影响。马莱茨克的传播学理论认为,无论是传播者还是接受者的行为,都是在一定的"社会场"中进行的,评价任何一种传播活动,解释任何一个传播过程都不能从单一的要素分析,从而简单地下结论,在这个系统中主要的影响因素包括四大部分:第一部分,影响传播者的因素,例如,传播者的自我形象、人员群体、传播者所处的组织、社会环境等,此处的传播者并不是孤立的,在这个"场"中,还要考虑由信息公开所产生的压力和约束;第二部分,影响接收者的因素,例如,接收者的自我形象、个性结构、社会环境、信息内容的效果或影响、来自媒介的压力或约束等;第三部分,影响传播者与接受者的其他因素,例如,接收者与传播者相互之间的印象、来自接收者的自发性反馈;第四部分,影响和制约信息传播的因素,如:传播者对信息内容的选择和加工、接收者对媒介内容的接触和选择等。这四个因素相互影响,交织在一起,共同发挥作用,维持"场"的平衡与有序。

审计是社会性的,尤其是国家审计,它与特定社会环境息息相关,尤其是处

---

① Gerhard Maletzke. Psychologie der Massenkommunikation [M]. Hamburg. Verl. Hans – Bredow – Inst, 1963.

在一个信息密布与广泛传播的场景之中。应用传播学理论，分析审计信息的接收者对传播者传播信息的反应必须将其置于"场"内，对涉及传播活动或过程的各种因素或影响力进行全面、系统的分析。按照传播学理论，审计机关及各大媒体、自媒体为审计信息的传播者，被审计单位与民众为传播过程中信息的接收者，被审计单位在信息传播后是否进行审计整改以及整改的效果取决于被审计单位所处传播过程中各种有形变量和无形变量的相互作用。审计机关的审计清单，首先需要提交主管审计机关的政府部门进行审定，可以看出，政府在审计清单信息传播中的决定性作用。当然，媒体究竟在多大程度上推送审计信息，可能与审计信息本身受关注的程度和新闻价值有关，媒体需要流量，注意力就是流量，能够增加流量的审计信息本身就有极高的传播力。一旦审计信息被广泛传播，公众的热议可能促成"公共事件"，进一步形成社会舆论，强力推动被审计单位的审计整改。

综合上文所述，根据传播学的大众传播场模式理论，将影响审计整改的因素归纳为以下三类：

第一类，审计清单传播者在接收者心中的形象。例如，在被审计单位心中作为传播者的审计机构、各大报社、新闻网站门户的声誉、可信度、影响力、公众追随度等，这是传播者的一种无形的资源，它会影响作为信息接收方的被审计单位在收到信息后的下一步行动。从某种意义上来说，党的十九大提出的组建中央审计委员会，增强了审计机关的权威性，保障了审计意见的执行力，有利于提高国家审计机关在被审计单位中的影响力，进而推动审计整改。

第二类，审计清单传播的信息"差量"。即审计清单信息的传播者筛选和加工后的信息与其接收者选择接收和理解的信息之间的差异。很显然，这种"差量"越小越好；表明信息传递没有丢失信号或者没有信号的衰减。传播学中的"把关人理论"认为在实际的传播活动中，传播者会对初始信息进行筛选、过滤和加工，将一部分"抛弃"，而把另一部分通过某种形式整理成有价值的信息，进而传递给接收者。把关行为不是信息发出者或者传播者所特有的，与此相似，受传者也会选择自己需要的或是感兴趣的内容进行接收，因此，被审计单位会根据接触到的和所理解的信息，而不是原始的事件信息做出相应的整改行为，民众也会根据自己选择过的信息进行理解并反馈。信息发出者和接受者都有自己的立场和态度选择信息，视角和语境的差异会影响信息传播的效果。如今的现代网络媒体不同于传统媒体，每个网民都是一个传播源，他们能够自主选择、采集、加工并发布信息，每个人都可以通过强调或反复播出某类消息，将接收者的注意力引导到特定的问题上，以强化该话题在公众心目中的重要程度，使关注热度呈指数方式增长，典型的例子有不断转发的微信公众号文章、微博热搜、微博话题榜。这些因素都会影响被审计单位的整改行为。

第三类，审计清单信息接收者个体层面、组织层面和社会层面的特征。个体层面的特征会影响接收者对信息内容的筛选、认识和理解，进而影响其下一步的行为；影响公众对审计整改关注的因素主要有政治意识、职业类型、知识层次、文化差异和信息的需求等，不可能希望所有民众都关注审计整改的情况，因为这是不现实的。组织层面的特征主要包括隶属关系、产权性质、组织规模、治理结构等，尤其是审计清单披露发现问题的重大性、特殊性和利益关联的广泛性等；有时，当观察到其他被审计单位或是"意见领袖"均积极地进行了审计整改时，该被审计单位也会随之进行整改。社会层面主要包括有关的政治制度、法律法规、文化教育、经济与科技发展水平等环境性因素。基于国家治理对审计清单及审计整改的各种繁杂关系的分析可见，审计清单披露与审计整改效果会随着社会、经济、人文环境的变化而变化。

7.2 审计清单披露与审计整改的现状——基于有关调查数据的统计分析

7.2.1 区域性差异的分析

本书搜集了 31 个省份 2014～2016 年的国家审计相关数据，按照其所属地理区域和经济区域分别归类进行统计分析，如表 7 - 1、表 7 - 2 所示。

为消除其他因素的影响，以下主要采用相对数值或是绝对值的平均进行分析。从表 7 - 1 可以看出，不同地理区域表现出了不同的审计信息特征。首先，华北与华东地区平均每一被审计单位存在问题的金额较大；其次，从整改情况来看，东北、华南、华中等地要比华北和华东等地整改及时，而整改金额占比方面，华东、华北、华南等地平均达到了问题金额 100% 的整改，整改建议采纳率方面，除了西北地区采纳率偏低以外，其余地区未见明显差别；最后，西南、华东地区信息公开度与透明度较高。表 7 - 2 中，东部地区的单位违规金额较大，原因是该地区经济发展较快，所占优势资源较多，每一被审计单位总资产基数较大，同时，可以发现其在金额上的整改情况最好，审计信息公开程度和透明度最高，相比之下，西部地区与东北地区的经济仍待发展，审计整改情况较差，平均向社会公告审计结果较少，信息公开程度偏低。这反映了不同的区域有不同的特点，其审计整改情况与信息披露情况也有差异，其可能的影响因素有经济、地域和政治等因素。

表 7 - 1   省级审计机关审计情况统计分析（地理分区）

区域	平均每个被审计单位存在问题金额（万元）	审计整改及时性（%）	审计整改率（%）	整改建议采纳率（%）	平均每个被审计单位向社会公告审计结果（篇）
东北	4458.77	8.08	51.35	71.54	0.01
华北	16329.94	1.75	128.51	62.85	0.04
华东	9959.56	3.00	224.27	69.70	0.11
华南	4780.69	9.96	115.15	65.92	0.09
华中	4696.51	7.88	61.42	82.25	0.07
西北	3736.24	5.22	40.12	49.84	0.03
西南	9161.98	2.07	53.11	72.49	0.11
总计	8311.80	4.64	108.46	66.87	0.07

注：需要说明的是，笔者在进行分析时，"审计整改率"这个指标在计算时，多处出现了结果超过100%的异常情况，主要原因是：审计整改率 = 审计处理结果落实情况/审计处理处罚情况，其中分子（审计处理结果落实情况）的官方统计项目比分母的统计项目增加了"增收节支"项及其他未注明项目，也就是说，实际的落实情况不限于考虑应上缴财政、归还、调账等形式，其统计口径更大；另外，很多地区在整改过程中整改面更广、更深，出现比审计要求应上缴、应缴纳、应调账处理数据更大的数据。根据《中共中央国务院关于促进中部地区崛起的若干意见》、国务院《关于西部大开发若干政策措施的实施意见》等，将我国的经济区域划分为东部、中部、西部和东北四大地区。

平均每个被审计单位存在问题金额 = 审计查出有问题金额/被审计单位数量；

审计整改及时性 = 审计期间整改金额/审计查出有问题金额；

审计整改率 = 审计处理落实情况/审计处理情况；

整改建议采纳率 = 被采纳建议/审计提出建议；

平均每个被审计单位向社会公告审计结果 = 向社会公告审计结果数量/被审计单位数量。

资料来源：《中国审计年鉴》。2018 年、2019 年《中国审计年鉴》未公布，因此未能获取 2017 年、2018 年审计信息。

表 7 - 2   省级审计机关审计情况统计分析（经济分区）

区域	平均每个被审计单位存在问题金额（万元）	审计整改及时性（%）	审计整改率（%）	整改建议采纳率（%）	平均每个被审计单位向社会公告审计结果（篇）
东北	4458.77	8.08	51.35	71.54	0.01
东部	14517.69	5.03	234.02	67.80	0.12
西部	5867.64	3.59	49.37	61.79	0.06
中部	6174.05	4.48	72.81	72.37	0.05
总计	8311.80	4.64	108.46	66.87	0.07

注：需要说明的是，笔者在进行分析时，"审计整改率"这个指标在计算时，多处出现了结果超过100%的异常情况，主要原因是：审计整改率 = 审计处理结果落实情况/审计处理处罚情况，其中分子（审计处理结果落实情况）的官方统计项目比分母的统计项目增加了"增收节支"项及其他未注明项目，也就是说，实际的落实情况不限于考虑应上缴财政、归还、调账等形式，其统计口径更大；另外，很多地区在整改过程中整改面更广、更深，出现比审计要求应上缴、应缴纳、应调账处理数据更大的数据。根据《中共中央国务院关于促进中部地区崛起的若干意见》、国务院《关于西部大开发若干政策措施的实施意见》等，将我国的经济区域划分为东部、中部、西部和东北四大地区。

资料来源：《中国审计年鉴》。2018 年、2019 年《中国审计年鉴》未公布，因此未能获取 2017 年、2018 年审计信息。

进一步地，随机选取了若干省份 2014 ~ 2016 年的审计信息进行对比，分析发达地区与欠发达地区、东部地区与西部地区、政治中心与周边城市之间的差异。

首先，在经济发达地区与欠发达地区审计情况的对比分析中，根据有关参考文献，我国划分区域发展水平的方法主要有两种——地理划分法和经济划分法，前者是按 "七五" 计划对全国三大经济地带做出划分，其中东部、中部所属省份属于发达地区；后者经济划分法多以各种经济社会发展的客观指标和数据作为划分标准，本书根据经济划分方法，参照杨伟民 (1997) 的研究，选取了北京市和上海市作为经济发达地区的样本，云南省和甘肃省作为经济欠发达地区的样本，搜集了这 4 个行政区域 2014 ~ 2016 年的审计信息，如表 7 – 3 所示。

表 7 – 3　省级审计机关审计情况统计分析 (经济发达地区与欠发达地区)

行政区域	年份	被审计单位数量 (个)	向社会公告审计结果 (篇)	平均每个被审计单位存在问题金额 (万元)	审计整改及时性 (%)	审计整改率 (%)	整改建议采纳率 (%)
北京市	2014	784	73	49017	2.14	248.23	71.02
	2015	752	76	32701	1.63	335.74	65.05
	2016	815	282	26479.38	1.13	755.89	74.93
上海市	2014	813	286	18779	2.88	995.59	85.22
	2015	931	296	19387	4.32	298.58	66.96
	2016	920	184	20686.44	24.95	1329.52	62.19
云南省	2014	10838	0.46	2647.47	1.37	62.23	90.42
	2015	11717	0.44	3480.76	0.80	89.25	91.35
	2016	13142	0.44	1553.93	5.25	82.04	90.47
甘肃省	2014	6869	0	4033.80	1.46	55.02	77.98
	2015	7754	0	1407.84	1.75	28.24	82.15
	2016	8084	0	1584.65	42.75	64.92	82.86

资料来源：《中国审计年鉴》。

与表 7 – 1、表 7 – 2 对应，可以看出，第一，经济发达地区虽然被审计单位数量不多，但审计查出主要问题涉及金额较大，即经济发达地区平均每个被审计单位涉及的问题金额数量相比欠发达地区较大；第二，北京、上海等发达地区向社会公告审计结果的数量要远远大于欠发达地区，这说明发达地区在审计信息方面的公开程度与透明度较高；第三，以审计期间整改金额除以审计查出主要问题涉及金额作为审计整改及时性指标，样本中未发现明显规律；从审计整改率以及审计整改建议采纳率两项相对数据指标来看，发达地区的审计整改率明显较高，且超过了100%，而整改建议采纳率略高于欠发达地区，这说明，若从这两个指标来看审计整改效果，发达地区的整改效果要好于欠发达地区，同时，发达地区被审计单位采取的审计整改措施数量也较高。由此可见，审计信息的公开程度与其相应的整改情况呈现一致性特征。但是从表7-3中也可以看到，每年审计查出主要问题的金额并未因整改而逐渐减少，相反有很多地区处于逐步增加的态势，这可能也说明了审计发现的问题并未从根本上进行整改。

其次，在东部地区与西部地区审计情况的对比分析中，选取了新疆维吾尔自治区和西藏自治区作为西部地区的样本，选取了山东省和浙江省作为东部地区的样本，搜集了这4个行政区域2014~2016年的审计信息，如表7-4所示。

表7-4　　　　省级审计机关审计情况统计分析（东部地区与西部地区）

行政区域	年份	被审计单位数量（个）	向社会公告审计结果（篇）	平均每个被审计单位存在问题金额（万元）	审计整改及时性（%）	审计整改率（%）	整改建议采纳率（%）
新疆维吾尔自治区	2014	3987	70	3927	1.60	32.82	6.13
	2015	3696	80	4603	1.39	42.26	5.73
	2016	3551	70	341	12.26	41.93	64.01
西藏自治区	2014	71	0	8095	0.53	3.17	29.95
	2015	77	0	21315	1.33	0.48	11.82
	2016	146	0	48830	0.58	0.02	29.37
山东省	2014	9837	55	9199	1.18	65.95	61.49
	2015	9716	44	13169	0.85	367.96	66.47
	2016	9668	188	12042	1.26	48.28	62.19
浙江省	2014	2664	615	5859	1.40	64.34	75.13
	2015	2856	560	5494	2.85	68.19	75.56
	2016	2771	819	6334	4.19	740.86	73.82

资料来源：《中国审计年鉴》。

可以看到，东部地区向社会公告审计结果数量较多，这说明其审计信息的公开程度与透明度较高。与表7-1、表7-2对应，东部地区的审计整改率以及审计整改建议采纳率明显较高，这说明，若从这两个指标来看审计整改效果，东部地区的整改效果要好于西部地区，同时，东部地区被审计单位的审计整改措施数量也较高，但是同样可以看到，每年审计查出主要问题的金额并未因整改而逐渐减少，相反，从这 4 个样本来看还处于逐步增加的态势，这也说明了问题可能并未从根本上得以解决。

最后，在政治中心地区与周边地区审计情况的对比分析中，选择北京市与天津市、河北省做对比，搜集了这 3 个行政区域 2014～2016 年的审计信息，如表 7-5 所示。

表 7-5　　　　　省级审计机关审计情况统计分析（政治中心与周边城市）

行政区域	年份	被审计单位数量（个）	向社会公告审计结果（篇）	平均每个被审计单位存在问题金额（万元）	审计整改及时性（%）	审计整改率（%）	整改建议采纳率（%）
北京市	2014	784	73	49016.55	2.14	248.23	71.02
	2015	752	76	32700.66	1.63	335.74	65.05
	2016	815	282	26479.38	1.13	755.89	74.93
天津市	2014	421	1	23344.19	1.66	91.72	57.06
	2015	512	0	18337.54	0.84	27.95	67.21
	2016	600	0	21818.90	1.77	23.03	59.52
河北省	2014	2775	0	8515.283	1.04	58.24	62.23
	2015	2734	1	12925.20	0.96	48.51	64.78
	2016	2727	2	12260.31	1.79	58.29	63.64

资料来源：《中国审计年鉴》。

从统计数据可以看出，第一，北京市虽然审计单位数量不多，但审计查出主要问题涉及金额较大，即每单位涉及的问题金额数量相比周边地区较大；第二，北京市向社会公告审计结果的数量要远远大于其周边地区，这说明审计信息的公开程度与透明度较高；第三，审计整改及时性指标显示北京市略优于其他地区；从审计整改率和审计整改建议采纳率两项相对数据指标来看，政治中心的审计整改率明显较高，且超过了 100%，整改建议采纳率也略高于其他地区，这说明，若从这两个指标来看审计整改情况，政治中心要好于其他地区，同时，被审计单位采取的审计整改措施数量也较高。

7.2.2　层级性差异的分析

通过浏览各审计机关门户网站、数据库等，发现审计署及各省级审计机关的审计公告、报告及审计机关工作情况信息等较为全面详细，而市级、县级有关审计信息较为缺乏，表现了不同层级审计信息公开程度之间较大的差异。国家审计署及各省级审计机关均有官方网站，一般在指定的专栏上披露相关审计信息，例如，中华人民共和国审计署网站中设置公告报告、信息公开专栏，其中有各类审计信息；陕西省审计厅官方网站设置了审计公开专栏，其下设审计结果公开、通知公告等栏目，山西省审计厅官方网站与审计署网站相似，在公告报告专栏里较为详细地披露了相关审计信息。相比较而言，市、县级审计信息及后续整改信息很少披露，且没有特定的专栏，信息分散，较难获取。此外，目前各级审计机关正在积极强化官方网站、政务公开网站、审计政务微博、微信等新媒体的建设，通过在百度上检索可以看到如"新媒体时代加强审计信息公开""××县审计局积极参加市审计机关电子政务暨政务微博微信工作培训会""××：审计政务微博受热捧""审计局'×项举措'做好新媒体宣传"等条目，这开辟了审计宣传和沟通的新阵地，但是相比于旅游、交通等部门的互动情况，审计电子政务还存在一些问题，如地区发展不平衡，低级别审计机关开通较少。

由于不同层级审计机关可能会在审计类型上有不同的侧重点，为了消除该影响，仅搜集经济责任业务类型的审计数据信息，分析四级审计机关层级差异对审计整改的影响，参考其他研究做法，以查处的违规金额作为政府审计质量的衡量指标（吴联生，2002），考虑到不同层级被审计单位的规模差异以及市、县级审计整改信息披露较少的因素，故而采用相对数指标，比较每一层级每年平均每一单位违规金额增速，理论上，该指标越小，审计整改的效果越好，其中，本书用每年查出问题合计金额除以被审计单位数量得到平均每一被审计单位违规金额，对 2006 ~ 2011 年数据进行分析，如表 7 - 6 所示。

表 7 - 6 四级审计机关审计情况统计分析

年份	审计署		省级审计机关		地级审计机关		县级审计机关	
	问题金额（万元）	增速（%）	问题金额（万元）	增速（%）	问题金额（万元）	增速（%）	问题金额（万元）	增速（%）
2006	73493.66	—	22074.17	—	1642.13	—	176.53	—
2007	192947.92	162.54	25160.63	13.98	1416.01	-13.77	206.90	17.21
2008	278698.83	44.44	24056.61	-4.39	1990.66	40.58	236.03	14.08
2010	403680.20	44.84	39537.03	64.35	2859.79	43.66	353.00	49.56
2011	821683.43	103.55	74982.35	89.65	3075.24	7.53	372.90	5.64
平均	354100.81	88.84	37162.16	40.90	2196.77	19.50	269.07	21.62

注：问题金额指平均每个被审计单位存在的问题金额。2009 年《中国审计年鉴》中未找到与其他年份统计口径一致的数据，故表中未列示。

资料来源：《中国审计年鉴》。

审计机关的层级越高，平均每个被审计单位被查出的有问题金额越高，这是因为高层级的审计机关由于地位、人力、物力的优势一般对应选择较大规模、有代表性的单位进行审计，这类单位所占资源较多，审计金额较大，同时查出的有问题金额一般也较大；而就每年每一被审计单位问题金额增长率来看，审计署层级的增速较大。除审计署层级之外，省级审计机关查出有问题金额上升的速度也要大于市、县级。用这一统计方法得出的分析结果与用传播学理论分析的结果"层级越高的审计机关由于具有较高的权威性使得审计整改的效果更好"并不契合，原因可能有两种：（1）不同级别审计机关在组织规模、人员素质、管理方式等方面具有较大差异，高级别审计机关工作流程较规范、技术手段不断更新，审计质量和效率较高，尤其是国家审计署，其凭着严谨的工作态度和高效的工作能力赢得社会的赞赏，而低级别审计机关，尤其是基层审计机关缺少编制，在岗的审计人员素质不高、知识储备不足、更新迭代较慢，不仅无法达到信息时代审计的新要求，更无法与被审计单位出现问题越来越隐蔽的情况相适应；另外，越高层级的审计机关每年所覆盖的审计范围越大，由于人力、物力的限制，在抽样审计中，每年仅能抽取较少的单位，对于被审计单位个体而言，被抽到的概率较小，违规成本较小，因此更多的单位抱着侥幸的心理，不重视运营中存在的问题，这就造成了数据上显示的高级审计机关审计效果更差的情况；（2）对于审计机关地位与整改效果悖论的问题，郑石桥、尹平（2010）认为可能的解释是，由于现行行政模式加双重领导型审计体制导致的审计妥协，事实上，由于大量的地缘"关系"，使低层级的审计机关独立性较低，在做出审计处理的决定之前，先要得到地方政府认可、受到某些重要利益集团的牵制，因此所披露出的审计结果与审计整改结果存在不能准确反映实际情况的可能性，所以导致表面上呈现的结果是地方审计机关审计整改效果好于审计署。

7.2.3 业务性差异的分析

国家审计按照业务类型划分，可分为财政财务收支审计、绩效审计、经济责任审计和专项审计调查四类。其中，财政财务收支审计是审计机关经常要开展的审计业务，一般是向人大所做的审计工作报告主要包含的内容；经济责任审计是我国特有的一种审计业务类型，是审计机关对党政领导干部和国有企业领导人员任职期间应负经济责任的履行情况所进行的审计监督①。我国国家审计的类型被概括为"3＋1"，此处的"1"即指经济责任审计，从"3＋1"的描述中可以看

---

① 参见：中华人民共和国审计署官方网站审计专栏。

出经济责任审计在我国审计体系中的重要地位，其特点是以自然人作为审计对象，而非单位，这一审计类型有利于加强对党政主要领导干部和国有企业领导人的管理和监督，强化对权力运行的制约和监督，因此，"经济责任审计"自产生之日起就有问责的属性。

查看审计署和各级政府以及其审计机关官网可以看出，近几年公开的审计公告、报告或是整改情况多数涉及财政财务收支、专项审计，与经济责任审计相关的内容较少，主要披露在地方政府政务信息专栏。通过对现有的经济责任审计信息进行文本分析可以发现，其多用点名形式，且对于查出的主要问题罗列得较为清楚，而查出有问题的金额，除了会像其他审计类型一样分为违规金额、管理不规范金额、损失浪费金额三大类别之外，还会在这三类下对主管责任与直接责任的金额予以区分。除此之外，由于经济责任审计发挥着对权力进行制约和监督的重要作用，因此较为重视领导干部涉嫌的个人经济问题及后续处理，一般对相关经济责任人有四种处理方式，包括撤职或降级、其他处分、移送司法机关、移送纪检监察机关。由此可见，经济责任审计蕴含"对人问责"的意味，其审计处理的针对性和指向性更强，能从根本上解决有关人员的违规行为。经过资料收集及实地调研发现，各地对经济责任审计发现的问题较为重视，会制定专项整改措施，部分重大事项会发布相应的整改落实情况报告。

经济责任审计从开始实践至今已有 30 多年，是一个不断法制化、制度化和规范化的过程，尤其是从 1999 年中共中央办公厅、国务院办公厅发布相关规定明确审计对象只包括县级以下党政主要领导干部和一些国有企业的法定代表人[①]，到 2010 年将省部级党政领导干部纳入审计范围[②]，审计署不断地加强经济责任审计的力度，据统计，从 1998 年至 2015 年，全国各级审计机关审计领导干部共计 61 万多人，审计查出由领导干部负有直接责任的金额约 1.5 万亿元，对多名领导干部做出免职、降级等处理，部分被移送司法、纪检监察机关处理。根据审计署工作报告，经济责任审计现已取得明显成效。该类型的审计可以牵出重点区域和重点腐败问题，遏制公共权力滥用，同时警醒各级官员做到防患于未然，是加强干部个人的监督以及建立健全审计问责机制的重要措施，有助于提升国家治理水平。

---

① 参见：1999 年中共中央办公厅、国务院办公厅印发的《县级以下党政领导干部任期经济责任审计暂行规定》。

② 参见：2010 年中共中央办公厅、国务院办公厅印发的《党政主要领导干部和国有企业领导人员经济责任审计规定》。

7.2.4 行业差异的分析

审计业务按被审计单位所在行业将其主要分为预算执行、财政决算、专项资金、行政事业、固定资产投资、金融、外资运用项目、企业和其他审计九类。受数据可得性限制，本书在做全国审计机关分行业审计（调查）情况统计分析时，仅使用2006～2011年数据进行算术平均，以分析审计信息在各行业间的差异。有关的数据如表7-7、图7-4所示。

表7-7　　　　　　　　　审计情况统计分析（按行业分类）　　　　　　　单位：%

行业	整改金额占比	建议采纳率	问题金额平均每年增速
预算执行	75.61	64.63	80.68
财政决算	50.16	67.39	17.95
专项资金	55.58	62.97	54.74
行政事业	52.62	68.55	10.04
固定资产投资	74.20	71.32	22.88
金融	44.58	59.03	27.72
外资运用项目	51.73	74.33	6.72
企业	50.07	62.23	34.11
其他	288.76	53.77	145.69
合计	53.67	67.21	34.77

注：问题金额平均每年增速为每年违规金额增速的算术平均。
资料来源：《中国审计年鉴》。

从表7-7和图7-4可以看到，从整改金额占比来看，预算执行审计和固定资产投资审计的整改效力较强，金融行业的整改效力较弱，但是与每年违规金额的平均趋势对比来看，预算执行审计平均每年的违规金额超出上年80%，这也从另一个角度体现了其较注重当年的整改效力而不注重整改的后期效果，可能存在"治标不治本"的情况。事实上，审计整改不应该只是对当年查出问题的改正，而应对以后起到良性的借鉴作用。从审计整改效果角度看，专项资金审计和企业资金审计整改效果较差，行政事业、外资运用项目的审计整改效果相比较好；就审计建议的采纳率而言，各行业差异不是很大，整体的整改率在60%～80%之间。

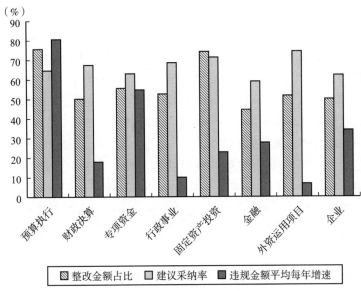

图 7 － 4　审计情况统计（按行业分类）

注："其他"项数据过大、有异常，显示在图中会弱化其他行业分类数据的比较，且不具参考价值，因此图中未列示。

资料来源：《中国审计年鉴》。

7.2.5　现状总结

本书搜集了从 2006 年至 2016 年底审计署发布的审计工作报告，翻阅了部分省级政府、审计厅官方网站上审计信息公开的报告以及这 11 年的《中国审计年鉴》及《中国统计年鉴》，统计并按区域、级别、业务和行业四个维度梳理了相关审计信息。

首先，各个地理区域及经济区域的审计信息公开及报告情况、审计整改情况均体现出了不同特征，其差异的影响因素可以归为经济、政治及地域等方面。通过统计分析结果可以发现，经济发达地区或政治中心城市的审计信息披露情况以及审计整改情况要好于其他地区；在地域方面，由于东部地区经济基础较好，其每单位违规金额较高，审计信息的公开程度较高，同时整改也较好，相比之下，西部地区与东北地区的经济仍待发展，信息公开程度偏低，审计整改情况也较差，这与现有的许多文献研究结果一致。审计具有广泛的社会性特征，尤其是国家审计，它与特定社会环境息息相关。地区的经济发展程度、市场化程度、中央政府对地方政府的审计需求、政府干预程度、各地区权力制衡体系等都会成为影响国家审计的因素。该结论可以从统计学角度为实证部分解释变量及控制变量的选择方面提供借鉴。

层级性差异的统计分析结果值得深思。理论上，地位高的审计机关所对应的审计整改效果应较好，但是统计结果却与理论相悖，针对可能的两种解释，本书认为：第一，需要加强审计结果的跟踪，加大对重复违规现象的处罚力度，对存在同样问题的未被审计的单位起到一定的警示作用；第二，针对郑石桥、尹平（2011）的解释，应该推进高级别审计机关对被审计单位的直接处理权。针对地方审计机关可能发生事前妥协、和解的情况，需要发展和完善审计的双重领导审计体制，增强地方审计机关的独立性。

由于按业务分类的审计信息可获得性与可比性较差，因此只针对个别公告、报告进行了文本分析，结果发现经济责任审计较其他业务类型审计的信息更具体，且更具有针对性和指向性，对发现的违法违纪行为及后续的整改措施较为重视。

按行业的分类来进行统计分析发现，预算执行审计的审计整改效力较强，《审计法》要求国务院和县级以上地方政府应每年向本级人大常委会提交审计机关对预算执行和财政收支的审计报告，可以看出，预算执行审计是人大监督政府的一个窗口，由此不难理解统计分析体现出其整改效力较强，但深层次分析可以发现其被查出问题平均每年的增速较快，这说明预算执行是较容易存在问题的一个部分，而且实质上审计整改尚未达到理想的效果。

7.3 国家治理视角下审计清单披露与审计整改关系的实证研究

7.3.1 理论分析与研究假设

良好的国家治理应是"善治"，其中包括透明度、回应等特征（俞可平，2000），民众需要通过信息的充分披露来了解和监督公共部门受托责任的履行情况（蔡春、蔡利，2012）。从国家治理的需求角度来看，国家治理依赖于国家审计的信息属性（张立民，2014），根据前面的分析，审计信息披露是国家治理的内在要求，同时也是服务于国家治理的有效途径，审计信息需要及时公开，它天然地具有保障利益相关者权利的作用，并且要落实到审计整改上。1999年审计署代表国务院向人大所做的年度审计工作报告，在国务院总理的支持下，披露了大部分内容，此后，公众对审计信息公开的呼声越来越高，审计工作报告公开化程度越来越大，社会反响也随之增强。可以说社会公众对审计信息知情权的需求催生了审计工作报告公开化，从2003年实施审计信息公开制度以来，审计工作报告被越来越多的人所关注，其在保障公众利益、发挥审计监督作用方面有举足轻重的作用。因此，提出假设：

H1a：公开的审计信息数量越多，审计整改效力越大。

H1b：公开的审计信息数量越多，审计整改效果越好。

一般情况下，公众的审计需求较为分散，无法独立地实现各自利益，因此，形成了人大这样的"代理"来集中实现公众的审计需求，从前述的理论分析可知，人大受社会公众委托，监督政府对公共资源的使用情况以及各种经济活动，对人民群众的利益负责，同时《审计法》中也赋予了人大审议政府的审计工作报告的权力。政府依法对国家和社会公共事务进行管理，承担相应的公共受托责任，各级政府需要通过审计机关来客观鉴证它们的工作情况，向人大以及公众汇报受托责任的履行情况，人大委托政府的审计机关对政府进行监督。我国审计机关向政府汇报审计工作情况，审计经费的拨付、审计报告的提交以及相关公告的披露也需要征得政府的同意。在 1995 年之前，根据《宪法》及相关审计制度，审计署只向国务院总理报告审计结果，并没有向社会公众披露审计信息的责任和义务，在这一时期，无论是审计计划信息、审计执行信息还是审计结果信息，这些都处于政府内部封闭运行状态之中，因此，大多数被审计单位并不在乎审计结果，对审计处理意见都是草草应付，甚至在很长时间存在"审计难，处理更难"或者"审计容易处理难"的困境。在这种情况下，国家审计的监督作用无法得到正常发挥。这也是为什么如今有很多审计学者研究审计机关的领导体制问题的原因，也因此衍生了向人大报告审计结果信息的制度。在审计信息向人大或是政府传播的过程中，人大和政府作为信息的接收者，其自身的性质，代表的利益团体、权威性等存在差异，都会影响审计信息的披露以及其引发的效果。考虑到人大作为授权审计的权力机关，对人民负责，拥有广泛的群众基础，又有极高的法律地位，因此，能有效发挥权力制衡作用，其主导的审计整改应当最为有效。因此，提出假设：

H2a：提交人大的审计信息比提交政府的审计信息整改效力大。

H2b：提交人大的审计信息比提交政府的审计信息整改效果好。

从国家治理角度来看，对于审计机关而言，其工作成效主要取决于审计检查效率与提出审计建议情况，审计建议的有用程度在一定程度上决定了被审计单位的整改意愿。审计清单作为一种传递信息的载体，是传播审计结果及监督成效的方式，具有发布和传播信息的作用。现有文献研究结果显示，更公开、更透明的审计信息更有利于审计整改，但鲜有人研究审计机关提出的审计建议对审计整改的影响。通过翻阅审计公告、报告可以看到其中包括"审计建议""整改要求"相关字样，除此之外，审计机关还会在检查过程中，与被审计单位沟通，提出一些整改意见。审计机关作为代表国家行使审计职权的专门机关，其具有极强的独立性及专业胜任能力，它通过对经济活动的监督，将对具体事项的审计结果整理成一定的审计信息，反馈给有关单位，为其提供可靠的决策依据，所提出的明确且具体的审计建议有助于被审计单位在后期进行更有针对性的整改，并且可以提高可操作性程度。基于此，提出假设：

H3a：有明确要求或是建议详细的审计清单，审计整改效力大。

H3b：有明确要求或是建议详细的审计清单，审计整改效果好。

7.3.2 研究方案设计

本书以 2006～2016 年省级审计机关的审计工作情况为样本，通过从各级政府官方网站、报纸、各类年鉴搜集审计信息，共搜集了 341 个样本的数据，剔除数据缺失及不可比部分，剩余 154 个有效样本。

关于审计整改，现有文献主要是从本期审计中问题资金的整改金额情况、案件处理情况、追究处理人员情况或建议采纳情况几个方面对其进行衡量，综合现代治理目标对我国国家审计提出的新要求，本书认为审计整改应至少包含两方面的含义：第一，被审计单位遵从审计机关的处理处罚决定，并执行相关纠错改正活动；第二，被审计单位根据审计机关提出相关建议和意见，结合自身实际情况，采取优化措施，提高经营和管理能力，提升审计工作成效。由此提出审计整改情况应从审计整改效力和审计整改效果两方面进行评价，整改效力指国家审计当期发现问题得到处理的程度，而整改效果是指是否会促进下期被审计单位更少的违规。因此，本书选择审计处理落实金额除以当期审计应处理金额作为审计整改效力的替代指标之一——当期审计金额整改率（RD_M），选择审计处理落实事件除以当期审计应处理事件作为审计整改效力的另一替代指标——当期审计事项整改率（RD_E），两个指标比率越大，证明整改效力越大；另外，选择下一期审计查出待处理金额作为衡量审计整改效果的指标，在分析时取其对数（LN(Ret+1)），相比于当年的整改情况，值越小证明整改效果越好。

对应前四个假设，从四个方面刻画审计清单披露特征：第一，采用本期向社会公告的审计结果的数量代表审计清单的公开程度（Pub）；第二，由于提交人大或是提交政府的有关指标不容易搜集和刻画，而本书认为由于人大和政府对审计信息的需求和目标不同导致在与审计报告互动的过程中，形成一定的审计报告披露特征，报告蕴含着现行审计体制下的一些情景特色，因此在该指标设计时选取审计清单披露特征的重要前因变量，将假设引申为人大或是政府的审计信息需求程度对审计整改情况的影响，采用各省级财政支出除以财政收入衡量人大审计信息需求（Req_NPC）（叶子荣、马东山，2012），用各地区外商投资总额除以地区生产总值衡量政府审计需求（Req_Gov）；第三，是否有明确的要求或审计清单详细程度（Det）使用审计提出建议条数来计量。

参考相关研究的一般做法以及前文统计分析得出的结论，将各地区总人口数量（Num_Peo）、各省人均实际 GDP 增长率纳入控制变量，参考其他学者研究结果：地区市场化程度越高，政府审计发挥作用效果越好（唐雪松、罗莎、王海燕，2013）；市场化程度对审计机关发现问题和审计整改有正向影响（林斌、刘瑾，2014），因此，引入市场化程度的变量；此外，与前面分析的影响因素对应，考虑公众的参政意识、信息获取能力与解读能力对研究的影响，选择城镇化指数（Urb）、工业生产总值（GIP）、信息化发展水平（Inf）、人均受教育年限（Edu）、居民可支配收入（RDI）、市场化指数（Market）六个指标，进一步对这些数据之间的相关性进行分析，如表 7 - 8 所示。

表 7 - 8　　　　　　　　　　　　相关性分析（1）

	Urb	GIP	Edu	RDI	Market	Inf	GDP	Num_Peo
Urb	1. 000	0. 309 ***	0. 856 ***	0. 838 ***	0. 713 ***	0. 788 ***	− 0. 363 ***	− 0. 069
GIP	0. 456 ***	1. 000	0. 275 ***	0. 405 ***	0. 570 ***	0. 379 ***	− 0. 313 ***	0. 800 ***
Edu	0. 824 ***	0. 447 ***	1. 000	0. 729 ***	0. 651 ***	0. 794 ***	− 0. 432 ***	0. 045
RDI	0. 836 ***	0. 586 ***	0. 768 ***	1. 000	0. 584 ***	0. 614 ***	− 0. 601 ***	0. 024
Market	0. 682 ***	0. 626 ***	0. 497 ***	0. 601 ***	1. 000	0. 776 ***	− 0. 147 **	0. 446 ***
Inf	0. 730 ***	0. 473 ***	0. 698 ***	0. 564 ***	0. 716 ***	1. 000	− 0. 234 ***	0. 171 **
GDP	− 0. 461	− 0. 366 ***	− 0. 558 ***	− 0. 717 ***	− 0. 172 **	− 0. 243 ***	1. 000	− 0. 084
Num_Peo	− 0. 044	0. 764 ***	− 0. 009	0. 099	0. 432 ***	0. 133	− 0. 090	1. 000

注：表左下部分为 SPearman 相关系数，右上部分为 Pearson 相关系数；*** 代表 1% 水平上显著，** 代表 5% 水平上显著，* 代表 10% 水平上显著。

由于上述六个指标互相之间有较强的相关性，为避免共线性问题，本书采用因子分析法，从中分离出两个因子（FAC），根据之前理论分析和因子与六个指标的相关性，定义因子 1 为公众审计信息需求（Req_Peo）变量。以上数据中，各地区的经济数据来自《中国统计年鉴》，市场化程度的刻画使用樊纲的市场化指数，2015 年的数据根据之前年度的指数进行拟合计算。信息化发展水平根据《中国信息年鉴》的报告对各地区的信息化程度划分成五类，分别赋值 1 ~ 5，信息化程度越高，赋值越大。详细变量类型、名称、符号及变量说明如表 7 - 9 所示。

表 7 - 9   变量设定

变量类型	名称	符号	变量说明
被解释变量	整改效力	RD_M	审计处理落实金额/审计处理金额
		RD_E	审计处理落实事件/审计处理事件
	整改效果	LN(Ret + 1)	下期审计查出主要问题金额的对数
解释变量	审计清单公开程度	Pub	向社会公告审计结果数量
	人大审计需求	Req_NPC	财政支出/财政收入
	政府审计需求	Req_Gov	外商投资总额/地区生产总值
	审计清单详细程度	Det	审计提出建议数量（条）
控制变量	各地区总人口数量	Num_Peo	总人口数量的自然对数
	实际 GDP 增长率	GDP	实际 GDP 增长率
	因子 1（公众审计信息需求）	Req_Peo	由城镇化指数（Urb）、工业生产总值（GIP）、信息化发展指数（Inf）、人均受教育年限（Edu）、居民可支配收入（RDI）、市场化指数（Market）因子分析法对其降维，分离出公众审计需求（Req_Peo）与另一因子（FAC2）
	因子 2	FAC2	
	审计整改落实金额	LN(RA)	本期审计处理落实金额的对数

根据所提出的假设与变量设计，参考前人研究成果，建立了审计清单与审计整改的回归模型：

（1）审计清单与审计整改效力的回归模型。

$$RD\_M = \alpha_0 + \alpha_1 * Pub + \alpha_2 * Req\_NPC + \alpha_3 * Req\_Gov + \alpha_4 * Det$$
$$+ \alpha_5 * Req\_Peo + \alpha_6 * Num\_Peo + \alpha_7 * GDP + \alpha_8 * FAC2 + \varepsilon_1 \quad (7.1)$$

$$RD\_E = \beta_0 + \beta_1 * Pub + \beta_2 * Req\_NPC + \beta_3 * Req\_Gov + \beta_4 * Det + \beta_5 * Req\_Peo$$
$$+ \beta_6 * Num\_Peo + \beta_7 * GDP + \beta_8 * FAC2 + \varepsilon_2 \quad (7.2)$$

（2）审计清单与审计整改效果的回归模型。

$$LN(Ret + 1) = \gamma_0 + \gamma_1 * Pub + \gamma_2 * Req\_NPC + \gamma_3 * Req\_Gov + \gamma_4 * Det$$
$$+ \gamma_5 * Req\_Peo + \gamma_6 * Num\_Peo + \gamma_7 * GDP$$
$$+ \gamma_8 * FAC2 + \gamma_9 * LN(RA) + \varepsilon_3 \quad (7.3)$$

其中，α_0、β_0、γ_0 是常数项，$\alpha_1 \sim \alpha_8$、$\beta_1 \sim \beta_8$、$\gamma_1 \sim \gamma_9$ 分别是各模型解释变量与控制变量的相关系数，$\varepsilon_1 \sim \varepsilon_3$ 均是残差项。

7.3.3 实证检验过程

7.3.3.1 描述性统计

变量描述性统计结果如表 7 - 10 所示。

表7－10   变量描述性统计

变量	最小值	最大值	平均数	标准差	中位数	1/4 分位	3/4 分位
RD_M	0.032	1.647	0.523	0.268	0.504	0.371	0.654
RD_E	0.000	1.577	0.365	0.254	0.326	0.176	0.500
LN(Ret+1)	11.663	16.305	14.237	1.170	14.381	13.344	15.121
Pub	0.000	5211	264.123	715.090	44	9	242
Req_NPC	0.293	13.749	2.449	1.850	2.128	1.468	2.560
Req_Gov	0.000	0.280	0.024	0.028	0.018	0.009	0.317
Det	187	26058	8585	6358	7714	3015	12570
Num_Peo	5.638	9.292	8.118	0.831	8.243	7.789	8.705
GDP	0.030	0.180	0.101	0.024	0.100	0.082	0.120
Req_Peo	−2.750	3.241	0.000	1.000	−0.075	−0.554	0.331
FAC2	−1.320	3.062	0.000	1.000	−0.276	−0.625	0.388
LN(RA)	10.526	15.800	13.490	1.329	13.640	12.483	14.415

表7－10 列示了各个变量的最小值、最大值、平均数、标准差、中位数、1/4
分位与3/4 分位。被解释变量整改效力指标之一，整改金额比率最小值为3.2%，
最大值超过了100%，差异较大，平均整改率52.3%，中位数为50.4%，说明有
一半的被审计单位整改效力不佳；指标之二审计处理落实事件比率，平均整改率
36.5%，中位数为32.6%，整改效力较差；解释变量方面，向社会公告审计结果
的数量的标准差为715.09，最大值与最小值之差为5211，说明各样本之间差异
较大，这与统计分析中结果一致；将人大与政府的审计信息需求对比来看，前者
样本之间的差异较大，这说明人大作为最高国家权力机关，作为民意的集合体，
无法做到兼顾所有个体，对于不同信息的需求有所侧重；审计提出建议数量平均
为6000 多条。

7.3.3.2　回归分析

从表7－8 的相关性检验中可以看出，城镇化指数（Urb）、工业生产总值
（GIP）、信息化发展指数（Inf）、人均受教育年限（Edu）、居民可支配收入
（RDI）、市场化指数（Market）等6 个指标具有较高相关性，在对其进行了因子分
析降维之后，提取出2 个共同因子：因子1 公众审计信息需求（Req_Peo）、因子2
（FAC2），将其与其他解释变量、控制变量等进行相关性检验，结果如表7－11 所
示，相互之间不存在较高的相关性。

表 7-11

相关性分析 (2)

变量	RD_M	RD_E	Pub	RDI	Req_Gov	Det	Req_Peo	FAC2	GDP	Num_Peo
RD_M	1.000	0.142*	0.131	0.297***	0.005	0.160**	0.242***	0.127	0.029	0.192**
RD_E	0.249***	1.000	0.076	-0.024	0.118	0.277***	0.059	0.271***	0.197**	0.327***
Pub	0.373***	0.189**	1.000	0.046	-0.049	0.553***	-0.050	0.065	-0.057	0.103
RDI	0.046	-0.011	0.265***	1.000	0.174**	-0.069	-0.816***	0.251***	-0.601***	0.074
Req_Gov	0.217***	0.285***	0.119	0.294***	1.000	-0.168**	0.187**	0.046	0.125	-0.131
Det	0.243***	0.285***	0.636***	0.049	-0.050	1.000	-0.232***	0.469***	-0.058	0.616***
Req_Peo	-0.062	-0.020	0.079	0.779***	0.374***	-0.201**	1.000	0.000	-0.381***	0.023
FAC2	0.215***	0.320***	0.379***	0.334***	0.306***	0.571***	0.096	1.000	-0.164**	0.732***
GDP	0.071	0.277***	-0.185**	-0.717***	0.062	-0.061	-0.472***	-0.135	1.000	-0.106
Num_Peo	0.219***	0.321***	0.437***	0.099	0.154	0.719***	-0.151	0.873***	-0.090	1.000

注：表左下部分为SPearman相关系数，右上部分为Pearson相关系数；*** 代表1%水平上显著，** 代表5%水平上显著，* 代表10%水平上显著。

同时，为了实证研究的规范性与严谨性，本书做了多重共线性检验，由表 7-12 可见，计算出的方差膨胀因子（VIF）数值均小于 4，因此可以认为变量之间不存在严重的多重共线性问题，可以进一步进行假设检验。

表 7-12　　　　　　　　　　变量间的多重共线性检验结果

变量	VIF	1/VIF
Num_Peo	3.89	0.257
Det	3.08	0.324
FAC2	2.38	0.420
Req_NPC	2.35	0.425
Req_Peo	2.32	0.430
Pub	1.73	0.578
GDP	1.33	0.751
Req_Gov	1.20	0.832
Mean VIF	2.29	—

进一步地，用 Stata 14 根据三个模型对全样本进行了回归，表 7-13 展示了用三个模型分析得到的回归结果。

表 7-13　　　　　　　　　　　　回归结果

变量	整改效力		整改效果
	（1）RD_M	（2）RD_E	（3）LN(Ret+1)
	估计系数（T 值）	估计系数（T 值）	估计系数（T 值）
Pub	0.000 (0.000)	-0.000 (0.000)	-0.000 (0.000)
Req_NPC	0.035 ** (0.016)	0.029 *** (0.010)	-0.079 * (0.041)
Req_Gov	-0.755 * (0.440)	1.031 * (0.597)	9.032 *** (2.409)
Det	0.000 * (0.000)	0.000 ** (0.000)	0.000 (0.000)

续表

变量	整改效力		整改效果
	(1) RD_M	(2) RD_E	(3) LN(Ret+1)
	估计系数（T值）	估计系数（T值）	估计系数（T值）
Req_Peo	0.117 *** (0.034)	0.022 (0.025)	−0.316 *** (0.085)
Num_Peo	0.063 (0.048)	0.011 (0.035)	−0.035 (0.129)
GDP	2.605 *** (0.754)	3.006 *** (0.809)	−12.140 *** (2.709)
FAC2	0.010 (0.027)	0.027 (0.028)	0.043 (0.066)
LN(RA)	—	—	0.627 *** (0.074)
Constant	−0.389 (0.405)	−0.065 (0.279)	7.325 *** (1.298)
Observations	154	154	153
R – squared	0.172	0.243	0.726

注：*** 代表1%水平上显著，** 代表5%水平上显著，* 代表10%水平上显著。

其中（1）（2）列是使用模型（7.1）、模型（7.2）对审计清单与审计整改效力（RD_M）、（RD_E）得到的结果，它用来检验本章的假设 H1a、假设 H2a、假设 H3a；（3）列是使用模型（7.3）对审计清单与审计整改效果（LN(Ret+1)）得到的结果，它用来检验本章假设 H1b、假设 H2b、假设 H3b。三个模型的 P 值均小于 0.0001，R^2 较大，证明模型设定较为合理且拟合优度较高。进一步地：

（1）对假设 H1a、假设 H1b 的回归结果分析。回归结果显示，审计清单的公开程度（Pub）与当期审计金额整改率（RD_M）、当期审计事项整改率（RD_E）以及审计整改效果（LN(Ret+1)）并不存在显著关系，该结果未支持假设 H1a、假设 H1b。可以发现，在审计信息公告与报告日益增多的今天，整改情况依然不尽如人意，审计署新闻发言人评析：审计风暴时期，晒"细账"、揭"蛀虫"，整改效力最大，效果最好，在听惯了"相关部门""有关问题"时，"清单"式的罗列与点名式的公开确是当时的一股"清流"，所点到的单位和揭露出的问题成为大众关注的焦点。相比之前"匿名"提到的审计问题，不少部门采取自欺欺人或是拖延战术，更容易回避问题，不会进行大力整改或是主动披露整改信息，这种形式将存在问题的被审计单位推到了"明面上"，使民众清晰地看到并理解审计结果。由此可以看到，点名式的更加透明、更加公开的审计信息，会更好地促进审计整改。这种高质量的审计信息是优化资源、遏制腐败、保障人民权利、促进经济又快又好发展的基础，而审计公告的数量对于审计整改并无显著的促进作用，即审计信息的"量变"并未引发"质变"。

（2）对假设 H2a、假设 H2b 的回归结果分析。由三个模型中人大审计信息需求（Req_NPC）的显著性可见，其与审计整改效力与效果在 5%、1%、5% 的水平上显著相关，而政府审计信息需求（Req_Gov）与审计的整改效力仅在 10% 的水平上显著相关，由于模型（7.3）的被解释变量（LN(Ret + 1)）是逆向指标，意义为市政府需求对审计整改效果高度负相关，这说明长期来看政府的参与会抑制审计整改效果的发挥，这个结果与很多学者探索审计体制改革的想法吻合，也为其文献提供了数据上的参考；同时，在（1）列和（2）列中，人大的审计需求系数均为正，在（3）列中系数为负，且均显著，即下期审计查出主要问题金额越小，整改效果越好，因此该结果支持了假设 H2a 与假设 H2b，人大对审计信息的需求越大，审计整改的效力越强，审计整改效果也更好；而从政府的角度，由于是"自己监督自己"，在封闭的运行环境下，审计需求无法激发出对有问题金额有效的整改动力，甚至在一定程度上会阻碍审计整改，这表明在一定程度上，审计报告提交给人大比提交给政府更有效。

（3）对假设 H3a、假设 H3b 的回归结果分析。由（1）列和（2）列可见，审计清单详细程度（Det）与当期审计金额整改率（RD_M）在 10% 的显著水平上呈正相关，与当期审计事项整改率（RD_E）在 5% 的显著水平上呈正相关，这说明针对整改提出的建议越多、信息越详细，当期审计整改效力越大，越有利于即时的审计整改，假设 H3a 成立。同时也注意到，在（3）列中，审计清单详细程度（Det）与审计整改效果并不显著，假设 H3b 未得到验证。虽然审计建议的详细程度与当期的整改效力呈正相关，但是未必对于以后年度有积极的作用，正是由于有了详细具体的建议与要求，被审计单位往往将视线局限于所查出的问题，仅仅针对个别风险点和问题事项进行整改，束缚了其自查与自省，不能从深层次解决问题，同时由于这些详细而又具体的整改建议受众面较窄，对于其他被审计单位不能起到很好的借鉴作用，这样就容易导致审出的问题具有"惯性"，没有使审计整改发挥应有的抵御与预防功能。该解释也在（3）列中审计整改落实金额（LN(RA)）的系数上得到了印证，本期整改金额与下期审计查出主要问题金额在1%的水平上显著正相关,即本期的审计整改不会促进下期更少的违规,从该实证结果来看,这一情况可能与整改建议的侧重点的偏差有关,也可能与在无法进行审计全覆盖的情况下,各个年度选择的被审计单位存在比较大的差异等情况有关。当年所提出明确、具体的审计建议可能并不利于彻底解决违规问题的根源,杜绝管理漏洞,再加上审计机关权力范围较小,资源有限,无法实现对查出问题整改的逐一后续跟踪,使审计整改并未达到应有的效果。

(4)回归结果的其他分析。在三个模型的回归检验中,由6个相关性高的控制变量所提取的因子公众审计信息需求(Req_Peo)与当期审计金额整改率(RD_M)、整改效果(LN(Ret+1))在模型(7.1)和(7.3)中呈现1%水平上的正向相关,这说明社会监督与舆论监督对审计整改的影响较大,但是可以发现,该指标与审计整改效力的另一衡量指标当期审计事项整改率(RD_E)并无显著相关关系,这说明公众更多地关注国家审计中整体性违规金额的处理落实情况,而不是关注某个个别事件,且对于后期的整改效果来说,公众的持续关注有利于审计整改效果,因此,其他监管部门以及媒体需要对一些问题进行持续的追踪及后续报道,更多地关注重复出现的相同或相似的违法违规问题并进行舆论引导,更进一步激发公众的审计信息需求,促进审计整改。

7.3.4 稳健性检验

在实证检验的过程中,本书对于相关性较高的控制变量采取了因子分析法进行降维,之后做了相关性分析以及方差膨胀因子检验,结果见表7-11、表7-12,模型中变量的VIF值均小于4,较好地处理了共线性问题;对于异方差问题,本书在用Stata 14进行处理中直接采用了怀特的异方差修正法,从而使回归结果更稳健。此外本书还在变量的选取和模型的设定上考虑了内生性问题,以最小化内生性对回归结果造成的影响。

为了保证实证结果的可靠性,本书进行了变量替换,用移送处理落实人员比率替换移送处理落实事项比率作为审计整改效力的又一指标,回归结果未见明显差异。

7.3.5 政策建议

本书基于管理学和传播学理论对审计清单涉及的有关问题进行了梳理,结合调研数据进行统计分析,发现不同区域、层级、业务、行业体现出不同的审计信息披露及整改情况特征,收集了省级层面近11年的面板数据,根据研究目的并基于理论、统计分析及前人研究,设定模型,提出研究假设进行实证分析,结论如下：

第一，审计公告或报告的数量与审计整改的效力与效果无关，但是其质量优势能更好地促进审计整改，即通过"清单"列示和"点名"公布的形式有利于审计整改；第二，人大对审计的信息需求越高，审计整改的效力越强，效果越好，相比之下，政府对审计信息的需求对审计整改金额有负向作用，且与审计整改效果关系并不显著，因此，本书认为提交人大的审计信息比提交政府的审计信息更能有效促进审计整改；第三，审计机关对所查出有问题事项提出的审计建议在一定程度上越具体越详尽越好，在假设 H3a、假设 H3b 的验证过程中发现，越详细具体的审计建议对于当期的审计整改效力是有利的，二者呈正相关关系，但是详细具体的审计建议不利于被审计单位进行深层次问题的挖掘，更不利于其他企业的对其经验的借鉴和教训的吸取，因此呈现出与审计效果的负相关关系；第四，大众的审计信息需求与审计整改呈高度正相关，这说明社会舆论监督所起到的重要作用，在公共管理理论的观念中，全民共治才是最有效的整改力量，因此，如何正确引导和使用公众的监督力量成为一个重要问题。

针对以上分析，本书提出相关建议，以期能够提高审计整改的效力与效果。

（1）审计公告报告要注意在内容简明性、透明性等质量上的提高，而不是一味考虑数量上的增加。首先，公开审计结果，要解决部门领导、相关负责人的思想问题，审计公告的公开不是一项会给自己带来"麻烦"的事，在信息社会，与其封锁信息让其他人猜测和炒作，不如将信息公开，让其发挥真正的价值与意义；其次，审计清单与往常审计报告、公告等的一个显著区别在于，用"点名"取代"相关部门"等用词，这就解决了暗箱操作、没有人负责、后期执行不力等问题，是谁的责任就向谁追责，建立"买单制"，加强问责，实现聚到焦点、打到痛点，因此，要将"点名"和"清单"式逐渐转为常态化。

（2）实证结果显示，提交人大的审计信息比提交政府的审计信息更有利于审计整改。人大是一个权力机关，《审计法》也规定：政府向人大常委会提交审计工作报告，那么人大也应进一步对审计披露出来的问题进行问责，向政府施加压力，这也符合《中华人民共和国各级人民代表大会常务委员会监督法》对人大的定位。审计整改需要人大积极与强势参与。首先，审计机关将重大事件及时上报，将审计信息及时传递，甚至可以实行由审计机关直接向人大常委会送达审计工作报告，这样会大大降低政府相关领导对审计信息的"干预"，同时，需要强化人大功能，加强对政府的制衡，可行的方式有以下三点：第一，在竞选人大代表时，优化各选举环节，使选出来的代表能有强烈意愿代表民众发声且具备真正的能力胜任；第二，应赋予人大代表充分质询与上报的权力，审计信息向人大报告只是形式上的要求，更重要的是在人大代表在和政府领导的质疑与问答中解决有关问题，例如，2012 年的"委员撬动'跟踪整改'议题"，湖南省人大常委会主任在听取审计厅的整改相关报告时，决定将跟踪整改情况报告书面印发省人大常委会议，同年 5 月报告"上会"，但是在会上，又有委员提出将报告列入 7 月审议议程，这次事件改变了过往安排什么就议什么的形式，加强了审计信息在不同需求主体之间的流动；第三，完善人大议事过程或相关资料的公开制度，接收民众意见，使民众成为人大代表的坚强后盾。

国家审计的良好发展与政府的大力支持密切相关，如"审计风暴"现象的发生，与国务院"不遮丑，不护短"的决定是分不开的。政府相关人员要意识到，国家审计虽然具有监督的职能，但最终是为审计委托人和被审计单位服务的，它虽然有可能会损害某些人的利益，但最终维护了集体和国家的利益，纵容与包庇只会激化矛盾，甚至造成严重的社会群体事件，因此，进一步推行"阳光政府"，实行更广泛的政务公开，打通政府与外界的互通渠道，适时在法律法规上推进政府直接、主动将重大和重要审计事项提交人大审阅的制度。

（3）审计机关的审计建议并不是越详细越具体越好。实证结果表明，详细具体的审计建议仅对当期审计整改效力有积极影响，但是对以后的整改效果不明显。第一，审计结论和建议的着眼点应在消除问题的根源以及对之后的违规起到预防作用上。当今，审计机关多关注的是被审计单位的违法乱纪现象，以查处的违规金额为目标导向，在向人大做的报告以及在官方网站披露的报告中也主要指出的是一些违规现象，如"占用经费××元""少计收入××元"等，未提及为什么会出现这样的情况，是哪个环节出了问题导致这样的结果，处理情况也多用"清理""调整""正在整改"等描述，审计建议以及相关整改更多地关注如何对账面金额进行修正、对违规金额处理，停留在纠正错误层面，并没有直击问题根源，这也是审计中存在问题屡审屡犯的原因之一。事实上，由于审计的积极性大部分来源于直接或间接获得的经济利益，导致目前审计工作战略重点仍是查处和遏制受托人的失职行为，而非如何促进被审计单位更好地履行职责。现代审计理论认为，国家审计机关应追根溯源，更加关注问题是如何产生以及怎样消除，如何健全相关制度以防微杜渐，而不是关注于查出问题和处罚的本身，所以国家审计应系统性地考虑审计问题反映的实质，在发现问题中，越直接、越明显越好，但对发现之后的建议及整改过程中，越系统、越深入越好。第二，由于审计机关对被审计单位的了解有限，因此提出的建议在范围上和深度上有所局限，在审计机关提出一些指向性建议和具体做法的同时，被审计单位需要开展自查自省，根据自身情况提出更具体有针对性的整改措施，而审计机关可成立后续审计跟踪机构，敦促重大问题的解决。同时，其他单位也可在自查基础上对照该指向性建议进行改正和提高，否则"事无巨细"只会使审计整改流于形式。

（4）在信息的流动过程中，媒体具有不可或缺的作用，媒体的专业性、及时性对信息的处理和扩散、引发舆论以及民意倾向的作用是巨大的，是一种十分重要的监督力量，国家审计和媒体监督均是以寻求"公正"为价值目标的监督方式，同时，二者在多次合作中取得的成效令人瞩目，但二者间的冲突和摩擦也在所难免（华金秋，2009），部分领导认为媒体在披露某些情况时，可能带来负面影响，尤其是对政府形象方面，媒体的过度监督可能会导致公众对政府的不信任，这也不利于以后工作的开展，例如，某省审计厅要求严明审计宣传的纪律，媒体对外发布的新闻，必须按规定统一归口管理，向社会公布的案例必须是处理完毕的。但是事实上，媒体对审计的正面作用大于负面影响，应以积极态度欢迎媒体宣传审计和监督审计。有研究成果认为，在审计前期和中期媒体具有发现和预警作用，在审计后期具有监督处理落实情况、提高整改效果的作用（蒲丹琳、王善平，2011）；审计署官员评价"审计风暴"过后，整改效果好于往年的情况，这除了审计机关付出艰辛的努力之外，一定程度上与媒体公开报道和相关的舆论压力是分不开的。同时，由于媒体的曝光可以进一步深入事件，有助于广泛传播审计结果，在增大了该事件影响力的同时让典型事件起到了示范的效果，但是，从时间上分析，"审计风暴"只刮了一阵，审计清单、审计整改的热度不够长久，一些事件没有处理结果却不了了之，可能是媒体后续跟踪的缺位造成的"审计风暴"降级。因此，人大、政府应重视媒体的作用，利用好这一重要的监督力量，加强信息的沟通和协作。第一，在审计团队内部配备具有足够社会沟通能力的人员，引进新闻学、传播学等方面人才，培养兼具审计业务能力和精通信息传播等方面的复合型人才，研究审计机关内部的宣传方式、拓宽宣传渠道、主动加强与社会的沟通，关注、收集和整理网民反馈的重要信息和根本性问题，加强对网民提出重要信息的追踪、回访、监控和落实，做好突发状况的应急管理，利用好宝贵的信息资源；第二，推进政务公开信息化，加强互联网政务信息数据服务平台和便民服务平台建设，及时充实和更新信息发布内容。同时与外部媒介充分接触与合作，适时做出相应价值观、正确舆论方向的引导，以便及时纠正不实信息、针对舆情及时传递官方声音并且积极应对，在与媒体进行良性互动中，可以从外部媒体收到的反馈中了解真实民意，政府也应主动接受社会各界的监督，倾听舆论的声音；而媒体方面，充分发挥自身优势，在人大、政府和公众之间搭建沟通的桥梁，协助建立完善的、畅通的信息沟通渠道，在传播信息的同时也对违规单位和个人起到良好的监督作用，形成舆论压力态势，强力推进审计整改。

（5）激发公众的审计信息需求，促使公众进行多渠道参与，进而形成监督的合力。首先，审计机关作为审计信息的输出者应履行好审计信息及时公开的义务，使公众了解情况，提供线索和反馈结果，既可以减弱审计机关、人大、政府、公众之间的信息不对称，也可以在媒体舆论和民意中辅助人大进行强势参与，共同促进被审计单位进行审计整改。其次，要以符合信息接收者理解的方式表达信息，重视审计公告、报告的内容及形式，其中"清单"就是一种简明又透明的表现形式，这将在一定程度上影响公众对审计信息的关注及积极参与程度；同时，开通多种更便捷高效的举报途径及民意反馈渠道，例如，在官方网站、微信、微博上建立专栏，开通反馈信箱、举报热线，由知情人向相关机关举报被审计单位的违法违规行为线索，这是审计取证的一项重要来源，倾听民意反馈并在其基础上做出改进，也是提高政府机关办事效率和服务质量的必要举措。其中，注意尽量拓宽信息渠道，减少传递层次，使传递模式扁平化，避免受到传播环境中其他因素的影响，可以看到，在新媒体蓬勃发展的今天，网民不仅能够通过媒体平台浏览信息，还能通过微信、论坛、微博、贴吧等方式发表自己的观点，新媒体除了带来信息传播形式多、速度快、范围广的便利，更是增强了大众之间的互动性，成为公众之间、公众与政府之间沟通交流的重要渠道。建议在可能的条件下，可以由审计署牵头，应用大数据手段，进行深度数据挖掘，从各种媒体（包含自媒体等）收集与审计有关的敏感线索，为审计立项提供初步的依据。

（6）对于统计分析结果中出现高层级审计机关的审计整改情况较差的悖论，针对可能的两种解释，本书认为被审计单位违法成本低，风险和收益不匹配。经过实地调查发现，审计机关大多将"罚款"作为行政处罚最常用的手段，而由于在国家审计中被审计单位主要是政府有关部门、国有企业、国有金融机构等与公共资金有关的机构，对其罚款最终由财政负担，普通的纳税人成为这种处罚的负担者，所以审计机关在处罚的力度和针对性上均较弱，也未形成应有的震慑力，因此，罚款的对象重点应放在过错人身上，尤其对于明知故犯、屡审屡犯的相关负责人，应加大违规处罚力度，以问责倒逼责任落实，同时辅之以党纪、政纪和法律的处罚；在现行体制下，如果审计意见能够被组织部门纳入评价标准中，将会对案件相关人产生很强的压力；另外，应该扩大审计机关的职权范围，坚持保留并且扩大"上审下"的权力，推进高级别审计机关对下级审计机关审计管辖范围内被审计单位的直接处理权。本质上，审计清单的披露与审计整改是一种权利的博弈，只有扩大审计的法定职权，才能够增加审计整改的机会，增强审计整改的效果。现实中审计署除了"公示"和"建议"，直接处理的权限非常有限，一般的流程是审计—党纪—国法—纪委—检察院、法院，较为烦琐。而且一般审计问题的处理是一个由多部门共同实现的一项较为系统的工作，多个部门分头处理在效率上会大打折扣，因此可以适当由审计机关牵头协调。针对地方审计机关在审计报告之前妥协的情况，需要改革和完善审计的双重领导审计体制，增强地方审计机关的独立性。

（7）审计只是一个查出违法违规行为的工具，当审计完成了"现场检查"后，后续的重要工作是对违法行为的当事人进行问责，否则审计的效果将会大打折扣；同时，国家审计是能够问责的（冯均科，2009）。长远来看，需要通过优化审计清单促进审计模式的转型，使得国家审计从"问题导向"向"问责导向"转变，将经济责任审计嵌入其他类型的审计中，实现多种审计功能的互动与升华。

第 8 章

国家治理视角下提高审计
整改效果的研究

通过前述的研究，可以看到在整个审计过程中，无论具体审计活动的社会性与技术性如何复杂和如何重要，审计最终要实现的目标仍然是借助审计整改之力，实现有效的国家治理，这才是审计制度设置的关键所在。因此，基于国家治理视角探讨如何提高审计整改的效果，意义重大。

8.1 审计整改现状与分析

8.1.1 审计整改现状

随着我国审计事业的不断发展，国家审计信息公开工作不断提升，民众的民主意识不断觉醒，政府机关和社会大众对于国家审计工作的认知也在不断加深。审计整改作为审计工作的重要组成部分，近年来也受到越来越多的关注。通过对审计整改制度、审计整改公告和地方审计机关整改结果的梳理，对我国的审计整改现状有了深入的了解，对目前审计整改过程中存在的问题也有了更为准确的把握。

8.1.1.1 审计整改制度梳理

中华人民共和国成立以后的几十年时间，国家审计职能主要是依附于财政管理职能进行的，1982 年第五届全国人民代表大会第五次会议审议通过的《宪法》第一次从根本大法的高度确立了我国审计监督制度和审计机关的法律地位，我国的审计监督制度由此确立。此后审计署和地方审计机关陆续成立，1988 年颁布的《中华人民共和国审计条例》与 1994 年颁布的《审计法》逐步推动我国的审计制度不断走向法制化，但这一时期的相关制度和法律都没有对"审计整改"做出具体的规范。

　　直到 2006 年，新修正的《审计法》在审计机关权限、审计程序、法律责任等章节都对被审计单位执行审计机关的审计结果做出了相应的规定，这是从法律政策层面首次提到对审计结果执行的规定。2010 年国务院颁布的《审计法实施条例》在修订的《审计法》的基础上进一步对被审计单位执行审计结果的行为进行了详细的规定，但依旧没有提出"审计整改"的概念。

　　"审计整改"一词最早出现在我国的法律政策条文中是 2011 年颁布的《中华人民共和国国家审计准则》，该准则在审计实施方案、审计报告的编写等章节都对审计整改有所涉及，其中第五章第五节通过九条准则内容首次对审计整改检查进行了规范，规定审计机关应当建立审计整改检查机制，明确了审计机关进行审计整改的责任、方式、内容等具体细则，特别提到审计机关应该汇总审计整改结果向本级政府报送关于审计工作报告中指出问题整改情况的报告。这标志着审计整改报告制度作为一项重要的制度首次被写入国家审计准则中。

　　2014 年国务院发布了《国务院关于加强审计工作的意见》，其中第五部分"狠抓审计发现问题的整改落实"从三个方面对审计整改工作进行了明确，要求健全整改责任制，明确了被审计单位的主要负责人在审计整改中的关键责任，提出被审计单位要对审计整改结果向审计机关、上级或主管机关和社会进行公告。在加强整改督促检查方面，要求各级政府将整改纳入督查督办事项，审计机关成立要建立整改检查跟踪机制。在整改问责方面，提出将审计结果和整改情况作为考核奖罚依据。

　　2015 年中共中央办公厅、国务院办公厅联合印发了《关于完善审计制度若干重大问题的框架意见》（以下简称《意见》），提出到 2020 年，要基本建立与国家治理体系和治理能力现代化相适应的审计监督机制。《意见》中提到完善审计结果运用机制，对审计结果和整改效果的应用做了进一步的明确，要求提高审计结果和整改情况在人事考核中的参考价值，将审计整改情况与党风廉政建设密切结合，进一步加强追责问责机制，与此同时，各级人大常委会也要建立听取和审议审计查出突出问题整改情况报告机制，此外，还要完善被审计单位整改公告机制。《意见》的出台更加强化了审计整改在整个国家审计过程中的地位，一方面体现在审计整改的结果在政府行政运转和政党治理过程中参考价值的提升，另一方面强调了人大对于被审计单位整改效果的监督，此外，被审计单位公告审计整改结果更是可以看作将审计整改的监督范围扩大到了社会监督层面。

　　通过对我国审计整改相关法律政策的梳理，不难发现，我国的审计整改政策起步较晚，但近几年随着国家治理体系的逐步完善，国家治理能力和水平的不断提升，对于审计整改在国家治理中发挥的作用逐渐引起人们的重视，对于审计整改的制度也不断完善和细化，2014年和2015年连续两年出台相关意见都对审计整改工作进行了指导，足以表明行政机关对于审计整改的重视，2015年通过中共中央办公厅、国务院办公厅印发的文件更是可以看出审计整改的重要性不单是体现在提升政府治理方面，在政党建设方面，审计整改也发挥着不可忽视的作用。

8.1.1.2 审计整改公告情况

从审计整改公告的发布情况来看，以2006~2018年审计署发布的整改公告为例，每年的整改情况都会通过国家审计署网站对外公布。由于审计整改是一个持续的工作，审计整改情况需要时间进行观察、统计、整理，因此从审计整改公告公布的时间上看，审计公告的发布时间具有明显的滞后性，审计公告的发布时间与所报告的年度间隔往往在一个年度以上，其中2007年度的审计整改报告在2009年4月发布，是统计年份中时间跨度最长的，可能是由于2008年突发事件比较多，审计机关的工作任务比较重。2014年度的审计整改报告在次年12月份就进行发布，此后年份的年度审计整改报告也都于次年12月份年度最后一次人大常委会上进行发布，反映出审计整改公告的发布已经逐渐常态化，且随着发布时间与报告年度的间隔缩短，也体现出审计整改公告的发布效率有所提升。通过查阅审计署网站发现，2015年度之前的审计整改报告是通过国家审计署和中华人民共和国中央人民政府网站发布结果公告，标明了公告编号和发布时间，同本年度其他公告按编号顺序罗列在审计署公告报告专栏，2016年度以后的审计整改报告不仅名称发生了变化，而且形式也发生了变化，是以报告的形式发布在信息公开专栏，内容是以时任审计署审计长向全国人民代表大会常务委员会所作报告内容进行发布，与此前年度发布的公告形式不同，没有具体的文书编号。

2006~2018年审计整改公告统计情况如表8-1所示。

表8-1　　　　　　　审计署2006~2018年审计整改公告统计

发布日期	公告名称
2008/1/28	《2006年度中央预算执行和其他财政收支审计查出问题的纠正结果》
2009/4/17	《2007年度中央预算执行和其他财政收支审计查出问题的纠正情况和整改结果》
2009/12/30	《2008年度中央预算执行和其他财政收支审计查出问题的整改结果》
2011/1/17	《关于2009年度中央预算执行和其他财政收支审计查出问题的整改结果》
2012/1/4	《关于2010年度中央预算执行和其他财政收支审计查出问题的整改结果》
2013/1/16	《关于2011年度中央预算执行和其他财政收支审计查出问题的整改结果》

续表

发布日期	公告名称
2014/1/10	《关于 2012 年度中央预算执行和其他财政收支审计查出问题的整改情况》
2015/1/16	《关于 2013 年度中央预算执行和其他财政收支审计查出问题整改情况》
2015/12/22	《关于 2014 年度中央预算执行和其他财政收支审计查出问题整改情况》
2016/12/23	《关于 2015 年度中央预算执行和其他财政收支审计查出问题整改情况的报告》
2017/12/25	《国务院关于 2016 年度中央预算执行和其他财政收支审计查出问题整改情况的报告》
2018/12/24	《国务院关于 2017 年度中央预算执行和其他财政收支审计查出问题整改情况的报告》
2019/12/25	《国务院关于 2018 年度中央预算执行和其他财政收支审计查出问题整改情况的报告》

通过整理审计署网站发布的各年度审计整改公告发现，审计整改报告的内容主要由以下四个部分组成：第一部分是宏观的审计整改工作部署情况；第二部分是具体问题的审计整改情况，关于这部分内容每年的具体报告情况可能会根据当年的审计情况有所侧重，但主要内容基本是围绕中央财政管理及决算草案审计、中央部门预算执行情况审计、国家重大政策措施落实的跟踪审计、重点专项资金审计、金融审计、中央企业审计等内容的整改情况进行报告，这部分内容是审计整改公告的重要组成部分，通过公布大量的整改数据对报告年度的审计整改情况进行了详细的汇报，这部分内容也是我们了解报告年度审计整改情况最直观的部分；第三部分是针对第二部分所反映的审计整改问题提出的相应对策，这部分内容对于减少"屡审屡犯"的问题具有重要的借鉴意义；第四部分是对未整改情况的原因进行分析以及后续措施的说明。

对于审计公告的核心部分审计整改情况进行梳理，审计整改的成果主要分为两种类型：一类是按照金额计量的审计整改成果，主要包括上缴国库、补征（缴）税款、收回贷（借）款和结转结余、加固抵（质）押等方式整改的问题金额，另一类是非金额计量审计整改成果，主要包括审计建议采纳情况、审计机关移送事项、处理处分相关责任人员数量。具体的统计情况如表 8-2 所示。

从审计整改报告的统计情况来看，自 2006 年以来，无论是以金额计量的审计整改成果还是非金额计量的审计整改成果，总体上呈上升趋势，2012 年至2017 年金额计量审计整改成果数据波动较大，可能是由于审计整改金额统计口径范围较大，会受上年宏观财政政策、财政预算执行情况、审计查处金额、审计整改执行情况等众多因素影响，因此波动性较强。其中，挽回损失金额的统计情况呈总体增加的态势。在非金额计量审计整改成果方面，依法依纪处理人员也在2012 年后呈现波动上升的趋势，审计整改完善制度的数量除了 2009 年和 2014 年以外，基本呈现较为稳定的增长趋势，2018 年度该数据有所回落。向有关部门移送案件线索的数量总体呈现稳定的上升趋势。从统计结果来看，审计整改的成果在挽回经济损失、促进纪检部门和司法机关等有关部门工作成效方面发挥着越来越重要的作用。从审计建议完善相关制度的数量增长情况来看，被审计单位能够较好地接受审计整改建议来完善制度，提升整改效果，发挥了审计的"免疫"功能，建立长效机制以便减少"屡审屡犯"问题。

表 8 - 2　　　　　审计署 2006 ~ 2018 年审计公告中审计整改结果统计

报告年度	上缴国库、补征（缴）税款、收回贷（借）款和结转结余、加固抵（质）押等方式整改问题金额（亿元）	促进增收节支和挽回损失（亿元）	处理处分相关责任人员（人次）	制定完善预算和财务管理、境内外投资、司法保障等制度（项）	向有关部门和纪检监察、司法机关移送各类案件线索（起）
2006	41. 95	—	305	192	117
2007	267. 73	—	158	147	116
2008	26. 34	—	1125	122	119
2009	1705	77	1773	1198	104
2010	1141. 03	60. 66	1581	780	139
2011	1055. 98	137. 14	1600	660	112
2012	3578. 52	389. 64	1998	1204	175
2013	1062. 50	33. 90	3122	1454	312
2014	5794. 94	—	5935	5598	895
2015	1605	976	3229	2116	—
2016	4872. 50	—	8123	2467	—
2017	2955. 58	—	3299	2944	—
2018	3099. 81	—		1538	—

资料来源：国家审计署网站发布的各年度审计整改公告。

8. 1. 1. 3　地方审计机关审计整改结果现状

此外，为了进一步了解我国地方审计查出问题的整改情况，通过查阅《中国审计年鉴》中 2006 ~ 2016 年各地方审计机关上报的审计信息情况，本书进行汇总统计后，得到结果如表 8 - 3 所示。

表 8－3　　　　　　2006～2016 年地方审计机关金额计量整改结果汇总

年份	应上缴财政金额（元）	整改比例（%）	应归还原渠道资金（元）	已归还原渠道资金（元）	整改比例（%）	应调账处理金额（元）	已调账处理金额（元）	整改比例（%）
2006	3847233	65.65	3582220	1637544	45.71	10241682	5312525	51.87
2007	5558536	60.34	4223904	1888208	44.70	12433381	6498530	52.27
2008	7476505	68.36	3823410	2424097	63.40	12805552	6617775	51.68
2009	7129043	59.98	4777123	2263451	47.38	12143000	7205333	59.34
2010	8133257	66.28	4715260	2555711	54.20	15314685	7418790	48.44
2011	12323314	65.80	7100155	4299111	60.55	17843120	12996391	72.84
2012	18413774	58.65	15235932	7308621	47.97	34884933	16579090	47.53
2013	28474868	61.03	21576005	7477651	34.66	49529288	22530290	45.49
2014	23421998	58.06	21599806	10903687	50.48	50456906	27120888	53.75
2015	25400416	48.17	27138935	9971955	36.74	87538074	36076106	41.21
2016	31823967	54.92	25589091	11622872	45.42	69581169	36276919	52.14
合计	172002911	58.29	139361841	62352908	44.74	372771790	184632637	49.53

　　通过对已经落实的审计整改金额和应该落实的审计整改金额进行比对，可以了解以金额计量的审计整改效果。从已落实的审计整改金额占应落实审计整改金额的比例来看，审计问题资金的整改比例约在 40%～70% 区间，其中最低为36.74%，最高为72.84%，该比例数值越接近 1，说明整改的效率越高，从统计结果来看，这一数值均小于 1，这说明我国审计机关查处的问题仍然有一部分无法落实整改，审计查出问题金额的总体整改效率有待加强。

　　表 8－4 是 2006～2016 年地方审计机关非金额计量审计整改结果汇总。

表 8－4　　　　　2006～2016 年地方审计机关非金额计量审计整改结果汇总

年份	移送处理事项（件）	移送落实事项（件）	整改比例（%）	移送处理人员（人）	移送处理落实人员（人）	整改比例（%）	审计提出建议（条）	被采纳审计建议（条）	整改比例（%）
2006	2187	818	37.40	2309	1353	58.60	155627	90667	58.26
2007	2196	840	38.25	2363	651	27.55	179668	109422	60.90
2008	2329	966	41.48	2263	9636	425.81	201522	131452	65.23
2009	2510	1018	40.56	2296	872	37.98	226059	153625	67.96

续表

年份	移送处理事项（件）	移送落实事项（件）	整改比例（%）	移送处理人员（人）	移送处理落实人员（人）	整改比例（%）	审计提出建议（条）	被采纳审计建议（条）	整改比例（%）
2010	2930	1245	42.49	2868	1070	37.31	253621	182431	71.93
2011	3081	1038	33.69	4942	1161	23.49	278290	208912	75.07
2012	3707	1979	53.39	6897	10251	148.63	302461	226664	74.94
2013	4725	1667	35.28	6397	2476	38.71	298922	219654	73.48
2014	6631	2049	30.90	8076	3074	38.06	277171	203570	73.45
2015	9516	2493	26.20	10300	4040	39.22	287720	216518	75.25
2016	10673	2571	24.09	11987	6511	54.32	275281	208679	75.81
合计	50485	16684	33.05	60698	41095	67.70	2736342	1951594	71.32

从对地方非金额计量的审计整改成果的统计中，可以看出，在移送处理落实事项方面的审计整改效率较低，统计年份中整改比例基本上没有达到50%以上，2016年整改比例最低只有24.09%，究其原因，一方面说明审计机关的移送处理事项被纪检监察机关、司法部门等有关部门处理的比例较低，审计机关在对移送事实的判断和认定上可能与有关部门具体工作存在偏差，另一方面也说明相关纪检监察机关、司法部门等有关部门对审计机关移送事项的处理效率和重视程度有待提升。移送处理落实人员的比例中有两个年份超过百分之百，通过查阅地方审计机关统计发现，2008年江西省和2012年河南省的移送处理落实人员远超同年度应处理人员数量，其原因可能是当年该地区对往年积压的应移送处理人员进行了落实，形成了该年度这一数值比例大于1的情况。在采纳审计建议的审计整改效果方面，整改比例呈现逐年递增的趋势，说明审计机关提出的审计建议越来越多地为被审计单位所采纳，审计建议被采纳的整改效率整体优于其他各个项目，平均整改比例达到70%以上。从总体来看，我国不同项目审计整改效率有明显差异，总体的整改效率还需要进一步提升。

8.1.2 审计整改结果分析

通过对审计整改现状进行梳理，发现我国审计整改情况目前存在以下问题：

首先，审计整改相关法律法规体系需要进一步完善。从目前的审计整改制度体系可以看出，我国审计整改制度体系具有建立较晚、规定模糊、体系不完整等特点。从制度的确立主体来看，缺少立法层面对于审计整改的规定，法律作为效力最高的强制性规范，对于确保审计整改目标的实现发挥着强有力的作用。从目前来看，在立法层面对审计整改工作亟须进一步规范。查阅目前已有的政策制度，对于审计整改的规定也比较模糊，往往是从总体上进行宏观的规定，特别是审计整改过程中涉及的各部门在审计整改过程中究竟发挥什么样的作用，履行什么样的职责都缺乏细化，对于审计整改涉及的具体问题也缺少详尽的规范作为依据。

其次，审计整改信息披露制度需要进一步规范。国家审计署每年会将审计整改结果向人大常委会以报告的形式进行汇报，国家审计署网站也会将报告的内容对外披露。但通过梳理发现，这些审计整改信息在披露形式、披露时间、披露内容上都没有统一的标准。查阅相关规定发现，审计整改公告对外披露情况并没有一个明确的规范要求，这使得信息使用者和民众在了解审计整改情况时，各个年度之间的可比性大大降低，同时由于缺乏强制性的要求，也使得审计机关对外披露的过程中可能会对一些问题"避重就轻"，影响公告内容的完整性和准确性。

最后，审计整改效果缺乏明确的衡量标准。目前相关政策制度对于如何衡量判断审计整改的效果缺乏明确的规定，从审计署向人大常委会提交的审计整改报告和审计署每年发布的《中国审计年鉴》统计信息中，只能大概对整改涉及的领域进行统计，但审计整改分为哪些层面、整改内容由哪些部分组成、这些内容的统计口径如何确定这些问题都没有详尽的解释说明，使得审计整改信息使用者和公众在了解审计整改效果时可能因对审计整改内涵的理解不同产生评判的差异，也使得审计机关和被审计单位在参与审计整改过程中，可能由于理解偏差导致审计整改效率降低。

因此，在了解我国审计整改现状之后，针对目前审计整改现状的特点，特别是审计整改效果缺乏明确标准，审计整改涉及主体发挥作用不力的特点，本书进行了相应的研究，对审计整改效果进行了划分，对各主体在审计整改过程中所发挥的作用进行了探索。

8.2　国家治理视角下提高审计整改效果的实证研究

8.2.1　研究假设

作为审计工作的最终落脚点，审计整改工作的好坏直接关系到审计工作质量的高低、审计效力能否有效发挥和审计权威是否能够得到保障。由于审计关系的复杂性导致了审计整改过程中涉及的部门较多，牵扯的关系复杂，这些特征都对如何提高审计整改效率产生了影响。放眼世界其他国家，由于审计模式的不同，审计制度也不尽相同，对于审计整改的工作机制也各有侧重。在国家审计发展较为成熟的国家，除了审计机关会参与督促审计整改，健全问责机制，公开审计结果，媒体与公众的监督都能够形成合力，共同促进被审计单位审计整改工作（杨贺、郭帅，2014）。因此，本书根据相关理论基础，结合我国审计整改的现状，充分考虑审计整改效果衡量的全面性和审计整改涉及主体的多样性，从提升审计整改的目标出发，考察审计整改过程中涉及的相关对象对审计整改效果的影响，提出研究假设。图 8 – 1 是本章提出研究假设的逻辑关系。

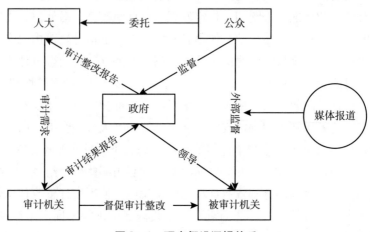

图 8 – 1　研究假设逻辑关系

8.2.1.1　审计机关工作人员对审计整改效果的影响

由于委托代理关系的存在，审计机关作为受托人，受审计委托人的委托对被审计单位开展审计工作，在审计关系中处于关键地位。审计机关作为审计关系中的重要组成部分，对审计质量的高低有直接影响。一般来说，审计机关工作人员投入越多，审计过程中对审计线索的敏感度越高，在审计思路的讨论过程中，大量的审计人员参与能够集思广益，从多个角度探讨可能存在的审计问题，对被审计单位的运行剖析也会更加全面，由此可见，增加审计人员的投入对于提升审计查处的效率大有裨益。与此同时，在审计整改方面，我国的《审计法》《国家审计准则》等法律规章制度都明确规定了审计机关是审计整改的监督责任主体。在审计整改过程中，审计工作人员越多，对被审计单位的整改监督也会更加全面细致，从这一角度讲，审计工作人员越多，越有利于提升审计整改效果。由此提出以下假设：

H1：其他不变的情况下，审计机关工作人员投入与审计整改效果正相关。

8.2.1.2　媒体关注对审计整改效果的影响

近年来，媒体关注在治理过程中发挥重要作用的观点得到了越来越广泛的认同，学者们对于媒体关注在资本市场中的治理和监督作用进行了深入的研究。与此同时，媒体关注在政府治理方面的作用也逐渐被人们发现，"审计风暴"所曝光的审计问题触目惊心，引发了比较大的社会舆论，社会公众对于国家审计的讨论也愈演愈烈，在这样的背景下，媒体的报道对国家审计的影响究竟如何，媒体关注仅仅是促成了审计查处问题的效率有所提升还是在审计整改过程中也发挥了巨大的监督作用，都值得我们思考。

随着受托经济责任由受托财务责任向受托社会责任转变，国家审计必然与越来越多的社会监督相互交融，通过媒体新闻传播审计清单形成的社会舆论就是国家审计延伸的外部监督的重要组成部分（蒲丹琳，2011）。其中涉及的关系如图8-2所示。

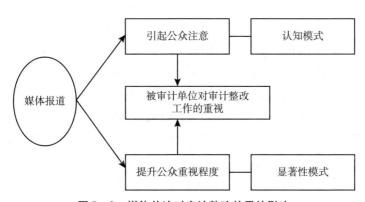

图 8-2　媒体关注对审计整改效果的影响

根据议程设置理论，媒体对国家审计工作的报道会引起民众对这一问题的初始性感知，随着报道次数的增加，公众对国家审计的重视程度随着增强，这会形成一种强大的舆论监督，对审计关系中的多方主体形成压力，迫使其提升自身效率。此外，媒体的广泛报道会为审计机关提供多样的审计线索，被审计单位和上级主管部门在高涨的"民意"中会对审计整改工作更加重视，从而提升审计整改工作效率。因此，媒体对国家审计的广泛报道所形成的强大社会监督功能，会提升审计整改效果。结合前述分析，提出下面假设：

H2：其他条件不变的情况下，媒体关注的多少与审计整改效果正相关。

8.2.1.3　对外发布的审计公告对审计整改效果的影响

2001 年国家审计署发布的《审计机关公布审计结果准则》标志着审计结果公告制度在我国初步建立（郑小荣，2018）。2003 年 12 月，第一号审计结果公告通过国家审计署对外公布，此后每年各级审计机关都会通过不同的形式对外发布审计公告结果，民众得以通过审计公告了解国家审计的具体情况。同时，基于审计信息自身的特性，审计公告被看作是国家审计机关一种有效地向媒体和民众传递审计信息的信号传递方式（齐玉梅，2006）。此外，随着审计报告制度的逐步完善，审计公告所反映的内容也不断细化，特别是审计公告中关于审计整改的内容近些年来也更加具体明晰。而这些审计机关对外公布的审计公告对于审计整改的效果究竟产生什么样的作用，值得思考。

根据信号传递的理论，政府作为拥有较多信息的优势方，通过审计公告这种信息公开制度可以对外传递出大量信息，在一定程度上消除公众与政府之间的信息不对称。审计公告对于被审计单位的公开"点名"，迫使被审计机关感受到巨大压力，这种压力又通过媒体的议程设置功能进一步扩大影响力。存在问题的部门在后续的审计整改的过程中迫于舆论压力会进一步提升整改效率，审计公告的对外发布对于被审计单位的整改工作施加了外部动力，在媒体的议程设置运转机制下形成强大的社会监督力量，提升了审计整改效率。由此，提出以下假设：

H3：其他条件不变的情况下，对外发布审计公告数量与审计整改效果正相关。

8.2.1.4　人大的审计需求对审计整改效果的影响

根据我国《宪法》规定，我国的一切权利属于人民，人民能够通过人民代表大会参与国家事务的管理，人民代表大会制度作为根本的政治制度体现了民主集中制的原则。由于公众对于审计的需求较为分散，人大作为代理机构可以集中实现公众的审计需求（叶子荣，2012）。此外，《审计法》也赋予了人大获取政府为其提供预算执行情况和财政收支情况审计报告的权利。我国各级人大有权对行政机关进行监督，审计机关隶属行政机关也受人大监督，对人大负责，因此，人大可以对审计机关的工作产生影响，其中包括对审计整改效率的影响。此外，为了能够有效履行预算审批职责，提高决策的科学性，人大需要审计机关提供科学有效的信息，并以此为依据对政府的财政收支预算情况进行审批（张立民，2014）。杨肃昌（2003）认为由于财政预算监督关系的存在，使得人大对于审计机关的需求不断增长。2015 年中共中央办公厅、国务院办公厅印发的《关于完善审计制度若干重大问题的框架意见》中要求各级人大常委会建立听取和审议审计查出突出问题整改情况报告机制，可以进一步看出人大受民众委托，对国家公共财产和资源的使用效率进行监督，对提升审计整改效率，有效发挥审计效力，完善政府治理水平有着强烈的需求，因此提出下列假设：

H4：其他条件不变的情况下，人大对于审计机关的需求与审计整改效果正相关。

8.2.1.5　审计机关向上提交的审计报告对审计整改效果的影响

中华人民共和国成立初期，由于实行高度集中的计划经济制度，日常经济管理工作中通过会计检查代替审计监督，并没有设立专门的审计机关。直到 1982 年颁布的《宪法》才对我国审计机关进行了明确的规定，《宪法》规定国务院和县级以上各级政府设立审计机关，审计署受国务院总理领导，对其负责；地方各级审计机关受本级人民政府和上级审计机关共同领导，并对其负责。审计机关依法对企事业组织、财政金融机构等的经济效益、财政收支情况、计划执行情况行使审计监督权力。《宪法》从国家根本大法的角度明晰了我国审计机关和政府之间的关系，确立了审计机关的法律地位、组织构架、基本职能、工作内容和独立性等方面。由于审计机关受政府领导，政府对于审计机关的人事任命和经费支出都有足够的话语权，因此，政府可能对审计机关的工作内容和执法情况产生影响。

一方面，审计机关向政府提交的审计报告，反映了被审计单位在政策落实、财政收支、审计查出问题等方面的情况；另一方面，政府通过对审计报告信息的掌握，可以加强对审计机关的领导，强化审计监督功能，提升审计在后续整改工作中的作用，同时政府还可以对所管辖范围内的被审计单位的审计整改效果提出要求，迫使查出问题的被审计单位重视审计整改工作，从而促进审计整改效果的提升。由此，提出下列假设：

H5：其他条件不变的情况下，审计机关向上提交的审计报告数量与审计整改效果正相关。

8.2.2　研究设计

8.2.2.1　样本选取与数据来源

本书选取了 2008～2016 年 31 个省（自治区、直辖市）的省级审计机关公开的数据作为样本。由于数据统计工作具有滞后性，截至 2016 年度《中国审计年鉴》出版，本书最终确定 2008～2016 年每年 31 个省（自治区、直辖市）的省级地方审计机关共计 279 个样本。所有数据均来自国家审计署出版的《中国审计年鉴》、国家统计局网站公布的《中国统计年鉴》、审计署网站公告报告专栏发布的审计公告报告、地方省级审计机关网站发布的审计公告报告和中国知网的中国重要报纸全文数据库，所有数据均通过手工收集整理获得。

其中所有的被解释变量所需的数据和审计上交报告、审计机关数量、审计人员数量、参与审计项目数均来自《中国审计年鉴》手工整理录入，审计公告数量采集自各省级审计机关网站公布的公告，财政支出、财政收入、教育水平、地区GDP、地区人口、人均GDP均来自《中国统计年鉴》，媒体报道中的数据是以"地区＋审计"为关键词按年度在中国知网的中国重要报纸全文数据库中进行搜索整理获得，采用Stata 15.0软件进行数据处理。

8.2.2.2 变量定义

（1）被解释变量。为了对审计整改的效果进行更为全面的衡量，一方面，参考历年审计署审计长代表国务院向全国人大常委会所做的预算执行和财政收支审计查出问题整改报告中关于审计查出问题整改情况的内容，一般从审计整改问题资金、问责处理人数和制定完善相关规章制度三个方面对当年的审计整改情况进行说明。同时参考国内相关学者对审计整改的研究，利用审计决定的落实情况、审计移送的追责情况、审计建议的采纳情况作为指标来衡量审计整改效果（赵珊，2016；黄溶冰，2017）。本书参考上述资料后，将审计问题资金整改、移送处理落实情况、审计建议采纳情况作为衡量审计整改效果的变量。审计问题资金整改效果反映的是对当前审计中查出问题金额的改正情况，移送处理落实情况反映的是对审计查出问题的问责和追责，审计建议采纳情况则反映了审计整改过程中建立的长效机制，这是避免"屡审屡犯"问题的关键，也是发挥审计抵御职能的重要内容。如图8-3所示，这三者层层递进，反映了审计整改在国家治理过程中如何发挥审计监督作用。

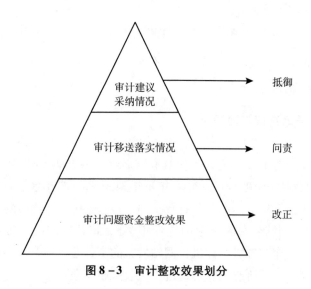

图 8-3 审计整改效果划分

这三个被解释变量的含义如下：

①审计问题资金整改效果。审计问题资金整改效果由已上缴财政资金比例、已归还原渠道资金比例、已调账处理资金比例三部分组成，已上缴财政资金比例为地方审计机关当年已上缴财政资金总额占当年应上缴财政资金总额比例，已归还原渠道资金比例为地方审计机关当年已归还原渠道资金总额占当年应归还原渠道资金总额比例，已调账处理资金比例为地方审计机关年度已调账处理资金总额占当年应调账处理资金总额比值。从审计署发布的历年审计查出问题整改情况报告来看，在关于审计整改落实情况的具体汇报中也是将审计整改问题金额作为当年审计整改情况的主要衡量指标。对于被审计单位来说，对审计机关查处的问题金额进行整改是审计整改工作的重点，由此可见，对于审计机关和被审计单位来说审计问题金额都是审计整改的重中之重。已处理问题金额占应处理问题金额的比值越大说明当年的审计整改效果越好。

②审计移送落实情况的整改效果。审计移送落实情况的整改效果由已移送处理落实人员比例表示，已移送处理落实人员比例是已移送处理落实人员数量与应移送处理落实人员数量的比值。其中移送处理人员包括审计机关向司法机关、纪检监察机关和有关部门移送的人员的总和。从该变量的定义中可以看出，审计移送人员落实处理的比例越高，说明相关部门对于审计机关所移送事项落实情况越重视，对移送人员的追责行为越有效，整改效果越好，这也体现出审计整改工作在强化追责问责方面的成效。

③审计建议采纳情况的整改效果。审计建议采纳情况的整改效果是指被审计单位采纳审计建议的数量占审计机关所提审计建议总体数量的比例。被审计单位通过采纳审计建议，完善相关政策制度，对工作中可能存在的问题进行预防性整改是衡量审计整改效果的重要内容之一。对审计建议的采纳情况反映了被审计单位在审计整改过程中健全整改长效机制的效果。该数值越高，说明预防性审计整改的效果越好。

（2）解释变量。

①审计人员投入。审计人员投入由手工收集的各地方审计机关工作人员数量和地方人口总和的比值表示。该比例越高，说明地区审计机关人员投入越多。

②媒体关注。已有学者对媒体关注与审计质量的关系进行了研究，本书参考莫冬燕（2015）、池国华（2018）的研究，将新闻报道作为度量媒体关注的标准。本书通过手工收集中国知网的中国重要报纸全文数据库中公开发行的约1000种重要报纸对地方审计机关的报道作为媒体报道数据。本书使用全文查询以"地区＋审计"为关键词，按年度对媒体进行搜索整理，手工统计得到数据。

③审计公告数量。随着审计公告制度的逐步完善，各级审计机关每年都会把当年的审计工作情况通过审计公告的方式对外公布。本书通过手工查询统计2008~2016年各省级审计机关在官方网站上公布的审计公告数量，作为审计公告数量来度量。

④人大对审计的需求。根据《审计法》中国务院和地方政府向本级人大常委会提供审计机关对预算执行和其他财政收支的审计工作报告的规定，本书参考王芳（2010）、叶子荣等（2012）、池国华等（2018）用2008~2016年各地区财政支出与财政收入的比值作为衡量人大对审计需求的变量。

⑤审计机关向上提交的审计报告。由于数据统计具有一定的滞后性，本书选取内容2008~2016《中国审计年鉴》中地方审计机关每年提交的审计报告和专项审计报告数量作为审计机关向上提交的审计报告变量的衡量标准。

（3）控制变量。审计机关数量和每年审查的单位数量都会对审计结果产生影响（黄溶冰，2010）。此外，地区经济发展水平和人口数量也是审计整改效果的环境基础，为了控制其他因素对本书研究对象的潜在影响，本书参考其他学者近年来的研究，将地区人口数量、地区生产总值、审计机关数量、审计项目数量和年度虚拟变量作为控制变量。

此外，为了减少数据度量和异方差问题对研究对象的影响，本书对人口数和地区生产总值取自然对数（刘泽照、梁斌，2015）。具体变量说明如表8-5所示。

表8-5　　　　　　　　　　　　变量说明

变量类别	变量名称		变量符号	变量说明
被解释变量	金额计量审计整改成果（SUM）	已上缴财政资金比例	Paid	审计整改后，已上缴财政资金总额与应上交财政资金总额的比值（%）
		已归还原渠道资金比例	Return	审计整改后，已归还原渠道资金总额与应归还原渠道资金总额的比值（%）
		已调账处理资金比例	Reconciliations（REC）	审计整改后，已调账处理资金总额与应调账处理资金总额的比值（%）
	移送处理落实人员比例		Person（PER）	审计整改后，已移送处理落实人员数量与应移送处理落实人员数量的比值（%）
	审计建议采纳比例		Proposal	审计整改后，被采纳审计建议数量与审计机关提出建议数量的比值（%）

续表

变量类别	变量名称	变量符号	变量说明
解释 变量	审计人员投入	Auditor	地方审计机关审计工作人员相对数，以每万人中审计人员数量衡量
	媒体关注	Media	媒体对当年审计情况的报道数量
	审计公告数量	Notice	审计机关对外公布的审计公告数量
	人大对审计的需求	For	财政支出与财政收入的比值（%）
	审计机关向上提交的审计报告	Report	审计机关当年提交的报告、信息、建议总量
控制 变量	地区人口数量	Popular（POP）	地区人口数量（取自然对数）
	地区生产总值	GDP	地区国民生产总值数量（取自然对数）
	审计项目数量	Project（PRO）	地区审计机关当年参与审计项目数量
	审计机关数量	Organ	地区审计机关数量
	年度虚拟变量	$\sum$ YEAR	所属年份

8.2.3　实证结果与分析

8.2.3.1　模型构建

为了研究提升审计整改效果的影响因素，本书根据审计整改的效果构建了三个模型，通过对三个模型依次进行多元回归分析，反映相关因素对审计整改问题金额比例、移送处理落实人员比例、审计建议采纳比例的影响。

模型 1：

$$SUM = \alpha_0 + \alpha_1 Auditor + \alpha_2 Media + \alpha_3 Notice + \alpha_4 For + \alpha_5 Report$$
$$+ \alpha_6 POP + \alpha_7 GDP + \alpha_8 PRO + \alpha_9 Organ + \alpha_{10} \sum YEAR + \varepsilon \qquad (8.1)$$

模型 2：

$$PER = \alpha_0 + \alpha_1 Auditor + \alpha_2 Media + \alpha_3 Notice + \alpha_4 For + \alpha_5 Report$$
$$+ \alpha_6 POP + \alpha_7 GDP + \alpha_8 PRO + \alpha_9 Organ + \alpha_{10} \sum YEAR + \varepsilon \qquad (8.2)$$

模型 3：

$$Proposal = \alpha_0 + \alpha_1 Auditor + \alpha_2 Media + \alpha_3 Notice + \alpha_4 For + \alpha_5 Report$$
$$+ \alpha_6 POP + \alpha_7 GDP + \alpha_8 PRO + \alpha_9 Organ + \alpha_{10} \sum YEAR + \varepsilon \quad (8.3)$$

其中 α_0 是常数项，α_1 到 α_{10} 是各解释变量和控制变量与之相对应的系数，ε 代表残差项。

8.2.3.2 描述性统计

变量描述性统计如表 8 - 6 所示。

表 8 - 6　　　　　　　　　　　变量描述性统计

变量名称		最小值	最大值	平均数	标准差	中位数	1/4 分位	3/4 分位
被解释变量	SUM	0.000	12.922	0.711	1.192	0.534	0.377	0.702
	PER	0.000	77.779	0.833	4.672	0.444	0.180	0.714
	Proposal	0.118	0.955	0.671	0.138	0.681	0.595	0.777
解释变量	Auditor	0.132	1.277	0.306	0.206	0.223	0.168	0.385
	Media	0.000	65.000	14.491	10.326	12.000	7.000	19.000
	Notice	0.000	96.000	7.640	13.788	2.000	0.000	8.000
	For	1.066	15.625	2.587	2.069	2.206	1.494	2.683
	Report	25.000	18232.000	4986.221	3617.229	4786.000	1676.500	7493.500
控制变量	POP	5.677	9.306	8.105	0.849	8.241	7.789	8.698
	GDP	5.979	11.300	9.407	1.021	9.576	8.943	10.080
	PRO	54.000	5135.000	1022.179	695.204	900.000	553.000	1310.000
	Organ	1.000	41.000	14.935	6.345	15.000	12.000	18.000

为了避免缺失值对样本回归的影响，本书利用数据均值对缺失值进行替换。

（1）被解释变量。从表 8 - 6 中可以看出，审计整改金额比例（SUM）和移送处理落实人员比例（PER）的最大值出现了大于 1 的情况，考虑到一些地区在一些年度审计整改过程中可能对以前年度积压的审计问题金额和移送人员进行处理，使得当年的整改问题金额和落实处理移送人员的数量大于当年统计出的应整改数量，对以前年度审计问题的整改也反映出当年整改效果较好，因此对于这两类数值比例大于 1 的情况也予以保留，这也说明我国的审计整改情况存在一定的时滞性（赵珈，2016）。此外，这两类变量中最小值都为 0，说明存在某些地区某些年度对审计问题金额和移送落实人员没有进行任何整改的情况。在审计建议采纳比例（Proposal）中，最大值为 0.95，说明有些地区对于审计建议的采纳比例相当高，最小值为 0.12，说明在样本年度和地区中，被审计单位或多或少都会对审计机关的审计建议进行采纳，不存在完全不采纳的情况，但与最大值相比还有较大差距。这一变量的中位数和均值较为接近，标准差接近 0，说明各地区各年度对审计建议的采纳比例比较接近。

（2）解释变量。审计人员投入（Auditor）的最大值为 1.28，通过查询样本数据发现，这一数据来自 2014 年西藏自治区的统计数据，进一步发现自 2011 年起，西藏自治区这一数值均大于 1，说明在西藏地区每万人中拥有审计机关工作人员的数量大于 1，一方面说明该地区审计人员投入较大，另一方面也因为地区人口较少，使得审计机关工作人员相对数较高。媒体关注（Media）的最小值为 0，说明一些地区一些年度，没有统计范围内的媒体对其审计情况进行报道，可能由于地区新闻传媒行业发展水平有限，导致媒体对于该方面的报道较少。在审计公告数量（Notice）方面，最小值为 0，中位数为 2，可以看出地区审计机关在审计公告发布方面存在明显的披露不足，审计公告制度还有待进一步完善。审计机关向上提交的审计报告（Report）中最大值和最小值相差明显，标准差达到 3617.23，说明不同地区不同年度提交审计报告的数量差距十分大。

（3）控制变量。控制变量中地区经济水平和人口都经过取自然对数处理，从这两类数据的标准差可以看出不同地区经济发展水平和人口数量差距较大。此外，不同地区当年参与审计项目数量（PRO）和地区拥有的审计机关数量（Organ）数据均来自各年度《中国审计年鉴》，数值变化较明显，说明不同地区不同年度审计工作情况存在较大差异。

8.2.3.3　相关性分析

解释变量间 Pearson 相关系数如表 8 - 7 所示。

表 8 - 7　　　　　　　　　　解释变量间 Pearson 相关系数

变量	Auditor	Media	Notice	For	Report
Auditor	1	- 0.115 *	0.05	0.567 *	- 0.503 *
Media	- 0.188 *	1	0.094	- 0.292 *	0.323 *
Notice	- 0.043	0.018	1	- 0.116 *	0.026
For	0.197 *	- 0.32	- 0.263 *	1	- 0.250 *
Report	- 0.529 *	0.231 *	0.188 *	- 0.07	1

注：表左下部分为 Spearman 相关系数，右上部分为 Pearson 相关系数；*** 代表 1% 水平上显著，** 代表 5% 水平上显著，* 代表 10% 水平上显著。

通过观察解释变量间的 Pearson 相关系数表可以发现，其中审计人员投入（Auditor）与人大对审计的需求（For）和审计机关向上提交的审计报告（Report）之间的相关系数大于 0.5，为中等程度的相关，此外，其他各个解释变量间的相关系数的绝对值都在 0.4 以下，说明各变量间相关性较弱，不存在严重共性问题。

8.2.3.4 回归分析

模型回归结果如表8-8所示。

表8-8 模型回归结果

变量名	模型1	模型2	模型3
	SUM	PER	Proposal
Constant	13.44 (0.458)	-21.91 (-0.177)	1.690 (0.817)
Auditor	-1.180 (-0.754)	-2.709 (-0.410)	-0.183* (-1.655)
Media	-0.033*** (-2.677)	0.140*** (2.686)	0.002* (1.796)
Notice	0.022*** (2.693)	0.0217 (0.621)	0.001* (1.769)
For	-0.170 (-1.050)	0.0968 (0.142)	0.036*** (3.134)
Report	0.000 (0.520)	-0.000** (-2.203)	0.000*** (3.139)
POP	0.369 (0.113)	-4.439 (-0.321)	-0.436* (-1.890)
GDP	-1.670 (-1.337)	6.532 (1.240)	0.273*** (3.106)
PRO	0.000 (0.403)	-0.000 (-0.501)	-0.000 (-0.413)
Organ	0.0349 (0.309)	0.149 (0.313)	-0.007 (-0.857)
年度虚拟变量	控制	控制	控制
R-squared	0.095	0.093	0.319

注：***、**、*分别表示在1%、5%和10%的水平上显著。

（1）模型1回归结果分析。通过对5个自变量的观察发现，媒体关注（Media）和审计公告数量（Notice）通过显著性检验。且媒体关注与审计公告数量都在 1% 水平上显著，其中媒体关注对应的系数为负，审计公告数量系数为正，说明本章假设 H3 得以证明。

上述回归分析说明，媒体关注对于审计公告中问题资金的整改效果提升呈现负相关关系。这与我们的日常思维相悖，可能是由于规模庞大的媒体报道能够为审计机关发现审计问题提供丰富的资料，随着越来越多的审计问题被发现，被审计单位面临的整改问题在增多，积压的审计问题如果得不到有效解决，审计问题依旧存在，审计整改的效率就会大打折扣。这种情况下，媒体关注不能有效促进审计整改的提升，从而导致了媒体曝光高的地区审计整改效果反而降低。

地方审计机关对外公布的审计公告数量多少与审计问题资金的整改效果呈现正向相关关系。这说明地方审计机关发布的审计公告对审计问题资金的整改有促进作用，随着审计公告制度的完善，审计机关每年都有对外公告的义务和责任，社会对审计公告发布的内容信息充满了期待，民众的期待和要求迫使审计机关为了提供更加有效更具实质性的信息而充分重视审计出问题的查处和审计整改的监督执行。

（2）模型 2 回归结果分析。通过观察，在模型 2 五个自变量中，媒体关注（Media）和审计机关向上提交的审计报告（Report）通过了显著性检验。其中媒体关注在 1% 的水平上显著，相关系数为正，审计机关向上提交的审计报告在 5% 的水平上显著且相关系数为负，说明假设 H2 得以证明。

模型 2 的被解释变量为移送处理落实人员的整改情况，说明媒体的关注对于提升处理审计机关移送人员的整改效果有促进作用。媒体对审计工作情况的报道，加强了社会舆论对违法违规人员的关注，也使相关部门处理审计移送人员的落实形成了紧迫感，督促审计问责的实施，提升了审计整改中移送人员处理落实情况的比例。

审计机关向上级部门和本级政府提供的审计报告与移送处理人员的落实情况呈现反向关系，即审计机关所形成的审计结果报告和专项报告越多，移送人员落实整改的比例反而会降低。原因在于在审计整改过程中，尤其是移送人员在处理落实过程中，由于涉及相关人员的处理问责，触及了相关人员的利益，审计整改阻力较大，此外，审计机关不具备对移送人员进行强制执行的权力，也是形成这一问题的原因。

（3）模型 3 回归结果分析。模型 3 中，五个自变量均通过了显著性检验，其中，审计人员投入（Auditor）、媒体关注（Media）和审计公告数量（Notice）都在 10% 的水平上显著，人大对审计的需求（For）和审计机关向上提交的审计报告（Report）都在 1% 的水平上显著。

审计人员投入（Auditor）的系数为负，这一结论也与常识相悖。这可能是因为一方面审计人员投入过多，使得审计工作存在人浮于事的现象，审计工作的积极性不高，审计效率反而降低，同时审计人员的冗余也可能导致审计建议质量不高，提出的审计建议流于形式，可操作性和可行性大打折扣，使得审计建议的采纳比例降低。另一方面，也可能是因为审计人员投入的增多提升了审计发现问题、提出建议的效率，但由于被审计单位对于政策制度的整改需要一定的时间，审计建议的采纳和制度的完善速度低于审计机关查出问题、提出审计建议的速度，审计建议的采纳也存在积压现象，降低了当年的审计建议采纳比例。

媒体关注（Media）的相关系数为正，说明新闻媒体对于审计情况的报道会提升被审计单位对审计建议的采纳比例，假设 H2 得以证明。媒体监督作为国家审计外部监督的主要力量通过新闻报道发挥议程设置功能造成社会舆论压力，对被审计单位的持续整改工作、长效机制的完善产生正向的推动作用，这种预防性审计整改的效果更为深远持久，也是解决"屡审屡犯"尴尬局面的关键。

审计公告数量（Notice）的系数也为正，证实了假设 H3，说明地方审计机关对外公告越多，审计建议的采纳效果越好。与媒体关注（Media）类似，审计公告的传播也是通过向公众公开审计结果，在信号传递的作用机制和议程设置功能下，调动民众对于审计的关注和监督，提升审计整改效率。

人大对审计的需求（For）与审计建议采纳比例呈正相关关系，假设 H4 得以证明，这说明人大对审计的需求越高，审计建议的采纳情况越好，人大作为我国的权力机关，行政机关负责人由人大选举产生，受人大监督，与人大形成决定与执行的关系，无论是审计机关还是被审计单位都属于行政机关的职能部门范畴，人大对审计的需求越多说明审计在人大发挥监督作用中的贡献越大，人大的监督包括可以促使以被审计单位尤其是行政机关管理水平的提升，而对审计建议的采纳恰恰可以促进被审计单位体制机制的完善，因此，人大对审计的需求越多，被审计单位对审计建议的采纳比例越高，被审计单位长效机制的建立执行情况也越好。

审计机关向上提交的审计报告（Report）数量与审计整改效果中审计建议的采纳比例也呈正相关关系，假设 H5 得以证明。这说明，在审计建议的采纳过程中，审计机关向上提交的审计报告和专项报告越多，反映的审计问题越多，审计整改的效果越好。由于被审计单位受本级政府领导，反映出的众多问题在政府机关的监督和指示下，整改效果会进一步提升，尤其是不涉及具体金额和人员移送的制度建设问题，由于不牵扯具体的人员和财产，在审计整改过程中阻力较小，所以审计建议采纳的整改效果会更好。

此外，控制变量中地区人口数量（POP）和地区生产总值（GDP）也分别通过了10%和1%的显著性水平检验。地区人口数较多的地区审计建议采纳比例较低，可能是由于人口较多，行政机关的工作量较大，管理难度较高，审计建议采纳和制度的完善所面临的阻力也较大；而经济发展水平较高时，审计建议采纳相对比较多，相关制度的完善程度也更高，说明了经济水平越高的地区，政府的管理水平也相对较高，政府更加注重预防性整改，以促进地区经济长期稳定增长。

8.2.3.5　稳健性检验

（1）更换审计整改金额的度量方式。本书通过更换审计整改效果中问题金额的度量方式进行稳健性检验。在收集数据的过程中，三个变量都是对问题整改资金的说明，为了研究的简洁明确，对这三个变量进行降维处理，利用因子分析法将这三类变量拥有共同本质归入一个因素。通过因子分析法对已上缴财政资金比例、已归还原渠道资金比例、已调账处理资金比例三个变量提取公共因子，对审计整改金额的效果进行衡量。

在进行因子分析之前，为了评价采用因子分析是否合理，应先对所取变量进行相应的检验。巴特利特（Bartlett）球型检验和 KMO 检验是较为常见的两种检验方法。通过对三个变量进行梳理后分析得到 Bartlett 球型检验的 P 值为 0.009，说明变量中的线性关系较为显著，适合进行因子分析。KMO 检验的结果为 0.532 可以看出公共因子对各变量的解释程度达到53.2%，理论上可以进行因子分析。

依据前面的分析，得到回归分析结果如表 8-9 所示。

表 8-9　　　　　　　　　　　稳健性分析结果

变量名	模型 1	模型 2	模型 3
	SUM	PER	Proposal
Constant	13.16 (0.536)	-28.66 (-0.168)	1.907 (0.916)
Auditor	-1.028 (-0.785)	-2.949 (-0.378)	-0.184* (-1.664)
Media	-0.026** (-2.535)	0.487* (-1.753)	0.026* (1.825)
Notice	0.020*** (2.828)	0.032 (-0.705)	0.001* (1.820)

续表

变量名	模型 1	模型 2	模型 3
	SUM	PER	Proposal
For	−0.136 (−1.007)	0.572 (−0.651)	0.035 *** (3.084)
Report	0.000 (0.534)	−0.001 ** (−2.437)	0.000 *** (3.531)
POP	−0.076 (−0.028)	−9.04 (−0.502)	−0.452 * (−1.951)
GDP	−1.333 (−1.277)	10.87 (−1.373)	0.265 *** (3.007)
PRO	0.000 (0.399)	−0.000 (−0.625)	−0.000 (−0.583)
Organ	0.028 (0.294)	0.052 (−0.089)	−0.007 (−0.913)
年度虚拟变量	控制	控制	控制
R − squared	0.094	0.034	0.320

注：*** 、** 、* 分别表示在1%、5%和10%的水平上显著。

从表8-9可以看出，在经过更换审计整改问题金额变量后，回归分析结果与前述研究结果基本一致，媒体关注（Media）和审计公告数量（Notice）对审计查处问题金额的整改效果产生影响。

（2）内生性问题。在模型2中，采用工具变量法来缓解内生性问题，以此来保证结果的稳健性。参考黄俊、郭照蕊（2014）和池国华、杨金（2018）等人的方法，将当年度当地区的报纸张数作为变量工具，采用GMM方法对其估计。不同地区不同年度的报纸数量与当地报纸对审计的报道数量相关，同时与审计人员投入、审计公告数量、人大对审计的需求和审计机关向上提交的审计报告和专项报告并没有直接联系，与其他解释变量严格外生，因此，将地区引发的报纸总张数作为工具变量，符合工具变量的定义。其中地区印刷报纸总张数的数据来源于《中国统计年鉴》。得到的回归结果与前述模型2的结果一致。

（3）更换媒体关注度量方式。在模型3中，通过更换媒体关注度量方式进行稳健性检验。本书参考池国华、杨金（2018）等人的研究方法，将各地区各年度总的媒体报道取中位数，进行重新赋值，低于中位数赋 0 值，高于中位数赋 1 值，用来消除可能存在的非线性情况。

观察稳健性分析结果发现与前述模型 3 的研究结果一致。审计人员投入（Auditor）与审计建议采纳比例（Proposal）在 10% 的水平上显著负相关，媒体关注和审计公告都在 10% 的水平上与审计建议采纳比例显著正相关，人大对审计的需求（For）和审计机关向上提交的审计报告（Report）与审计建议采纳比例（Proposal）都在 1% 的水平上显著正相关。

通过前面对影响审计整改效果的实证研究，得到以下结论：

在审计整改中审计查出问题金额的情况方面，审计公告的发布数量对其有促进作用，媒体关注对审计查出问题金额的整改情况产生了抑制作用，原因在前述研究分析中已进行说明。此外，审计人员投入、人大对审计的需求和审计机关向上提交的审计报告对审计查出问题金额的整改效果都没有积极作用。

在审计整改中，针对审计机关移送人员的处理落实情况，媒体关注会提升审计移送人员的处理落实效率，媒体报道在审计整改处理问题人员的过程中充分发挥了外部监督作用，媒体关注越高，越有利于落实移送处理人员的整改效率。而审计机关向主管部门提交的审计报告的数量与落实移送处理效果有抑制作用。这主要说明对政府机关内部提交的审计报告反映了查处问题，由于审计关系中的审计人和审计对象都隶属于政府部门，审计机关向上提交的审计报告和专项报告使得相关部门对于审计情况有所掌握，加之涉及人员问责的问题，在落实处理的过程中，可能遇到的阻力较大，使得整改效率降低。审计人员的投入、审计机关对外公布的审计公告与人大对审计的需求与移送处理人员的落实整改情况并没有发挥积极作用。

在审计整改效果中关于审计建议的采纳方面，只有审计人员的投入对审计建议的采纳具有抑制作用，其原因可能是由于审计人员过多导致人浮于事，影响审计质量，使得审计建议质量不高，采纳比例较低，也可能是由于审计机关工作人员投入越多说明查处的问题越多，提出的审计建议越多，但由于采纳审计建议、完善相关制度需要一定的时间，审计建议的采纳具有时滞性，所以导致当年的审计建议采纳比例较低。媒体关注、审计机关对外发布的审计公告、人大对审计的需求和审计机关向上提交的审计报告和专项报告对审计建议的采纳都发挥了积极作用。

综合来看，审计人员的投入、媒体关注、审计公告数量、人大对审计的需求和审计机关向上提交的审计报告都对审计整改效果中不同层面的整改情况产生了影响，为了进一步提升我国的审计整改效果，强化审计在国家治理中发挥的权力制衡作用，有必要根据上述研究成果，提出相应的建议。

8.3　提高审计整改效果的建议

近年来，随着国家治理体系的不断完善，审计机关地位的不断提升，民众民主意识的不断增强以及对国家审计的关注和社会需求越来越多，国家审计在国家治理中发挥着越来越重要的作用。一方面体现在审计机关对政府财政预算收支和重大政策落实情况的审计监督职能不断强化；另一方面体现在审计整改过程中发挥的权力制衡作用明显增强。但还要看到，我国审计整改过程中还存在整改比例总体较低、审计整改长效机制建设滞后等问题，同时，注意到审计人员投入、媒体关注、审计公告、人大对审计的需求和审计机关提交的审计报告等因素都对审计整改效果产生了一定的影响。为了进一步提升我国的审计整改效果，根据前述研究结果，结合前面章节中对我国审计整改现状的分析和我国国情，提出以下应对措施。

8.3.1　完善审计整改制度体系建设

8.3.1.1　健全审计整改法律法规

法律制度的健全完善会为审计整改工作提供更权威的参考依据。尽管我国的国家审计制度在不断完善，一些相关的法律法规相继出台，但在审计整改领域，可以参考依照的法律依旧较少，已有的法律制度规定表述也较为模糊。比如，2010 年修订的《审计法实施条例》对于整改不力的对象进行了约束，规定逾期不执行审计决定的可以申请法院执行，建议主管机关和单位对相关责任人员予以处分。但对于什么样的情形适合申请法院强制执行、如何申请法院强制执行、审计机关对被审计单位主管机关予以处分的建议具有多大的效力，主管部门对审计建议的采纳情况等具体内容都没有进行详细说明。2011 年起施行的《国家审计准则》中也只是提到对审计机关可以采取必要措施，但具体什么时候采取必要措施，采取什么样的必要措施也没有明确的规定。此外，目前统一规定的审计整改时限是 90 日，但没有考虑一些具体审计问题的整改特殊性和适用性，这种针对所有的审计问题一概而论的规定，难免有失偏颇。同时，对于审计整改过程中如何进行审计整改，审计整改的结果标准都没有具体明确，这给审计实务工作者造成在审计过程中无法可依的困扰，也使被审计单位的整改工作有可能"钻空子"，审计整改效果大打折扣。因此，针对目前审计过程中面临的各种问题，亟须从法律规范的角度予以解决，将审计整改提升到行政法规甚至法律的层次，将审计整改规章制度细化到具体内容、对象、程序、范围等方面，使得审计相关主体责任明确，做到审计整改有据可循，才能为提升我国审计整改水平奠定基础。

8.3.1.2　建立审计整改评价标准

目前我国的国家审计整改尚无具体的评价标准。每年审计机关向人大常委会进行审计查出问题整改情况的报告中，对于审计整改情况的说明往往从整改问题金额、落实处分相关责任人员和制定完善相关制定等方面进行反映。但即使这样的划分也缺乏具体的量化标准。由于缺乏明确的审计整改评价标准，容易使被审计单位在整改过程中有机可乘，对待审计整改敷衍了事，做"表面文章"，用惩罚效力较低的惩处整改措施搪塞审计机关的检查。对于审计机关来说，大量的审计整改效果是通过被审计单位的书面汇报来掌握的，由于缺乏审计整改的量化考核，无法核实确认审计整改是否到位，难以判断审计整改的实际效果。因此，亟须建立一个具备可行性、可比性、可操作性的审计整改标准评价体系，这对提升审计整改效果至关重要。建立健全审计整改标准评价体系，一方面，要参考其他国家的审计整改体系；另一方面，要与我国的国家审计制度和审计实务工作紧密结合，特别是结合我国的行政制度，才能切实提升审计整改的工作效果，发挥审计整改在我国国家治理过程中的重要作用。

8.3.1.3　完善审计整改公告制度

随着 2003 年起建立的审计公告制度的不断发展，一方面提升了审计工作的透明程度，另一方面提升了公众对于国家审计的关注程度，审计机关的地位得到提升，从而减少了审计工作中的阻力（王芳，2009）。对于审计整改公告制度而言，2015 年中共中央办公厅、国务院办公厅印发的《关于完善审计制度若干重大问题的框架意见》中首次要求"被审计单位要公告整改结果"。由于审计整改公告制度起步较晚，还存在诸如审计整改内容有限、覆盖面窄、数量少等问题。因此，为了更好地发挥审计整改公告在提升审计整改效果方面的作用，也为了保障公众通过审计整改公告了解审计整改情况的知情权，提升公众参与国家治理的积极性，应当进一步完善审计整改公告制度。对于审计整改公告的内容和格式、审计整改涉及的数据来源与统计口径、审计整改公告发布的时间、审计整改公告发布的数量等内容进行明确的规范，方便审计整改信息使用者了解具体的审计整改情况，对审计整改工作形成有效的监督。

8.3.2　加大审计资源投入

8.3.2.1　加强审计人员队伍建设

2015 年中共中央办公厅和国务院办公厅印发的《关于完善审计制度若干重

大问题的框架意见》中明确了"加强审计职业化建设",对于审计机关工作人员的选聘机制、管理晋升制度和职业教育进行了相应的规定。在审计管理方面,与增加审计人员数量相比,提升审计人员素质对审计整改效果的提高发挥着更为有效的作用。因此,需要审计机关加强审计人员职业化建设,提升审计工作人员专业素养,探索科学合理的晋升机制,激发审计人员的工作热情,完善审计人员的职业培训体系,以此来提高审计机关整体的工作质量,提升审计整改措施的科学性和合理性,增强审计建议的可行性和适用性,以此来促进审计整改效果的大幅度提升。

8.3.2.2　提升审计技术方法

审计机关应当借助大数据平台,转变审计工作模式,积极探索安全高效的审计技术手段,创新审计技术方法,提升审计工作的质量和水平,提高审计整改工作的效率和效果。尤其是应健全数据的送报制度,对数据送报的内容、口径、时间、频率进行明确规定,对于数据的安全性严格管理,真实性进行核查,探索建立数据的实时监督系统,利用数据分析对审计中查出问题频率较高的内容进行重点关注,利用数据监督对进行审计整改的单位持续关注检查,完善事后整改监督,同时,利用数据监测系统,及时发现异常数据,降低审计风险,切实发挥审计整改预防功能,减少"屡审屡犯"问题。

8.3.3　强化人大对审计的监督工作

在审计查出有关资金问题的整改方面,应进一步加强人大对财政预算的监督审批职能。减少财政拨款和补贴,不仅仅是对当期审计出的问题进行纠正,同时也发挥一定的惩处作用。目前,对于问题资金的整改,属于事后整改范畴,只能通过上缴国库、补缴税款、结转结余等方式对已经发现的资金问题进行改正,由于缺乏惩治措施,不足以产生威慑力,难以避免日后类似问题再次发生。因此,可以通过减少财政预算拨款的方式,对审计发现问题的被审计单位的行为进行约束,提升审计整改效果。我国各级人大对地区经济计划、预算执行情况具有审查和批准的权力,因此可以在财政预算审批过程中,对审计发现问题较为严重或整改效果较差、"屡审屡犯"的单位,采取减少财政拨款的方式甚至停止财政拨款的方式进行惩处,以此来发挥威慑作用,提升审计查出问题资金的整改效果。

8.3.4　重视社会治理力量参与审计整改过程

依据公共受托责任理论的原理,随着公众民主意识的不断增强,公众对政府的受托责任不再只局限于对公共资产的安全管理和公告资源的使用效率,许多社会问题、环境问题的解决也成为公众对政府管理能力要求的内容，随之而来的是公众对于国家审计内容范围和质量的更高需求，这种需求通过媒体的报道被进一步放大。2008 年汶川地震后，一系列救灾物资被挪作他用、救灾物品弄虚作假的报道引起公众的广泛关注，公众强烈要求对该类违法违纪问题进行严肃查处，为了实现民众对于救灾物资使用情况监督的诉求和政府机关实施公共管理的要求，全国各级审计机关组织 10000 多名审计人员对救灾物资的筹集、分配、使用的全过程进行跟踪审计，先后发布了多项关于汶川地震救灾资金物资的审计情况公告，对救灾物资拨付使用过程中的挪用、截留问题和涉及违法违纪问题进行了公告。这一事件体现出公众民主意识不断增强，对于公共资源的使用过程有更为强烈的监督诉求，对政府部门的管理水平提出更高的要求。公众对审计的需求给国家审计机关增加了压力和动力，迫使其不断提升自身的审计质量和审计能力（王芳，2009）。随着国家治理体系的不断完善，治理主体不再只限于政府，社会治理也发挥着越来越重要的作用，其中媒体的舆论监督作用不可忽视。

因此，在审计整改过程中，应充分重视媒体的监督作用，媒体通过广泛的报道一方面传递了大量审计结果信息，增强了国家审计的透明度，另一方面进一步放大了民众对于审计整改情况的诉求，通过媒体报道所促成的公众对于某一审计问题的持续关注，使得审计机关和被审计单位压力倍增，且这种压力最后会转化为审计整改的动力，从而提升审计整改效果。

在日常的审计工作中，审计机关应建立与媒体的联动机制，及时公开审计结果和审计整改情况，通过新闻发布会、机关网站、报纸、微信公众号、微博等方式及时进行信息公开，通过获得媒体的广泛关注，进而调动公众作为社会治理的重要力量参与审计整改过程，提升审计整改效果。

第 9 章

结论及展望

9.1 主要结论

本书主要提出了以下观点：

（1）审计清单包含丰富的待挖掘的科学内涵。审计清单一直是作为一种现象存在的，人们通过"审计风暴"对审计清单只是初步的认知；虽然媒体对其关注较多，但是学术界对其研究仍然不够，使其无法在学理上展示出审计清单本身所蕴含的巨大社会效应和学术价值。我们需要关注：审计清单为什么引发"审计风暴"？审计清单蕴含着什么样的神秘力量？审计清单为什么变成了审计工作报告的亮点？什么样的审计清单是人大最欢迎的和媒体最关注的？什么样的审计清单是审计单位最担心的？政府作为审计机关的主管机构容易接受什么样的审计清单？什么条件下审计清单在人大与媒体的双重监督下可以达到有效的审计整改？……总之，如果精心设计的审计清单深度嵌入审计报告并且能够形成从审计信息披露到审计整改规范运作的新机制，则可能产生审计参与国家治理的新动能，将是我国审计报告制度的一项重大突破。因此，建议加强对审计清单的理论研究，使其发挥应有的作用。

（2）审计清单能够形成一种有效的国家治理机制，它是推动审计整改的利器。这种机制是以审计清单的优化作为前提，通过人大的督促、媒体的传播和舆论的压力等共同作用，促成了被审计单位按照审计机关的要求有效实施审计整改。在审计治理中，多个行为主体依据一定规范为实现审计功能而组成了复杂的系统工程，其运行的过程表现出了一系列的规律性，这是研究审计清单问题的关键所在。审计清单推动审计整改，审计整改实现国家治理，是审计治理功能的充分体现。审计清单在很大程度上启动了"审计风暴"，使"审计"一词耳熟能详；一旦没有了"审计风暴"，审计回归常态，审计影响力的提升程度显著下降；即便是在很少提到"审计风暴"的近几年，"审计清单"一词还常常与审计整改相关联，助力审计对国家治理的过程。因此，不能忽略改进审计清单可能形成一种特别有效的国家治理的路径。

（3）审计清单应当体现满足终极审计委托人要求的设计思想。传统的或者现行的中国审计实务一直坚持审计为主管机构或者领导负责的理念，从原则上讲，这符合委托代理理论的要求。但是，由于委托代理链的不断延伸，审计机关和审计人员在一定程度上忽略了审计活动的初衷，无法考虑终极审计委托人的要求，这是一个遗憾。审计的终极委托人也是初始委托人，是全体公民；审计应当对全体人民负责；审计治理的社会基础和政治基础是全民共治；得人民之心，得审计之道。我国《宪法》规定了人民的权力，作为一个至高无上的社会契约，它决定了在现代国家民主化建设中人民拥有或者决策审计的地位。审计清单必须体现"民意"视角。因此，在依据审计原理设计审计清单时，应当充分考虑审计终极委托人的各种重要需求。基于满足公民需要的审计清单应当尽可能体现公开化、大众化、聚焦化的特征。

（4）审计清单的治理机制同样可以运用到对党的领导干部监督的范畴并且发挥作用。党领导审计的制度安排，是一种制度创新，它使审计机关独立性显著提升；审计机关与政府、人大的关系更加顺畅；中央审计委员会的成立，使审计在党和国家监督体系的权威性得以强化。如果从审计清单角度看，审计机关应当考虑党的监督对审计信息披露的特殊要求，因为在以往的审计工作中主要是在经济责任审计方面积累了对党的领导干部监督的经验。然而，这部分信息一般不予公开，对于相关的审计清单没有可取的资料，对审计信息可能引起的社会反响无从考证，这是一个遗憾。党领导审计工作给审计独立性增添了全新的注解，但仍然面临理论研究空缺的问题，亟须进行深入研究。"党政同审"表明了对党的领导干部与对政府领导干部审计的有效糅合以及不可分离；源于审计清单的"审计风暴"能否在对党的领导干部监督中掀起，可能也有赖于审计清单的改进。

（5）审计清单作为审计信息披露的一种形式，在缺乏制度约束的条件下可能采用不稳定的结构和形式，而其并不是审计机关随意性选择，它是审计关系人三方之间及与利益相关者之间博弈的结果。第一，存在多级审计委托人的情况下，终极审计委托人的需求到达审计人时就发生了多次衰减甚至扭曲；确认终极审计委托人的真实意图是审计理论界需要深思的现实问题；而这种真实意图来自公民社会大部分群众所表达的民意；审计人需要在现实的审计委托人与终极审计委托人的需求之间获得平衡。审计清单能够使各个层级的审计委托人之间的信息不对称、审计委托人与审计人之间的信息不对称得到一定程度弥合。第二，审计人（即审计机关）在我国存在四个级次，在实行"同级审计"与"上审下"交叉的情况下，有复杂的利害关系；在实行同级政府与党委领导审计，又接受上一级审计机关领导的多重领导关系下，审计机关向同级人大报告审计工作情况，面临许多实际困难。审计关系人中，审计人可能处在一种比较尴尬的境地。第三，被审计人也是呈现多极态势。它可能是一个独立的组织，也可能是一个自然人；而一个独立的组织也可能因为体量的巨大分成了许多层级和元素，使得审计业务异常庞杂。第四，以上三种审计关系人之间构成了错综复杂的关系，特别是由于各自存在自身利益，并且这些利益存在难以避免的冲突，可能在博弈中不断形成静态的平衡。而审计清单，正是在不断平衡的状态下所体现的一个博弈的结果，即审计清单中包含了审计机关的价值判断、审计委托人的要求和被审计单位的诉求，甚至包含了媒体与社会公众等方面的一些需要。在审计清单披露审计信息的背后，有着大量不为人知的人际利益的纠葛，因此一个审计清单作为一个审计"作品"，蕴含着丰富的内涵。

（6）审计清单在国家治理方面作用明显。这种作用主要是通过审计整改释放的，另外还有审计检查的威慑以及媒体传播引起的间接影响力等。审计清单推动国家治理的效果，可以运用国家治理指数的变化来测度。审计清单在国家治理方面的作用，还有相当一部分是难以测度的，甚至有一些是隐形的，即其作用是很大的；通过改进审计清单的内容、形式以及披露的方式等，都可能提高或者有助于提高国家治理指数。

（7）理论上讲，按照审计清单披露内容，可能会形成多种形态的结构图，按照区域反映的审计清单影响力结构图，点名与不点名按照区域或者审计机关层级结构图，审计发现问题结构图等。例如，其中，发现问题结构图可以反映审计机关披露审计发现问题所具有的一些显性特征，即基于区域、行业、业务和层级差异，审计清单发现问题结构图将有所不同。但是，一些预备性研究表明，实际上这种差异在审计实务方面作用比较小，主要原因是我国审计管理一直贯穿"一盘棋"的思想，而且审计清单可能会带来比较多的敏感问题，因此，其差异不够明显。

（8）审计清单的设计需要考虑许多因素。目前我国审计机关在审计工作报告中披露的有关审计清单的信息，主要取决于该事项与审计目标的相关程度、该事项本身的重要程度、审计报告对审计信息披露的规范性要求、审计委托人需要了解的情况、审计机关认为需要披露的信息和限制法律不允许披露的审计信息等。审计机关披露审计清单的内容常常需要考虑自身风险（是否能够被上级领导接受、是否可能带来诉讼风险以及是否存在其他不利后果等）的控制问题，与纯粹的理论上的独立发表审计意见存在一定的差异。相比较而言，审计机关层次越高，则审计清单的透明度越高，审计清单点名的强度越大，对发现问题的深度揭示（主要是制度和体制性问题较多而一般性违法乱纪较少）越大，媒体对审计清单的关注度越高，披露政府的问题越多，人大的介入程度越深。在我国党对审计工作的要求主要体现在"用人"评价方面，审计清单的设计考虑对"事"的信息披露少，而对"人"的信息披露多；人大对审计工作的要求主要体现在对政府监督方面，审计清单的设计应当重点考虑政府绩效评价、问责和制度建设等内容；政府对审计工作的要求主要体现在对行政机关内部的监控方面，作为"免疫系统"，审计清单的设计应当重点考虑政府合法、合规与纠错等内容。而被审计单位属于另一个层面，审计清单应当从整个社会治理效果出发综合权衡审计清单的内容，而不应当照顾被审计单位的感受；实践证明，点名式的审计清单效果比匿名式审计清单效果更好；媒体传播的点名式审计清单效果远比公共机构内部传播的审计清单效果更好。从我国近十几年审计工作报告信息披露的整体情况看，"屡查屡犯"的问题还没有彻底解决，仍然是体制性、制度性原因占大多数。被审计单位行政层级越低，基础性低层次的问题（尤其是财务性、合法性问题）越多，审计整改的效果越不理想；而经济发达地区的被审计单位整体上好于经济欠发达地区；从被审计企业角度看，新兴行业好于传统行业。

（9）审计清单的传播是实现审计治理的重要手段，利用媒体的力量是提升审计清单效应的重要路径。以往，审计清单的媒体传播效应在一定程度上被审计界所低估，在"审计风暴"产生巨大影响的背后，媒体的力量被忽略了。法定的审计报告报送模式，只是满足了审计直接委托人的需要，几乎没有考虑公众与舆论监督的需要，使审计清单的效应受到限制。经历了"审计风暴"以后，审计清单主要的传播渠道是报告给有关公共机构，大部分被公开发布，但审计清单表述的专业性在一定程度上妨碍了媒体以及公众对审计清单的传播，制约了社会舆论的形成；审计清单的全面公开虽然需要时间，但的确十分必要；审计机关没有必要担心审计清单一旦被媒体广泛传播形成巨大社会舆论压力，而可能面临局面失控的问题；审计清单的主动传播比被动传播的效应更好，更容易控制；媒体介入审计清单是双刃剑，一方面通过社会舆论形成审计整改动能，另一方面社会舆论的压力可能促使有关权力机关干预审计结论、处理结果，或者引发多个方面对审计结果的监督，等等。必须注意，媒体对审计清单的关注集中在新闻效应上，公众对审计清单的关注主要集中在民生问题上，当两者存在交叉时，社会舆论就形成了；审计机关应当善于利用媒体的社会治理功能，推动审计整改的深入进行。一般来说，审计清单通过新闻报道传播比会议传播和定向传播等方面效应更大；审计机关应当主动与媒体合作，增强审计清单在推动审计整改方面的综合治理效应；如果有可能，也应当适当借用自媒体的力量。从一些大数据分析来看，新媒体和自媒体对审计清单的传播优于传统媒体，未来的审计清单能否在一定程度上利用新兴媒体传播是一个值得深思的问题。

（10）应当充分利用审计清单所提供的资源建立基于大数据的审计监测数据库平台。审计清单凝聚着审计的成果，其中包含丰富的内容，如果能够分别被审计单位建立一个持续记录、动态反映的数据分析系统，将特别有意义。通过分析可以发现：被审计单位哪些类型的问题是"屡查屡犯"，哪些责任人是"屡教不改"，哪个领域是监控重点，哪些类型的问题整改比较彻底，审计建议未采纳的原因是什么，下一次审计的关注点在哪里等，如果能够采集到更多的信息，可以分析区域性、行业性和普遍性问题的根源，为国家制定或者调整相关的政策提供依据；也可以通过供应链原理对关联性的分析，发现可能存在的异常信息，通过比对寻找审计线索，增加下次审计的针对性。

（11）审计整改不彻底与媒体介入不够存在一定关系。我国审计整改在过去面临的困局主要是审计权威性不够；在人大强力关注审计整改并且要求政府提交审计整改报告之后，通过外部约束强化了审计整改的效率，但是，媒体的影响力仍然不足。随着党加强对审计工作的领导，以及党对舆论的关注，媒体披露审计整改信息将可能造成问责的压力，在一定程度上减弱政府部门之间的掣肘，促进审计整改效果的提升。

（12）依据审计清单计算的违规复发率能够反映审计整改和审计治理效率。审计不仅要查出问题、处理问题，而且更重要的是从根本上解决问题，不再出现同类问题。审计整改只是纠正了问题，没有预防下次再出现同类问题，说明审计整改意见有偏差，或者审计整改措施不到位。审计整改是巩固审计检查成果的一个重要手段，应当通过政府有关部门、人大、媒体和社会舆论等多个层次的联动，形成社会共治的综合效果。审计机关提出的审计整改意见，绝大多数具有可行性，但实际的整改可能面临许多阻力和困难。通常，经济欠发达地区的审计整改难度比发达地区难度更大；企业的审计整改一般比行政机关的整改难度更大；涉及人的整改比起涉及钱的整改更有难度等。审计整改效果的好坏，既与被审计单位有关，有时也与外部复杂的环境有关，审计机关应当考虑如何改善相关环境。

（13）基于审计清单的审计整改有助于推进国家治理。审计治理是一个闭环系统，从发现问题、评价问题、处理问题到监督整改，是一个完整的过程。审计清单的质量直接决定了审计整改的质量，优质的审计整改必须建立在优质的审计清单基础上。审计整改的主要功能是纠错和补缺，而这正是现代国家治理所需要的。纠错能够规范公共机构的履职行为，整顿社会经济秩序；补缺能够事前预警和事后完善法规，提升社会治理的水平。审计整改对于推动国家法制化、民主化和公平化具有突出的治理效果。我国审计整改整体效果比较好，人大对政府落实审计整改有刚性要求。但是，仅仅从外表上看审计整改完成程度有时没有多少实质性意义；有意义的是审计究竟解决了多少被审计单位的重大实际问题。所以，我国审计整改应当提高整改的层次要求，将制度性、体制性和立法性问题作为突破口，提高审计的监督成效。

（14）借力审计清单实施审计制度的创新。审计清单应当从以问题罗列为主向以责任追究为主转变；从注重单位问题的揭发到注重个人责任的确认转变；从主要陈述审计发现问题到包括处理处罚结果的全程信息披露方面转变；基于审计清单建立被审计单位违纪分析数据库；建立基于大数据基础的审计发现问题数据特征分析与信息发布制度；促使"问题导向"的传统审计向面向未来的"制度导向"的现代审计的转变等。

9.2　未来展望

我国审计虽然目前独立性仍有待进一步提高，但已经取得了比较优秀的成绩，一个重要原因是党对审计工作的支持。最近几年我国审计制度进行了许多重大改革，对于审计的未来发展意义重大。然而，审计清单作为一种现象，之前曾仅在一段时间倍受关注。体制性原因是其中一个重要方面；目前，这个问题在一定程度上得到解决。审计清单引发新的审计改革的机会来临，审计界应当把握好这个机会，迎接审计事业高速发展的各种挑战。

基于本书所做的研究，笔者认为还有许多问题需要进一步探讨，例如，审计清单传播对推动财政透明与公正的效果；审计清单传播引发公众监督的现状、焦点与效果；审计清单在解决公共政策公正性方面社会效应的评价；审计在世界主要国家民主发展历史上的促动作用与审计清单促进社会民主的现实价值、未来格局；审计清单与审计治理腐败的效果评价（包括对"党政同审"以及党委介入审计的前景分析）；审计清单在法制建设尤其是立法方面的效应（主要考察立法建议等）；国家审计机关的审计绩效的社会评价机制设计等。

实际上，笔者的研究并没有因为本书的完成而终止，这可能只是一个起步。笔者将不断进行深入研究，将"审计清单"变为一门学问，以促进审计治理的深入实施。

参 考 文 献

［1］安徽省审计学会课题组，刘春华，王羚，程敏，周仕东，王彭生．国家审计与反腐倡廉［J］．审计研究，2012（02）．

［2］《领导信息决策》编辑．一份触目惊心的审计"清单"［J］．领导决策信息，2004（25）．

［3］蔡春，蔡利．国家审计理论研究的新发展——基于国家治理视角的初步思考［J］．审计与经济研究，2012（02）．

［4］蔡春，朱荣，蔡利．国家审计服务国家治理的理论分析与实现路径探讨——基于受托经济责任观的视角［J］．审计研究，2012（01）．

［5］陈尘肇，孟卫东，朱如意．国家审计结果公告制度的博弈分析［J］．审计研究，2009（03）．

［6］陈尘肇．中国国家审计结果公告制度问题研究与机制设计［D］．重庆大学，2009．

［7］陈洁．审计整改的责任体系与协同机制［J］．现代经济信息，2016（15）．

［8］陈咸瑜．社会主义和谐社会建构的价值支撑与应有境界——从契约精神的视角看［J］．求实，2012（01）．

［9］陈晓曦，夏军．如何有效开展审计整改跟进工作［J］．中国内部审计，2014（11）．

［10］陈艳娇，张兰兰．媒体关注、政府审计与财政安全研究［J］．审计与经济研究，2019（01）．

［11］程莹，欧阳华生．政府审计透明度评价体系构建与国际比较［J］．审计研究，2010（03）．

［12］池国华，杨金，谷峰．媒体关注是否提升了政府审计功能？——基于中国省级面板数据的实证研究［J］．会计研究，2018（01）．

［13］楚东．清除审计清单之"黑"［J］．瞭望新闻周刊，2004（26）．

［14］崔雯雯，郑伟，李宁．国家审计服务国家治理的路径——基于2003～

2014 年间 30 个省（自治区、直辖市）的实证检验 [J]. 江西财经大学学报，2018（02）.

[15] 道格拉斯·C. 诺思. 制度、制度变迁与经济绩效 [M]. 杭行，译. 上海：格致出版社·上海三联书店·上海人民出版社，2008.

[16] 丁朝霞. 基于审计期望差视角的国家审计公告研究 [J]. 财会通讯，2009（22）.

[17] 杜婕. 深化审计整改落实　提升审计监督实效 [J]. 中国工会财会，2017（07）.

[18] 冯均科. 国家审计新观念：国家审计是国家治理的工具 [J]. 现代审计与经济，2011（06）.

[19] 冯均科. 审计的异化与整合：基于国家治理的视角 [J]. 西北大学学报（哲学社会科学版），2020，50（03）.

[20] 冯均科. 审计工作模式革命：以平台式审计取代项目式审计的构想 [J]. 中国内部审计，2019（08）.

[21] 冯均科. 审计契约制度的研究：基于审计委托人与审计人的一种分析 [J]. 审计研究，2004（01）.

[22] 冯均科. 审计问责：理论研究与制度设计 [M] 北京：经济科学出版社，2009.

[23] 冯均科. 审计学的突破：契约人的塑造 [J]. 西北大学学报（哲学社会科学版），2013，43（03）.

[24] 付后裕. 破解审计整改难的思考 [J]. 审计月刊，2012（04）.

[25] 高雷. 中国国家审计的三方博弈理论研究 [J]. 江苏社会科学，2011（02）.

[26] 高林. 国家审计公告的法律研究 [J]. 中国审计，2004（04）.

[27] 葛玉娇. 审计整改的博弈分析 [J]. 商业会计，2016（04）.

[28] 顾春，黄俊晨. 审计机关地位、审计目标定位与政府审计整改 [J]. 会计之友，2014（07）.

[29] 郭芮佳，池国华，程龙. 公众参与对政府审计腐败治理效果的影响研究——基于国家治理视角的实证分析 [J]. 审计与经济研究，2018，33（02）.

[30] 郝玉贵，路云峰. 我国国家审计的博弈分析 [J]. 审计研究，2006（02）.

[31] 胡贵安. 国家审计完善国家治理的基础机制与路径分析——兼论国家审计公告制度的国际比较 [J]. 财会通讯，2016（01）.

[32] 华金秋，刘传红. 政府审计如何协调与媒体监督的关系——以救灾资金管理为例 [J]. 中国石油大学学报（社会科学版），2009 (06).

[33] 黄俊，郭照蕊. 新闻媒体报道与资本市场定价效率——基于股价同步性的分析 [J]. 管理世界，2014 (05).

[34] 黄溶冰. 国家审计质量与审计整改机制 [J]. 湖湘论坛，2018 (03).

[35] 黄溶冰，王丽艳. 国家审计研究的现状与思考——基于 SSCI 期刊的分析 [J]. 审计研究，2017 (03).

[36] 黄溶冰，赵谦. 财政分权、审计监督与反腐败成效——来自中国 2002 ~ 2011 年的经验证据 [J]. 中南财经政法大学学报，2015 (06).

[37] 黄寿峰、郑国梁. 财政透明度对腐败的影响研究——来自中国的证据 [J]. 财贸经济，2015 (03).

[38] 黄体云."审计清单"的反思 [J]. 审计与理财，2004 (08).

[39] 黄玉彬. 农村信用社审计整改工作中存在的问题及建议 [J]. 甘肃金融，2012 (05).

[40] 黄忠. 提升地方人大审计整改监督水平 [J]. 人大研究，2017 (07).

[41] 季冰清. 论国家治理中审计整改问责机制的建立 [J]. 现代经济信息，2017 (17).

[42] 季冰清. 我国国家审计整改问责的现状研究 [J]. 中国总会计师，2018 (03).

[43] 姜海波. 试论我国审计整改机制和判断标准的完善 [J]. 财会学习，2014 (04).

[44] 金正春. 审计清单计价模式下的招标控制价和投标报价之我见 [J]. 审计月刊，2009 (03).

[45] 靳思昌. 国家审计结果公告绩效及其影响因素研究 [D]. 北京：北京交通大学，2014.

[46] 靳思昌. 双罚制视阈下国家审计整改效果研究 [J]. 宏观经济研究，2019 (07).

[47] 阚京华，周友梅. 腐败治理中国家审计的角色、功能定位及其影响因素分析——基于"国家廉政体系"视角的考察 [J]. 南京审计学院学报，2015 (05).

[48] 雷俊生. 基于信息管理的审计整改报告机制研究 [J]. 社会科学，2017 (12).

[49] 黎昊旻. 浅析事业单位内部审计整改存在的问题 [J]. 中国集体经济，2019 (14).

[50] 李丹，裴育．财政透明度对财政资金配置效率的影响研究 [J]．财经研究，2016（02）．

[51] 李慧凤．对国家审计"委托—代理"关系及监督问题的思考 [J]．审计月刊，2005（01）．

[52] 李明．国家审计提升地方政府治理效率的实证研究——兼评地方国家审计机关的双重领导体制 [J]．经济与管理评论，2015（03）．

[53] 李顺国，向顺鹏．影响审计整改的因素分析和对策建议 [J]．审计月刊，2011（05）．

[54] 李小波，吴溪．国家审计公告的市场反应：基于中央企业审计结果的初步分析 [J]．审计研究，2013（04）．

[55] 李小健．审计整改，成色几何？[J]．中国人大，2017（01）．

[56] 李越冬，周蕾，周阳．国家审计、市场化进程与腐败治理 [J]．财会月刊，2018（20）．

[57] 林斌，刘瑾．市场化进程、财政状况与审计绩效 [J]．审计与经济研究，2014（03）．

[58] 刘峰．我国行政伦理失范成因的社会文化环境分析 [J]．北京工业大学学报（社会科学版），2004（04）．

[59] 刘国常，宋曼丽．审计结果公告与审计治理效能研究——基于审计整改视角 [J]．财会通讯，2019（01）．

[60] 刘家义．论国家治理与国家审计 [J]．中国社会科学，2012（06）．

[61] 刘家义．中国特色社会主义审计理论研究（修订版）[M]．北京：商务印书馆，2015年．

[62] 刘娜．浅析审计整改落实有效机制的构建及实施 [J]．内蒙古科技与经济，2017（09）．

[63] 刘青霞．满意度测评：度量审计整改的实效 [J]．人民之友，2017（12）．

[64] 刘蔚．新公共管理理论的核心思想及其启示 [J]．福建论坛（人文社会科学版），2008（S3）．

[65] 刘小寅．构建"五位一体"整改和问责体系充分发挥内审监督职能 [J]．审计与理财，2017（01）．

[66] 刘毅，姜涛，赵永军．如何推进审计整改工作 [J]．中国内部审计，2017（07）．

[67] 刘泽照，梁斌．政府审计可以抑制腐败吗？——基于1999～2012年中

国省级面板数据的检验 [J]. 上海财经大学学报，2015 (17).

[68] 吕志明. 国家审计质量控制多阶段三方博弈分析 [J]. 审计与经济研究，2012 (04).

[69] 罗家清. "审计风暴" 与法律责任追究 [J]. 法制与社会，2015 (13).

[70] 罗哲，赵林. 从社会管理到社会治理：契约精神与协商政治 [J]. 四川大学学报（哲学社会科学版），2014 (05).

[71] 骆勇，朱长伟. 关于审计整改工作的几点思考 [J]. 西部财会，2011 (04).

[72] 马劲，傅绍正. 我国国家审计结果公告信息分析：国家治理视角 [J]. 财会月刊，2014 (01).

[73] 马善记. "审计风暴" + "问责风暴" = "完美风暴" [J]. 楚天主人，2005 (11).

[74] 马善记. "审计清单" 为何越来越 "黑" [J]. 楚天主人，2004 (09).

[75] 苗亚玲. 浅谈如何加强高校内部审计整改监督 [J]. 现代审计与经济，2011 (S1).

[76] 莫冬燕. 媒体关注：市场监督还是市场压力——基于企业盈余管理行为的研究 [J]. 宏观经济研究，2015 (11).

[77] 聂新军，张立民. 我国地方政府审计结果公告影响因素实证分析——来自广东、江西两省审计机关的证据 [J]. 宏观经济研究，2009 (06).

[78] 欧阳华生. 我国国家审计公告信息分析：2003 - 2006——解读我国财政违规资金特征 [J]. 审计研究，2007 (03).

[79] 蒲丹琳，王善平. 政府审计、媒体监督与财政安全 [J]. 当代财经，2011 (03).

[80] 齐玉梅. 审计结果公告制度下国家审计风险模型的构建 [J]. 财会月刊，2006 (34).

[81] 沈路涛，邹声文，张旭东. 审计清单触目惊心　企业违规警钟长鸣 [N]. 中国企业报，2004 - 6 - 25.

[82] 施向群. 如何开展审计整改 [J]. 中国内部审计，2011 (10).

[83] 宋常，王睿，赵懿清. 国家审计在走向善治的国家治理中的若干问题 [J]. 审计与经济研究，2012 (01).

[84] 宋常，周长信，赵懿清，陈茜. 政府审计信息披露质量及其评价研究 [J]. 当代财经，2010 (07).

[85] 宋夏云，陈一祯. 国家审计在政府官员腐败治理中功能发挥的优化对

策思考 [J]. 管理世界，2016 (07).

[86] 宋夏云，陈依晗. 国家审计腐败监控效果影响因素分析 [J]. 财经论丛，2018 (01).

[87] 宋夏云，闫帅. 国家审计机关完善审计整改工作机制研究 [J]. 宁波大学学报（人文科学版），2019 (02).

[88] 苏超. 加强审计整改 增强监督实效 [J]. 北京人大，2019 (11).

[89] 苏红. 风险导向的内部审计整改机制构建研究 [J]. 管理观察，2019 (04).

[90] 孙长新. 审计关系中的第一关系人探究 [J]. 产业与科技论坛，2013，12 (10).

[91] 孙珠峰，胡伟. 后新公共管理时代钟摆现象 [J]. 南京社会科学，2013 (09).

[92] 唐大鹏，王璐璐，常语萱. 国家治理体系下审计结果公告信息披露质量的影响因素——基于 2012～2015 年省级数据分析 [J]. 审计研究，2017 (06).

[93] 唐华. 微山县审计局探索经济责任审计"清单＋账单"新模式 [J]. 审计月刊，2016 (05).

[94] 唐雪松，罗莎，王海燕. 市场化进程与政府审计作用的发挥 [J]. 审计研究，2012 (03).

[95] 田必耀. 湖南：人大测评审计整改报告 [J]. 人民政坛，2017 (02).

[96] 汪定节. 审计整改环境体系模型及改进路径设计 [J]. 审计月刊，2013 (01).

[97] 王北京. 落实"审计清单"，人大应有积极作为 [J]. 人大建设，2004 (09).

[98] 王春婷. 社会共治：一个突破多元主体治理合法性窘境的新模式 [J]. 中国行政管理，2017 (06).

[99] 王翠琳，赵珈. 基于审计整改的国家审计效果研究 [J]. 财会月刊，2017 (24).

[100] 王芳. 政府审计质量的影响因素研究 [D]. 上海：复旦大学，2009.

[101] 王芳，周红，任康. 审计体制、审计方式与政府审计质量——基于正式与非正式制度的视角 [J]. 当代财经，2012 (08).

[102] 王芳，周红. 政府审计质量的衡量研究：基于程序观和结果观的检验 [J]. 审计研究，2010 (02).

[103] 王海林，张丁. 国家审计对企业真实盈余管理的治理效应——基于审

计公告语调的分析 [J]. 审计研究, 2019 (05).

[104] 王慧敏, 王会金. 新媒体背景下政府审计与媒体监督的关系协调 [J]. 会计之友, 2014 (19).

[105] 王立彦. 国家审计体系: 中央审计委员会机制下的转型 [J]. 财会月刊, 2019 (10).

[106] 王薛. 国家监察制度改革背景下的政府审计整改推进研究 [J]. 财会通讯, 2019 (10).

[107] 王扬, 刘明辉. 审计整改问责机制构建: 路径与实施安排 [J]. 中国审计评论, 2015 (01).

[108] 王媛媛. 基于国家治理视域的审计整改策略探讨 [J]. 财经界 (学术版), 2015 (17).

[109] 王跃堂, 黄溶冰. 我国政府审计质量控制体系研究 [J]. 审计与经济研究, 2008 (06).

[110] 魏慧慧. 关于完善人大监督审计整改工作机制的思考 [J]. 内蒙古人大, 2018 (01).

[111] 魏明海. 建立健全国家审计公告制度 [J]. 中国审计, 2003 (Z1).

[112] 魏明, 邱钰茹. 国家审计参与国家治理的信号传递机制研究 [J]. 审计与经济研究, 2015 (03).

[113] 文富恒. 国家审计机关完善审计整改工作机制研究 [J]. 湖南财政经济学院学报, 2013 (01).

[114] 文富恒. 审计整改存在的困难、原因及对策探析 [J]. 湖南财政经济学院学报, 2013 (01).

[115] 吴联生. 政府审计机构隶属关系评价模型——兼论我国政府审计机构隶属关系的改革 [J]. 审计研究, 2002 (05).

[116] 吴晓斌, 张瑞, 梁春丽. 企业审计整改"四项机制"的构建及实施 [J]. 中国内部审计, 2017 (01).

[117] 吴勋, 王亚菲. 地方审计机关审计结果公告特征研究——基于2010～2015年省级审计结果公告的分析 [J]. 财会通讯, 2016 (34).

[118] 吴岳. 加大审计公告力度 破解审计整改难 [J]. 审计与理财, 2012 (02).

[119] 郄建荣. 令纳税人心寒的审计清单 [J]. 团结, 2005 (05).

[120] 项荣. 异地交叉审计的研究——基于中国国家审计项目计划数据 [J]. 当代财经, 2007 (03).

[121] 肖振东，吕博．从审计工作报告看国家审计发展［J］．审计研究，2013（05）．

[122] 谢霓泓．审计契约缔结问题探讨［J］．财会月刊，2009（18）．

[123] 辛金国．审计关系人的博弈行为分析［J］．数量经济技术经济研究，2001（07）．

[124] 新华社．审计署开出审计清单［J］．金融信息参考，2004（08）．

[125] 徐锴．浅谈如何在国家治理视角下加强审计整改［J］．时代金融，2015（05）．

[126] 徐向真，段曼曼．民生与民生审计——基于审计署 2010~2015 年民生审计公告［J］．财会月刊，2018（10）．

[127] 徐向真、任莉娜，段曼曼．基于重大政策措施落实跟踪审计的问卷调查［J］财会月刊，2018（17）．

[128] 许瑜，冯均科．国家审计在全面从严治党方面作用的拓展［J］．财会月刊，2018（09）．

[129] 许瑜，冯均科．社会共治环境下民间审计参与国家治理的理论分析与实现路径［J］．财会月刊，2017（11）．

[130] 严畅．实现审计全覆盖的初级探讨［J］审计月刊，2016（03）．

[131] 羊剑，陈乔红．如何应用内部审计整改"关口前移"控制体系［J］．中国内部审计，2018（12）．

[132] 杨贺，郭帅．政府审计整改实施机制分析［J］．中国市场，2014（12）．

[133] 杨怀伟、陈琛．浅析高校科研经费内部审计清单制［J］．中国内部审计，2016（03）．

[134] 杨仁广．审计整改报告缘何两次"未通过"［J］．人民之友．2017（08）．

[135] 杨伟民．对我国欠发达地区的界定及其特征分析［J］．经济改革与发展，1997（04）．

[136] 杨秀琴．审计整改存在的问题及对策研究［J］．现代国企研究，2018（18）．

[137] 杨亚军．国家审计推动完善国家治理路径研讨会综述［J］．审计研究，2013（04）．

[138] 杨宇婷，王彪华．国家审计在全面从严治党中的作用路径［J］．现代审计与经济，2017（05）．

[139] 叶鹏臻，黎达勋．基层财务亟待加强——1992 年经费决算审计整改

工作追踪调查 [J]. 军事经济研究, 1993 (09).

[140] 叶子荣, 马东山. 我国国家审计质量影响因素研究——基于 2002~2007 年省际面板数据的分析 [J]. 审计与经济研究, 2012 (06).

[141] 于珊. 国家审计推动完善政府治理效果的研究 [D]. 呼和浩特: 内蒙古财经大学, 2017.

[142] 俞金华, 高梦霞, 陈洁. 国家治理视角下加强审计整改的思考 [J]. 中国内部审计, 2014 (02).

[143] 俞可平. 经济全球化与治理的变迁 [J]. 哲学研究, 2000 (10).

[144] 曾保根. 评"后新公共管理"运动的改革取向 [J]. 国家行政学院学报, 2010 (03).

[145] 张栋. 从"审计清单"看中央反腐决心 [J]. 新闻天地, 2004 (08).

[146] 张立民, 丁朝霞. 审计公告与国家审计信息披露理论框架的研究——基于信号传递机制的研究视角 [J]. 审计与经济研究, 2006 (04).

[147] 张立民. 国家治理视角下的国家审计信息观 [J]. 会计之友, 2014 (36).

[148] 张琦, 方恬. 政府部门财务信息披露质量及影响因素研究 [J]. 会计研究, 2014 (12).

[149] 张文婧. 从公共治理视角看我国审计结果公告制度 [J]. 现代审计与经济, 2011 (06).

[150] 张曾莲, 高绮鹤. 政府审计公告质量、影响因素与经济后果研究 [J]. 山西财经大学学报, 2013 (12).

[151] 赵珈. 基于审计整改的国家审计效果研究 [D]. 兰州: 兰州理工大学, 2016.

[152] 赵息, 张世鹏. 基于博弈视角的国家审计风险分析 [J]. 审计研究, 2015 (06).

[153] 郑石桥, 尹平. 审计机关地位、审计妥协与审计处理执行效率 [J]. 审计研究, 2010 (06).

[154] 郑小荣, 陈雪. 政府审计结果公开的议程设置作用研究——基于 2003~2017 年 104 份公告和 86 篇审计报道的实证分析 [J]. 会计之友, 2018 (17).

[155] 郑小荣, 程子逸, 陈炳宇. 中国政府审计结果公开时机实证研究——基于审计署审计结果公告的分析 [J]. 会计之友, 2018 (19).

[156] 郑小荣. 公告质量、质量特征与策略性行为——基于第 53 号审计公

告与 3 市调查的中国政府审计结果公告研究 [J]. 会计研究，2012（10）.

[157] 郑小荣，何瑞铧. 中国省级政府审计结果公告意愿影响因素实证研究 [J]. 审计研究，2014（05）.

[158] 郑小荣，彭璇. 重大政策跟踪审计结果公告质量实证研究 [J] 会计之友，2019（15）.

[159] 中国社会科学院语言研究所词典编辑室. 现代汉语词典（修订本）[M]. 北京：商务印书馆，1997.

[160] 周国亮. 审计公告制度势在必行 [J]. 江西审计与财务，2002（05）.

[161] 周律俊，周剑虹，王浩，张维. 闭环整改体系的建立与审计整改的多重价值 [J]. 中国内部审计，2019（04）.

[162] 周维培. "审计入宪" 的演变路径及意义 [J]. 审计与经济研究，2017，32（04）.

[163] 朱殿骅、黄兹健、秦昱宁. 国家审计服务全面从严治党的路径研究 [J]. 现代审计与经济，2018（04）.

[164] 朱殿骅，伍学进，吴健茹. 国家监察体制改革背景下完善国家审计制度的思考 [J]. 西安财经学院学报，2018，31（03）.

[165] 朱建中. "审计清单" 莫让人 "雾里看花" [J]. 审计月刊，2005（12）.

[166] 朱荣. 国家审计提升政府透明度的实证研究——来自省级面板数据的经验证据 [J]. 审计与经济研究，2014（03）.

[167] 庄立，王玉蓉. 现代风险导向审计下审计三方关系人的博弈分析 [J]. 审计与经济研究，2007（06）.

[168] Ana Yetano Sánchez De Muniaín. Value for Money Audits and E – Government：Benchmarking Best Practices [J]. Public Performance & Management Review，2005，29（02）.

[169] Chang – Hyun Bae（Korea），Yong – Sang Woo（Korea）. The Effect of Audit Report Lag and Management Discretionary Report Lag on Analyst Forecasts：Evidence From Korea [J]. Investment Management and Financial Innovations，2015，1（12）.

[170] Chew Har Loke，Suhaiza Ismail，Fatima Abdul Hamid. The Perception of Public Sector Auditors on Performance Audit in Malaysia：An Exploratory Study [J]. Asian Review of Accounting，2016，24（01）.

[171] C. Richard Baker，Dwight Mowsen. Increasing the Role of Auditing in Corporate Governance [J]. Critical Perspectives on Accounting，2012（13）.

[172] Danielle Morin, Mouna Hazgui. We are Much More than Watchdogs: The Dual Identity of Auditors at the UK National Audit Office [J]. Journal of Accounting & Organization Change, 2016, 12 (04).

[173] DeAngelo, L. Auditor Independence, "Low Balling", and Disclosure Regulation [J]. Journal of Accounting &Economics, 1981, 3 (02).

[174] Eric Avis, Claudio Ferraz, Frederico Finan. Do Government Audits Reduce Corruption? Estimating the Impacts of Exposing Corrupt Politicians [J]. Journal of Political Economy, 2018, 126 (05).

[175] Gray, Robert E. How to survive a federal audit. [J]. Journal of Government Financial Management, 2005 (06).

[176] Guiliang Liu, Chan Chen, Huanhuan Zhong. The Domain of National Audit Information and the Levels of Disclosure Based on the Perspective of National Governance [C]. International Conference on Business, 2013.

[177] Jin Liu, Bin Lin. Government Auditing and Corruption Control: Evidence From China's Provincial Panel Data [J]. China Journal of Accounting Research, 2012 (05).

[178] Karen H. Lessons learned about access to government information After World War II can be applied after September 11 [J]. Government Information. 2008, 25 (01).

[179] Krishnan, Jayanthi, Joon S. Yang. Recent Trends in Audit Report and Earnings Announcement Lags [J]. Accounting Horizons, 2009, (23).

[180] Lin J. Y. , Liu Z. . Fiscal Decentralization and Economic Growth in China [J]. Economic Development and Cultural Change, 2012 (01).

[181] Littleton, Judson O. Eliminating Public Disclosures of Government Information from the Reach of the Espionage Act [J]. Texas Law Review, 2008 (04).

[182] Mihaela Alina Robua, Ioan Bogdan Robua. The Influence of the Audit Report on the Relevance of Accounting Information Reported by Listed Romanian Companies [J]. Procedia Economics and Finance, 2015, (20).

[183] Philip Law. Auditor independence and the public interest: Evidence from Hong Kong [J]. Research in Accounting, 2011 (01).

[184] Pályi, ágnes Katalin. The Contribution of the State Audit Office to Good Governance and the Renewal of Accounting [J]. Public Finance Quarterly (0031 - 496X), 2015 (60).

[185] Politt. C. Performance Audit in Western Europe: Trends and Choices [J]. Critical Perspectives on Accounting, 2003 (14).

[186] Pérez, Carmen Caba, Bolívar, Manuel Pedro Rodríguez, Hernández, Antonio M López. E – Government Process and Incentives for Online Public Financial Information [J]. ProQuest, 2008, 32 (03).

[187] Putnam R D. Making Democracy Work: Civic Traditions in Modern Italy [M]. Princeton: Princeton University Press, 1993.

[188] Ram Karan. Public – Interest Arguments in Privatizing Government Audit [J]. Australian Accounting Review, 2003, 13 (02).

[189] Teoh S H, Wong T J. Perceived Auditor Quality and the Earnings Response Coefficient [J]. Accounting Review, 1993, 68 (02).

[190] Tudor Oprisora. Auditing Integrated Reports: Are There Solution to This Puzzle? [J]. Procedia Economics and Finance, 2015, (25).

后　记

　　本书是在西北大学经济管理学院冯均科教授组织下，由多位青年学者组成的团队经过三年多时间共同研究所取得的集体研究成果。

　　冯均科教授组织与本书有关的研究工作，撰写写作大纲，进行人员分工与内容协调，总纂研究报告的初稿，主持多次修改工作，最后经过审定形成了本书的定稿；许瑜教授做了书稿整理、格式调整和文字校对等工作。本书的作者及负责的内容依次是：冯均科教授撰写了第1章、第2章和第9章；博士生王艺和许瑜教授合作撰写了第3章；贾茜教授撰写了第4章；魏明教授撰写了第5章；王苗硕士撰写了第6章；高丽阳硕士撰写了第7章；李悦硕士撰写了第8章。博士生张艺琼收集了部分前期资料并且公开发表了一些相关研究成果，博士生姜丽莎发表了一些相关研究成果；硕士生张心蕾和杨柳笛为后期的外文资料补充也做出了贡献。本书是研究团队集体努力所取得的一项重要成果。

　　本书的出版，是我们在这一方面研究的一个开始，在不远的将来，我们会进一步深入研究，取得更多的成果。

　　最后，感谢西北大学社科处和经济管理学院给予的支持和帮助，也感谢经济科学出版社为本书出版所做的大量工作。

冯均科

2021 年 8 月 1 日